CITADEL
FILMBÜCHER

Clifford McCarty

HUMPHREY BOGART UND SEINE FILME

Herausgegeben von JOE HEMBUS

Eingeleitet von Peter Bogdanovichs
BOGIE IN EXELSIS

Übersetzt und bearbeitet von
Rolf Thissen

Deutsche Erstveröffentlichung

Goldmann Verlag München

Made in Germany
1. Auflage · 4/81 · 1125

Published by arrangement with Citadel Press
A division of Lyle Stuart, Inc., New York

Umschlaggestaltung: Atelier Adolf & Angelika Bachmann,
München
Fotos des Innenteils: Citadel Press, New York
Satz: type center, München
Druck: St. Otto-Verlag, Bamberg
Verlagsnummer: 10 210
Lektorat: Petra Hermann
Art-Direction: Josef Schaaf · Layout: Christa Bandmann
Herstellung: Peter Papenbrok
ISBN 3-442-10 210-3

DANKSAGUNG

Dankbare Anerkennung sei an dieser Stelle allen gezollt, die dem Autor bei der Vorbereitung dieses Buches geholfen haben.

Für ihre äußerst großzügige Leihgabe von Fotografien und für anderen Beistand geht mein spezieller Dank an Homer Dickens und Gene Ringgold, deren treue Mitwirkung dieses Buch überhaupt möglich gemacht hat.

Für die verschiedensten Gefälligkeiten gilt mein Dank ebenso Rudy Behlmer, Louis Bensussen, Barbara Browning, Carlos Clarens, Lloyd Cohn, Warren Dawson, William Edgar, Hal Findlay, Ozzie Graner, Bob McKinney, Joseph McLaughlin, William F. Nolan, Ed Plantamura, Ray Polson, Lillian Schwartz, Mildred Simpson und Miss Joan Blondell.

INHALT

Bei Filmen, die in der Bundesrepublik weder im Kino noch im Fernsehen gezeigt wurden, wird als deutscher Titel eine wörtliche oder sinngemäße Übersetzung des Originaltitels in Klammern angegeben, also etwa so: Devil With Women (Ein Teufel bei Frauen). Deutsche Titel, die nicht in Klammern stehen, sind also die deutschen Kino- und/oder Fernseh-Titel.

Bogie In Exelsis

Von Peter Bogdanovich.

Meist trug er einen Trenchcoat, gewöhnlich nicht zugeknöpft, zusammengehalten durch einen Gürtel; der Hut, die Krempe heruntergebogen, saß selten schief. Manchmal trug er auch eine Kapitänsmütze und eine Segeljacke. Seine Hosen wurden fast immer von einem Cowboy-Gürtel gehalten. Sie wissen schon, diese Art von Gürtel: Ein Oststaatler, der in Phoenix auf sein Flugzeug wartet, kauft ihn nur so zum Spaß, und dann kommt er nicht mehr ohne ihn aus. Gelegentlich zog er daran seine Hosen hoch, oft hakte er seine Daumen rein, die Hände bereit zu einem Kampf oder für eine Dame.

Ob in Sirocco oder Casablanca, auf Martinique oder in der Sahara, stets war er der einzige Amerikaner weit und breit (ausgenommen vielleicht das Mädchen), und man fragte ihn nicht, wie er dahingeraten war. Er erledigte immer alles im Alleingang – ansonsten war da höchstens noch der Bursche, der glaubte, sich um ihn kümmern zu müssen, der Trunkenbold, der Klavierspieler, derjenige, um den *er* sich kümmerte, mit dem man sich nicht einließ. Es gab kaum etwas, was ihn in Verlegenheit brachte, und wenn er in einer Klemme steckte, konnte er alles: einem Typen eine Kugel aus dem Arm entfernen oder einen Lastwagen reparieren, der nicht anspringen wollte. Er war ein ausgezeichneter Fahrer, der genau wußte, wie man die Kurven zu nehmen hat oder wie man einen Kerl abschüttelt, der einen verfolgt. Er konnte an einer Glasscherbe riechen und sofort sagen, ob Gift in dem Glas gewesen war, oder er konnte in ein Zimmer gehen und wußte gleich genau, wo der Knopf war, der die Geheimtür öffnete. Am Steuer eines Bootes war er hinreißend.

Sein Ausdruck war meist mißlaunig, und wenn er lächelte, bewegte sich nur die Unterlippe. An der Oberlippe hatte er eine Narbe – vielleicht war das der Grund für sein leichtes Lispeln. Wenn er etwas rauszufinden versuchte, zupfte er nachdenklich an seinem Ohrläppchen, und manchmal zeigte er eine seltsame Grimasse: ein Zurückziehen der Mundwinkel gepaart mit einem leichten Zusammenkneifen der Augen. Er hielt seine Zigarette (eine Chesterfield) in der hohlen Hand. Die Waffe im Anschlag stand ihm gut.

Unsentimental war das richtige Wort für ihn. Er war imstande, zu der Ehefrau eines gerade angeschossenen Mannes zu sagen: »Lassen Sie ihn bloß da liegen – ich will nicht, daß er meine ganzen Kissen vollblutet.« Und *unverbindlich*: »Ich mag Sie nicht. Ich mag Ihre Freunde nicht. Und mir mißfällt die Vorstellung, daß diese Frau mit Ihnen verheiratet ist.« Und *geradeheraus*: »Wenn dein Partner umgebracht worden ist, mußt du etwas unternehmen. Es ist gleichgültig, was du von ihm gehalten hast. Er war dein Partner, und also mußt du etwas unternehmen.«

Er war hart; er konnte einen mit einem Blick oder einem Satz stoppen. »Nur zu, schlag *mich*«, sagte er, oder: »Also los schon, versuch's nur«, und in der Art, wie er das sagte, lag genau die richtige Mischung aus Bösartigkeit, freudiger Erwartung und dem Versprechen sicheren Verhängnisses. Er mochte es nicht, Befehle entgegenzunehmen. Oder Gefälligkeiten. Wer es vermied, mit ihm herumzuspielen, war gut beraten.

Was die Damen angeht; mit denen hatte er nicht viel Schwierigkeiten – außer vielleicht, sie sich vom Halse zu halten. Stets war es das Mädchen, das sagte, falls er etwas brauche, solle er nur pfeifen; er selbst sagte so etwas zu einem Mädchen nie. Meistens nannte er sie »Engel«, und wenn er sie mochte, sagte er ihr, sie sei »gut, furchtbar gut«.

Was immer sein Job war, ob er sich als Reporter betätigte, als Saloon-Wirt, als Gangster, als Fischdampfer-Besitzer, als Staatsanwalt oder als Rechtsanwalt, immer erledigte er alles tadellos, wenn auch lässig: der totale Profi. Sagte jemand: »Sie riskieren zuviel«, dann war seine Antwort: »Dafür werde ich bezahlt.« Aber er nahm sich selbst nie zu ernst. Wenn ihn ein Mädchen fragte, was sein Job sei, beugte er sich in Verschwörermanier vor und sagte

mit einem kaum merkbaren Anflug von Grinsen: »Ich bin ein Schnüffler und verfolge eine Spur.« Er ließ sich auch nicht von Bildung beeindrucken; er hatte das College besucht, aber er war Intellektuellen gegenüber ein wenig mißtrauisch. Erwähnte jemand Proust, dann fragte er: »Wer ist denn das?«, obwohl er es wußte.

Schließlich war er auf der Hut vor der sogenannten guten Sache. Er wollte dafür bezahlt werden, daß er etwas riskierte. Er war ein Mensch, der sich sehr bemühte, böse zu sein, denn er wußte, daß man so besser zurechtkommt in der Welt. Er scheiterte stets, weil er von Natur aus gut war, was er selbst offensichtlich zum Kotzen fand. Fast immer verwandelte sich seine aggressive Neutralität in widerstrebende Verpflichtung. Aus »Ich riskiere meinen Hals für niemanden« wurde »Ich tauge nicht zum Edelmut, aber es gehört nicht viel dazu, um zu erkennen, daß die Probleme von drei kleinen Leuten in dieser verrückten Welt keinen Pfifferling wert sind«. Wenn man ihn vorher fragte: »Zu welcher Seite halten Sie?« war die Antwort stets: »Ich halte zu mir selbst.« Wenn ihn hinterher jemand, dem er beigestanden hatte, fragte, warum er das getan habe, antwortete er zum Beispiel: »Vielleicht, weil ich Sie mag. Vielleicht, weil ich die anderen nicht mag.« Natürlich hieß es immer »vielleicht«, denn er war schließlich kein Trottel, schwang keine große Reden und wollte nicht der Held sein. Er selbst rationalisierte es mit einem »Ich tue nur meine Arbeit«. Aber uns wurde warm ums Herz. Wir wußten es besser.

Vor einigen Monaten zeigte das *New Yorker Theatre* in Manhattan eine Retrospektive von dreißig Humphrey Bogart-Filmen. Das eintägige Doppelprogramm mit *The Big Sleep* und *To Have And To Have Not* brach alle Zuschauerrekorde. »Zweihundert Leute saßen auf dem Boden«, sagte Daniel Talbot, Besitzer des 830-Platz-Wiederaufführungskinos und einer der beiden Produzenten von *Point Of Order*. »Es war wahnsinnig. Ich mußte zweihundert Leute wegschicken. Und dieses Publikum! Als Bogie zum ersten Mal auftrat, applaudierten sie, aber das war nur der Anfang. Jede Menge Szenen wurde beklatscht. Und die Lacher! Bogart ist eine heiße Sache, gerade jetzt«, erklärte Talbot. »Das ist mehr als ein Kult, da kommt noch etwas hinzu. Bogart ist nicht bewußt *hip*, eher aus Versehen. Man hat das Gefühl, daß er sich an die Regeln hält. Jeder, der einen anderen kaputtmacht, verdient es, von Bogart ausradiert zu werden. Er ist außerdem sehr amerikanisch, und seine Popularität ist, glaube ich, eine Reaktion darauf, daß im Augenblick ausländische Filme und überhaupt alles Ausländische als schick gelten. Bogart liefert uns das Porträt eines Patrioten, eines Mannes, den die amerikanische Szene angeht. Ich glaube, er ist ein authentischer amerikanischer Held – existenzieller als zum Beispiel Cooper, aber in seinem Wesen genauso amerikanisch, und dazu besser in der Lage, mit der Gegenwart fertig zu werden.« Talbot machte eine Pause und grinste. »Offen gesagt, ich sehe ihm einfach gerne bei der Arbeit zu. Er trifft die Leute wunderbar.«

Die Franzosen haben eine intellektuellere, dabei nicht weniger herzliche Beziehung zu Bogart und der Legende, die er hinterlassen hat. In Godarts *Außer Atem* starrt Belmondo mit rätselhaftem Gesichtsausdruck auf ein Bogart-Foto, bläst langsam den Zigarettenrauch aus, streicht mit dem Daumen an der Unterlippe entlang und murmelt wehmütig »Bogie . . .« – und man kann fast die Gedanken des Regisseurs hören, deren Widerhall sich zum Beispiel findet in den Worten des verstorbenen André Bazin, wahrscheinlich Frankreichs bestem Filmkritiker. »Bogart ist der Mann mit einer Vergangenheit«, schrieb er 1957 in den *Cahiers du Cinéma*, einen Monat nach Bogarts Tod. »Wenn er in einem Film auftaucht, ist es bereits ›der Morgen danach‹; als bitterer Sieger in einem makabren Kampf mit dem Engel, sein Gesicht gezeichnet von all dem, was er gesehen hat, sein Schritt schwer von all dem, was er bei seinem zehnfachen Triumph über den Tod erfahren hat, wird er mit Sicherheit dieses eine Mal mehr für uns überleben . . . Der Bogartsche Mann ist nicht definiert durch seine Verachtung für bürgerliche Tugenden, durch seinen Mut oder seine Feigheit, sondern vor allem durch seine existentielle Reife, die das Leben allmählich in eine stabile Ironie auf Kosten des Todes verwandelt.« Natürlich haben die Franzosen auch eine etwas elementarere Beziehung zu Bogart. »Endlich ganz in Farbe«, schrieb Robert Lachenay in derselben Zeitschrift, »sehen wir Bogie, so wie er im wirklichen Leben war – wie er im Bett jede Nacht zu Betty Bacall war . . . Da liebte ich Bogart noch mehr . . .«

In den letzten Jahren setzte sich der Bogart-Kult an den Colleges der ganzen Vereinigten Staaten fort. »Kürzlich traf ich einen Harvard-Absolventen«, erzählt der Schriftsteller Nathaniel Benchley, »der nur an zwei Dinge glaubte: die Überlegenheit von Harvard und die Unsterblichkeit von Humphrey Bogart.« Für das *Brattle Theatre* in Cambridge ist es zum Brauch geworden, jedes Jahr während der Examenszeit ein Bogart-Filmfestival zu veranstalten. Manchmal geben sie nicht einmal bekannt, welche Filme sie spielen; sie hängen einfach ein großes Bogart-Foto draußen ans Kino. Das scheint zu genügen. Wenn man in den »Club Casablanca« (im selben Gebäude) geht und die Studenten befragt, hört man Sachen wie »Bogart hat eine *coolness*, der man sich nicht entziehen kann« und »Es ist seine Störrig-

keit, eine Art Freiheit«. Zugleich wird bestritten, daß es sich hier um einen Kult handle; er wäre halt nur so erfrischend, so erfreulich anders als alles in dieser akademischen Welt. »Bei Bogart gibt es keine Heuchelei«, sagt ein anderer Student. Er hat etwas Anti-Europäisches und etwas Pro-Amerikanisches. Er hält nichts von den Europäern, wenn Sie wissen, was ich meine.« Nun aber kann seine Freundin nicht mehr an sich halten. »Er ist so maskulin!« platzt sie heraus. »Er ist so phantastisch hart!« War er das wirklich? »Er hat sich oft über sich selbst lustig gemacht«, sagt die Schriftstellerin Betty Comden. Raymond Massey erinnert sich an einen Vorfall bei den Dreharbeiten zu *Action In The North Atlantic* (1943): »Es war eine Szene, bei der unsere Doubles von der Kommandobrücke eines brennenden Tankers ins ölbedeckte, in Flammen stehende Wasser springen mußten. Bogart sagte zu mir: ›*Mein* Double ist mutiger als deins.‹ Ich sagte, das stimme nicht, *mein* Double sei viel mutiger. Daraufhin sah Bogie mich an und sagte: ›Tatsache ist, daß ich tapferer bin als du.‹ Ich sagte, das sei Blödsinn. Und das nächste, woran ich mich erinnere, ist, daß wir den verdammten Sprung selber machten.« Massey grinste. »Ich verbrannte mir die Hosen, und Bogie versengte sich die Augenbrauen.«

In den Augen von Joseph L. Mankiewicz, der *The Barefoot Contessa* (1954) inszeniert hat, war Bogarts Härte nur Fassade. »Wenn man mit ihm beim Essen saß«, sagt er, »und jemand an den Tisch kam, konnte man richtig sehen, wie er den harten Burschen herauskehrte.« Und Chester Morris meint: »Er hatte sich eine schützende Schale scheinbarer Gleichgültigkeit zugelegt. Er war gar nicht gleichgültig, aber er schauspielerte viel, auch ohne Kamera. Er liebte es, sich hart zu geben und aus den Mundwinkeln heraus zu reden.« Der Schriftsteller Nunnally Johnson sagt, Bogart sei davon überzeugt gewesen, daß die Leute enttäuscht gewesen wären, wenn er ihnen gegenüber nicht hart aufgetreten wäre. »Während eines Essens kam ein Fan an den Tisch«, sagt Johnson, »und Bogart sagte ihm, er solle verschwinden. Als der Bursche zu seinem Tisch zurückkam, hörte ich, wie sein Begleiter ganz glücklich sagte: ›Na bitte, ich habe dir ja gesagt, er würde dich beleidigen.‹« Johnson denkt einen Augenblick nach. »Aber er war ein ganzes Stück härter als ich und viel härter als die meisten Leute, die ich kenne. Ich erinnere mich, wie einmal Judy Garland und ihr Mann Sid Luft bei ihm zu Hause waren. Luft war ein kräftiger Typ und ein ganzes Stück breiter als Bogart. Aber irgend etwas brachte Bogie in Rage, und er ging direkt auf Luft zu, der auch noch einen Kopf größer war, und wies auf Judy. ›Würden Sie diese Dame aus dem Haus bringen‹, sagte er, ›und niemals wiederkommen.‹ Luft sah ihn einen Augenblick lang an, dann verließ er mit ihr das Haus.« Johnson lächelt. »Bogie riskierte viel.«

Adlai Stevenson ist ganz anderer Meinung. »Er war nicht hart, nicht wirklich«, sagt der Botschafter. »Für mich war er ein Nonkonformist. Er war zynisch, ohne daß es etwas Krankhaftes gehabt hätte. Er war

sehr wißbegierig und besaß einen gesunden Skeptizismus.« Und noch eine weitere Meinung: »Es war ein Kinderspiel, mit ihm auszukommen«, sagt Lauren Bacall.

»Ich habe seine Abwehr nie durchbrochen«, sagt Kritiker John McClain. »Ich glaube, niemand konnte wirklich an ihn herankommen. Bogart schüttelte Männern gegenüber nicht sein Herz aus. Er liebte es, verliebt und mit einer Frau zusammen zu sein. Ich glaube, mit Frauen kam er besser klar als mit allem sonst.« Bogart heiratete während seines 57jährigen Lebens viermal, jedesmal eine Schauspielerin: Helen Menken (1926), Mary Phillips (1928), Mayo Methot (1938) und Lauren Bacall (1945). »Ich glaube, wenn es mit jemandem aus war, dann war es wirklich aus«, sagte Truman Capote zu Bogarts Scheidungen. »Er hatte starke emotionale Bindungen.«

Die Bogart-Methot-Ehe war sehr stürmisch. »Die Nachbarn«, so sagte Dorothy Parker einmal, »wurden durch den Lärm zerbrechenden Porzellans und zerklirrenden Glases in Schlaf gelullt.« Johnson erinnert sich, daß Methot Bogart einmal beschatten ließ. »Sie war sehr eifersüchtig und fest davon überzeugt, daß er anderen Frauen nachstellte. Aber Bogie besaß nie eine Schwäche für weitere Damen. Die einzigen Schwächen, die er hatte, waren Trinken und Reden.« Johnson lächelt. »Bogie bemerkte bald, daß ihm jemand folgte, und rief die Agentur des Burschen an. ›Hallo, hier spricht Humphrey Bogart‹, sagte er. ›Sie lassen mich von einem Mann beschatten. Würden Sie sich bitte mit ihm in Verbindung setzen und herausfinden, wo ich gerade bin.‹«

Als Bogart das erste Mal Betty Bacall traf, kam sie gerade aus dem Büro von Regisseur Howard Hawks. Sie hatte Probeaufnahmen für Hawks gemacht, der sie entdeckt hatte und die beiden zum ersten Mal in *To Have And Have Not* zusammen spielen ließ. »Ich habe Ihre Probeaufnahmen gesehen«, sagte Bogart zu ihr. »Wir werden eine Menge Spaß miteinander haben.« Mit Bacall hatte er seine einzigen Kinder: einen Jungen namens Steve – so hatte sie Bogart in diesem ersten Film genannt – und ein Mädchen namens Leslie Howard, so genannt nach dem Schauspieler, der darauf bestanden hatte, daß Bogart in der Verfilmung von *The Petrified Forest* (1936) eingesetzt wurde, jenem Film, der seine Filmkarriere richtig in Schwung brachte. »Er vermißte sie, wenn sie nicht zusammen waren«, sagt Capote. »Er liebte sie. Er prahlte zwar fürchterlich, aber er war monogam. Obwohl das nicht ganz stimmt – er verliebte sich in Bacall, während er noch mit Mayo verheiratet war.«

Bogart drückte es so aus: »Ich bin ein Ein-Frauen-Mann und bin es immer gewesen. Ich vermute, ich bin altmodisch. Vielleicht mag ich deswegen altmodische Frauen, jene Art, die zu Hause bleibt und *Roamin' In The Gloamin'* spielt. Sie geben einem Mann das Gefühl, ein Mann zu sein, und sind froh darüber.«

Es heißt, daß Bogart ein starker Trinker war, aber Johnson denkt darüber anders. »Ich glaube nicht, daß Bogart so viel trank, wie er vorgab«, sagt er. »Oft, wenn ich bei ihm war und es klingelte, nahm er sein Glas in die Hand, bevor er die Tür öffnete. Er hätte in seinem Beruf nicht so gut sein können, wenn er so viel getrunken hätte, wie man annahm.«

Aber Bogart trank in der Tat. »Ich glaube, die Welt ist drei Drinks zurück«, pflegte er zu sagen, »und es ist höchste Zeit, daß sie aufholt.« Einmal kauften er und ein Freund zwei riesige Pandabären aus Stoff und nahmen sie als Begleitung mit in den Nachtklub *El Morocco*. Sie setzten sie in Stühle an einen Tisch für vier Personen, und als eine ehrgeizige junge Dame an den Tisch kam und Bogarts Bär berührte, schob er sie weg. »Ich bin ein glücklich verheirateter Mann«, sagte er, »und fassen Sie meinen Panda nicht an.« Die Frau erstattete Anzeige wegen tätlicher Beleidigung, und als er gefragt wurde, ob er um vier Uhr morgens betrunken gewesen wäre, antwortete er: »Sicher, wer ist das dann nicht?« (Der Richter entschied, da der Panda Mister Bogarts persönliches Eigentum sei, dürfe er ihn auch verteidigen.)

Aber Bogart brauchte nicht zu trinken, um Ärger zu verursachen. »Er war ein arroganter Bastard«, sagt Johnson grinsend. »Es ist ganz komisch, dieser Kult und alles. Als er noch lebte, haßten ihn so viele Leute, wie ihn liebten. Er kam mir immer ein wenig wie Scaramouche vor.« Johnson lacht leise in sich hinein. »Was heißt das? ›Geboren mit der Gabe des Lachens und dem Gefühl, daß die Welt verrückt ist ...‹ Er begann ein Geplänkel, lehnte sich zurück und beobachtete die Folgen. Natürlich war fast immer etwas faul an dem Burschen, den er stichelte. Sticheln ist das falsche Wort – haubitzen wäre treffender. Der andere hatte es verdient, daß man ihm etwas Luft abließ, aber dazu war nicht diese ganze Artillerie vonnöten.«

Die Holmby-Hills-Rattenbande, die Bogart ins Leben gerufen hatte und die mit ihm starb, entsprang seinem Widerwillen gegen Heuchelei. »Was ist eine Ratte?«, fragte er einmal. »Wir haben keine Verfassung, Satzung oder Statuten, aber wir erkennen eine Ratte sofort, wenn wir eine sehen. Es gibt nur sehr wenige Ratten in dieser Stadt. Man könnte sagen, daß Ratten für lange Nächte und große Saufereien sind. Wir sind gegen Spießer und gegen Langeweile und für jede Menge Spaß; und wir wollen richtige Ratten sein, was nicht sehr viele Leute schaffen, aber wenn du eine richtige Ratte bist, mein lieber Mann! Unser Slogan heißt: ›Verrat(t)e nie eine Ratte.‹ Unser erster Grundsatz ist, daß wir uns nicht d'rum scheren, wer uns mag, so lange wir uns untereinander mögen. Und wir mögen uns gegenseitig sehr.«

John McClain erzählt von dem Yachtklub, dem Bogart angehörte, und von den Leuten, die das

große Haus nebenan den Sommer über mieteten. Es handelte sich um Grafen, die sich zum Essen umzogen. Die Mitglieder des Klubs (die nie eingeladen wurden) pflegten, über den Zaun zu spähen und die üppigen Feste zu beobachten. Eines Sonntags war McClain zum Essen geladen und hatte gefragt, ob er Bogart mitbringen dürfe, da sie das Wochenende auf seiner Yacht verbringen würden. Als sie anlegten, erinnerte McClain Bogart daran, sich umzuziehen, und zog sich zurück, um sich selber in Schale zu werfen. Bogart ging auf einen Drink oder zwei in den Klub. »Nach einer Weile«, erinnert sich McClain, »verkündete Bogart allen im Klub: ›Meine teuren Freunde, die Grafen haben ein offenes Haus und wünschen, daß ihr alle kommt.‹ Und Bogie marschierte in das Haus, gefolgt von etwa dreißig Leuten, die alle Shorts, Sporthemden und furchtbare Turnschuhe trugen.« McClain lacht. »Es war sehr lustig im Grunde, aber damals war ich wütend.«

»Er konnte sich auch schwer danebenbenehmen«, sagt Benchley. »Einmal stand ich mit zwei Freunden an der Bar des *21*, als Bogie von seinem Tisch aufstand und herüberkam. ›Sind Sie ein Homosexueller?‹ fragte er den einen, gerade so. Der Mann sah sehr verblüfft aus und sagte, daß ihn das nichts anginge. ›Nun, *sind* Sie einer?‹, fragte Bogie. ›Sagen Sie's schon, wir haben am Tisch eine Wette gemacht.‹ Der Mann sagte: ›Wenn Sie's wissen wollen, nein.‹ Ich glaube, Bogart spürte, daß er sich danebenbenommen hatte, wandte sich an den anderen und fragte ihn, ob *er* homosexuell sei. Der Mann verneinte. Er fragte mich, und ich verneinte ebenfalls. Dann sagte er: ›Aber *ich* bin einer‹, und schlich sich ziemlich kleinlaut davon. Er wußte, daß er sich schlecht benommen hatte.«

Einige Wochen nach Bogarts Tod sagte Peter Ustinov in einer Rede: »Humphrey Bogart war eine außergewöhnliche Persönlichkeit auf einem Gebiet, wo Persönlichkeiten gewöhnlich nicht außergewöhnlich sind. Wenn er einem aufgeregten Besucher, der frisch von der kühlen Küste Englands angekommen war, begegnete, legte er sich einen übertriebenen Oxford-Akzent zu und diskutierte die Zukunft des ›British Empah‹, als sei er borniert genug, sich um nichts anderes in der weiten Welt zu kümmern. Er wollte den Neuankömmling durch ebenso scharfsinnige wie boshafte Beleidigungen aus seiner Selbstzufriedenheit aufrütteln ... Man gewann ihn für sich, wenn man eine sofortige Gegenattacke mit breitem amerikanischen Akzent startete, indem man ihm Komplizenschaft zwischen ihm und seinem *bête noir*, Senator McCarthy, unterstellte ... Es gehörte zur Eigenart dieses Mannes, daß er mit wirklicher Freude lachte, wenn man es ihm angemessen heimgezahlt hatte.«

Capote pflichtet dem bei: »Der Wendepunkt unserer Freundschaft – ihr Beginn im Grunde – ereignete sich bei den Dreharbeiten zu *Beat The Devil* (1954). Bogart, John Huston und einige andere spielten dieses Spiel – sie kennen es, wie nennt man es nochmal? – man nimmt quer über einen Tisch die Hand des anderen und versucht, seinen Arm runterzubiegen. Ich bin in diesem Spiel zufällig sehr gut. Jedenfalls rief Bogie herüber: ›He, Caposy‹. So nannte er mich, Caposy. ›Komm, Caposy, zeig uns mal, wie du das machst!‹ Und ich ging hinüber und bog seinen Arm runter. Er sah mich an ... Er war so mißtrauisch, daß er davon überzeugt war, Huston hätte mir den Kopf abgeschlagen und ihn auf einen anderen Körper genäht. ›Zeig uns das noch mal!‹ sagte er. Und wieder bog ich seinen Arm runter. ›Also sagte er, noch einmal‹, und ich sagte, ich würde es nur tun, wenn wir um hundert Dollar wetten würden, was wir auch machten. Ich gewann wieder, und er bezahlte mich, begann dann aber eine Art Ringkampf mit mir. So etwas betrieben sie gelegentlich. Er nahm mich in die Zange, und ich sagte: ›Hör au-auf,‹ und er sagte: ›Hör au-auf‹. Ich sagte: ›Also mach schon‹, und er sagte: ›Warum?‹, und ich antwortete: ›Weil du mir wehtust.‹ Aber er drückte weiter zu, also stellte ich ein Bein hinter ihn, schob kräftig, und er fiel hin. Er lag flach auf seinem Hintern und blickte zu mir herauf. Von da an waren wir sehr gute Freunde.«

»Bogies Sticheleien waren genau kalkuliert«, erklärt Johnson. »Ich aß mit ihm und Betty einmal bei *Romanoff's* zu Mittag, und sie machte ihm die Hölle heiß wegen einer Streiterei auf einer Party. Natürlich hatte er den Krach provoziert. ›Eines Tages wird dich irgend jemand verprügeln‹, sagte sie, und er antwortete: ›Nein, das ist ja die Kunst – die Dinge bis zu diesem Punkt zu treiben und sich dann herauszuwinden.‹«

1947 führte Bogart einen Marsch nach Washington an, um gegen die Untersuchungen des Ausschusses für unamerikanische Umtriebe zu protestieren. Einige Leute etikettierten ihn als ›Pinko‹, als Salonbolschewisten. Das konnte er nicht leiden. »Ich bin ein Amerikaner«, sagte er. Bogarts politisches Freidenkertum hielt man in Hollywood für gefährlich. 1952 jedoch setzte er sich aktiv für Stevenson als Präsident ein. »Er schien sich einen Dreck darum zu scheren, was die Leute dachten oder redeten«, erinnerte sich Mister Stevenson. »Und es war ziemlich gefährlich in jenen Tagen, ein Demokrat und besonders ein Anhänger von mir zu sein. Er verachtete jeden, der sich in einem freien Land rücksichtslos vorzudrängen versuchte.«

»Er war in keiner Hinsicht ein Extremist«, meint Miss Bacall, »außer darin, die Wahrheit zu sagen. Man mußte Bogie bewundern. Er sagte immer, was er dachte. ›Gottverdammich‹, polterte er, ›wenn du die Wahrheit nicht hören willst, dann frag mich nicht!‹« »Das ist wahr«, sagt Johnson. »Er war immer offen und ehrlich. Er pflegte zu sagen: ›Worüber flüstert hier jeder? Ich habe Krebs! Um Gottes willen, das ist doch keine Geschlechtskrankheit.‹«

Bogart meinte, der einzige Sinn, viel Geld zu machen, läge darin, daß man dann »irgendeinem Großkotz sagen kann, er solle sich zur Hölle scheren.« Und: »Ich bin höflich und habe gute Manieren. So hat man mich erzogen. Aber in diesem Goldfischglas-Leben ist es manchmal schwer, sich auch so zu benehmen.«

Seine Witwe glaubt, Bogart habe mehr als nur gute Manieren besessen. Aber sie spricht nur selten darüber. »Er war ein altmodischer Mann, ein großer Romantiker. Und äußerst gefühlvoll. Er konnte weinen, wenn ein Hund starb. Sie hätten ihn bei unserer Hochzeit sehen sollen, wie ihm die Tränen übers Gesicht liefen. Er erklärte mir, daß er angefangen hätte, über die Bedeutung der Worte nachzudenken. Er war hart gegenüber dem Leben und total kompromißlos, aber ich erinnere mich, wie wir Steve im Kindergarten besuchten, und er weinte, als er den Jungen an seinem kleinen Pult sitzen sah.«

Alistair Cooke traf die Bogarts in Stevensons Wahlkampf-Sonderzug und erinnert sich, wie er eines Nachmittags mit ihnen zusammensaß und sagte, daß Stevenson natürlich nicht gewinnen würde. »›Was!‹, rief Bogart verblüfft. ›Keine Chance, fürchte ich‹, sagte ich. ›Also, du Hurensohn‹, sagte Betty, ›das ist ja großartig, was du sagst.‹ ›Seht mal‹, meinte ich, ›ich bin Reporter. Ihr seid seine Freunde.‹ Wir wetteten um zehn Dollar, die er mir bezahlte, als Stevenson verlor. Aber er wollte nicht glauben, daß ich das Geld wirklich nehmen würde. Wissen Sie, was er sagte? ›Ein schlimmer Typ, der gegen seine eigenen Prinzipien wettet.‹«

Cooke kommentierte diesen Charakterzug Bogarts in einem Artikel, den er für *The Atlantic Monthly* (Mai 1957) schrieb. »Ein empfindlicher Mann, der merkte, daß die Welt korrupter war, als er gedacht hatte ... Er erfand den Bogart-Charakter und täuschte damit eine Welt, die offensichtlich gute Menschen nicht ertragen kann. Und das erfüllte seinen Zweck ganz genau ... Er war fest entschlossen, sein Geheimnis zu bewahren: das fast schon unanständige Geheimnis, in unserer realistischen Welt ein Mensch von Anstand und ein Idealist zu sein.«

Andere Freunde entdeckten bei Bogart eine ähnliche Qualität. Mankiewicz nennt es »eine Trauer über die *conditio humana.* Er hatte etwas vom achtzehnten Jahrhundert, von Alexander Pope. Ich glaube, er hätte einen hervorragenden Gatsby abgegeben. Sein Leben spiegelte Gatsbys Gefühl wider, ein Außenseiter zu sein.« Stevenson findet »einen Anklang von Wehmut in ihm, wie so oft bei denkenden Menschen. Er war viel tiefgründiger, als man meinen mochte.« Und Capote nennt ihn »verloren«. »Das war seine hervorstechendste Eigenschaft – dieses fast pathetische Etwas. Nicht, daß er jemals um Sympathie gebeten hätte – weit gefehlt. Das gab ihm eher etwas Poetisches, nicht wahr?«

Diese geheime innere Welt des Humphrey Bogart spiegelte sich in seiner Leidenschaft für das Segeln und in seiner Liebe zu seinem Boot *Santana*, mit der er – begleitet von einigen Freunden – hinausfuhr, wann immer er konnte. Sie pflegten Drambuies zu trinken und Domino zu spielen oder nur zu segeln. Er hatte früh viel über die See erfahren, nachdem er mit Siebzehn die Schule verlassen hatte (auf deren Aufforderung hin) und in die Kriegsmarine eingetreten war. Auf dem Truppentransporter *Leviathan* holte er sich jene Verletzung, die eine bleibende Narbe auf seiner Oberlippe hinterließ. »Segeln. Das war der Teil von ihm, an den keiner herankam«, meint Capote. »Das war nichts Materialistisches. Das war eine Art innerer Seele, ein beinahe mystisches Versteck.«

Falls man den jährlichen Umfragen des *Motion Picture Herald* nach den zehn berühmtesten Filmstars vertrauen kann, fiel Bogarts größte Popularität in die Jahre 1943–1949, also während und unmittelbar nach dem Zweiten Weltkrieg. Cooke erklärte das so: »Er war ... ein romantischer Held, undenkbar in irgendeiner Zeit außer der unsrigen ... Als Hitler brutalere und obszönere Drehbücher in Szene setzte, als sie sich Nord-Chicago oder *Warner Brothers* jemals hätten träumen lassen, war Bogart der einzig mögliche Gegner mit der Aussicht, ihn zu überlisten und zu überleben. Gebraucht wurde kein Ronald Colman, keine Leslie Howard oder ein anderer Ritter des Schlafzimmers, sondern jemand, der so gerissen und raffiniert war wie Goebbels. Bogart war genau der harte Gentleman, den man brauchte, und zu seiner Ehre muß man sagen, daß er am Ende immer auf unserer Seite stand.«

Seinen »Oskar« bekam er dennoch erst 1952 (für *The African Queen*), und tauchte bei den besten Zehn erst wieder 1955 auf, gut ein Jahr vor seinem Tod.

Betty Comden: »Ich glaube nicht, daß dieser Kult irgend etwas Neues ist ...«

Adolph Green: »Nein ...«

Comden: »Bogart war immer populär ...«

Green: »Es gibt so wenige originelle Leute ...«

Comden: »Bogarts Stil war von angeborener *sophistication* ...«

Green: »Er war weniger ein Schauspieler ...«

Comden: »... als eine Persönlichkeit.«

Bogart stimmte dem zu. »Sicher bin ich das. Es hat fünfzehn Jahre gedauert, aus uns Persönlichkeiten zu machen. Gable und Cooper können die tollsten Leistungen in einem Film bringen, und die Leute werden sagen: ›Oh, das ist nur der gute alte Clark.‹«

»Seine wichtigste grundlegende Qualität«, sagt Ustinov, »war eine großartige Rauhheit. Selbst wenn er ganz vornehm gekleidet war, hatte ich immer das Gefühl, ich könnte ein Streichholz an seinem Kinn anzünden ... Er beherrschte seine Arbeit in- und auswendig, und dennoch hatte man unweigerlich das Gefühl, daß seine wirkliche Seele irgendwo anders war, ein geheimnisvolles Suchinstrument, das an Türen klopfte, die er selber nicht kannte.«

Vielleicht ist es das, was Bogarts Bewunderer spüren. »Er hatte etwas, das in jeder Rolle, die er spielte, spürbar wurde«, meint Miss Bacall. »Ich glaube, er wird immer faszinierend sein – für diese Generation und jede folgende. Es gab etwas, das ihn befähigte, sein eigener Herr zu sein, und das schimmerte durch seine Arbeit. Da gab es auch eine Reinheit, was verwunderlich ist angesichts der Rollen, die er spielte. Auch etwas Solides. Ich meine, je älter wir werden, desto weniger glauben wir an etwas. Hier aber war jemand, der an etwas glaubte.«

»Wie alle wirklich großen Stars«, sagt Regisseur George Cukor, »besaß er ein Geheimnis. Man lernte ihn nie ganz kennen. Er besaß auch Kühnheit des Geistes, Freiheit des Denkens – ein Pirat. Ich glaube, diese jungen Leute haben ihn vorher nicht gesehen«, fährt er fort und versucht, den Kult zu erklären. »Sie entdecken ihn einfach neu. Schließlich hatte Bogie Klasse.«

»Der durchschnittliche College-Student würde sich eher mit Bogart identifizieren als zum Beispiel mit Sinatra, glauben Sie nicht auch?«, sagt Mankiewicz. »Er besaß eine eher intellektuelle Respektlosigkeit gegenüber Autoritäten. Ich glaube nicht, daß irgend jemand jemals glaubte, Bogart wäre ein Gangster – das ist es, was die Leute faszinierte. Bogart erschreckte sie nie.«

»Das ist die zornige Jugend«, sagt Chester Morris. »Sie applaudieren heute dem Bösewicht. Alles muß nonkonformistisch sein. Sie würden auch gerne die Art von Sachen machen, die er machte. Er war ein Vorläufer von James Bond.« Benchley: »Er ist ein Held, ohne ein netter Junge zu sein.«

»Könnte es etwas so simples wie Sexappeal sein?«, fragt sich Cooke. »Er besaß das Image einer kultivierten Männlichkeit und brachte das bemerkenswert gut zur Geltung. Und mit welchem Humor! Letztlich besaß er soviel Stil, daß sein Image weder welkt, noch altert, noch sich überlebt. Wie Billie Holiday.« »Ich glaube, Robin Hood war immer attraktiv«, sagt Adlai Stevenson.

Bevor man jemandem schmeichelt, muß es etwas zum Schmeicheln geben. »Wenn ein Gesicht wie das von Ingrid Bergman einen anschaut, als sei man bewundernswert«, sagte Bogart einmal, »dann sieht einen jede andere auch so an. Man braucht nicht sehr viel zu schauspielern.« Der verstorbene Raymond Chandler dachte da anders: »Alles, was Bogart tun muß, um eine Szene zu beherrschen, ist, in ihr aufzutreten.« Offensichtlich war das nicht immer der Fall. 1922, als Bogart eine seiner ersten Bühnenrollen spielte, kritisierte ihn Alexander Woollcott: »Seine Darstellung könnte man gnädig als inadäquat beschreiben.« Aber zwei Jahre später schrieb Woollcott über eine andere Aufführung: »Mister Bogart ist ein junger Schauspieler, dessen letzter Auftritt von Ihrem Berichterstatter mit so verächtlichen Worten vermerkt worden ist, daß man sich wundert, ihn immer noch auf der Bühne zu finden. Jene Worte seien hiermit zurückgenommen.« Es ist bezeichnend, daß Bogart häufig die erste Kritik zu zitieren pflegte, niemals aber die zweite.

»›Nun, ich bin eine nationale Institution‹, pflegte er zu sagen«, erinnert sich Capote. »Er war sehr stolz auf seinen Erfolg und seinen Ruhm. Seine Schauspielerei aber nahm er immer sehr ernst. Er betrachtete sie als einen Beruf, für den er sich sehr interessierte und über den er einiges wußte. Schließlich stellte die Schauspielerei doch beinahe die Summe seines Lebens dar. Letztlich war Bogart wirklich ein Künstler. Und ein sehr wählerischer. Alle Gesten und Ausdrucksweisen wurden zurechtgestutzt. Einmal sah ich mir mit ihm zusammen *The Maltese Falcon* (1941) an, und er saß da, murmelte mit seiner rauhen Stimme vor sich hin und kritisierte sich in der dritten Person. »›Jetzt wird er hereinkommen‹, sagte er. ›Dann wird er das machen, und das ist genau die Stelle, wo er das Falsche macht.‹ Wenn er schwieg, schloß ich daraus, daß er die betreffenden Passagen mochte. Es war Prahlerei durch Schweigen.«

Howard Hawks führte Regie in den beiden Filmen, in denen Bogart seine archetypischsten Rollen spielte, als Harry (Steve) Morgan in *To Have And Have Not* (1945) und als Philip Marlow in *The Big Sleep* (1946). »Man konnte extrem einfach mit ihm zusammenarbeiten«, sagt Hawks. »Wirklich unterschätzt als Schauspieler. Ohne seine Hilfe hätte ich niemals mit Bacall machen können, was ich gemacht habe. Nicht allzu viele Schauspieler würden herumsitzen und warten, während ein Mädchen ihnen eine Szene stiehlt. Aber er verliebte sich in das Mädchen, und das Mädchen sich in ihn, und das machte es leicht.«

Bogart war der Meinung, daß das Publikum dem Schauspieler immer ein wenig voraus sei. »Wenn ein Kerl mit seinem Revolver auf dich zielt«, erklärte er, »dann weiß das Publikum, daß du Angst hast. Du brauchst keine Gesichter zu schneiden. Du brauchst nur zu glauben, du seist die Person, die du spielst, und was passiert, passiere dir.«

Ustinov spielte einmal mit Bogart zusammen in einer Komödie mit dem Titel *We're No Angels* (1955). »Bogart besaß eine ungeheure Präsenz«, sagt er, »und in seinen Augen leuchtete ein kämpferisches Licht. Er wollte sich mit jemandem messen, er wollte herausgefordert werden, er wollte bestürmt werden. Ich sah ein munteres und streitbares Augenpaar aus der Person, die er spielte, auf die Person starren, die ich spielte – etwa so, wie ein erfahrener Stierkämpfer einen heißblütigen Stier anstarrt, um den Kampf heraufzubeschwören.«

»Wenn der schwere Junge, beladen mit Verbrechen und voller Bitterkeit, nach seinen Wunden tastet«, sagte Bogart, »und von Tod und lastenden Bürden mit heiserer Stimme spricht, dann gehört das Publikum ihm und ihm allein.«

Dieses Gefühl, das er so bewußt bei seinem Publikum hervorrief, wurde ironischerweise zu einer Realität. Sein Tod war schrecklich und herzzerreißend. Er starb am 14. Januar 1957 an Speiseröhrenkrebs, und die Krankheit hatte über ein Jahr benötigt, um ihn umzubringen. »Heutzutage«, sagte er, »sitze ich nur herum und spreche mit meinen Freunden, den Menschen, die ich mag.« Genau das tat er.

»Ich ging ihn besuchen gegen Ende«, sagt Botschafter Stevenson. »Er war sehr krank und sehr schwach, aber er unternahm die tapfersten Anstrengungen, um fröhlich zu bleiben. Er war intolerant in bezug auf Schwäche, und ungeduldig in bezug auf Krankheit.«

»Ich ging einige Male zu ihm«, sagt Capote. »Die meisten seiner Freunde besuchten ihn, manche fast jeden Tag, zum Beispiel Sinatra. Einige waren sehr treu. Er schien bei allen ihre besten Seiten ans Licht zu bringen. Er sah furchtbar aus, so entsetzlich dünn. Seine Augen waren riesig und blickten so beängstigt. Sie wurden größer und größer. Es war richtige Angst, und dennoch war da immer sein fröhliches, tapferes Selbst. Er mußte mit dem Aufzug nach unten gebracht werden, und da saß er nun und wartete und wartete auf seinen Martini. Es waren ihm, glaube ich, nur ein oder zwei Gläser gestattet. Und so fanden wir ihn gewöhnlich vor: rauchend und an diesem Martini nippend.«

Während dieser Zeit verließ seine Frau kaum das Haus, obwohl ihre Freunde und sogar Bogart selber sie drängten, häufiger auszugehen. Wenn jemand fragte, warum sie in zehn Monaten nur sechs oder sieben Mal ausgegangen sei, antwortete er: »Sie ist meine Frau und meine Krankenschwester. Deshalb bleibt sie zu Hause. Vielleicht kann man daran den Unterschied zwischen Damen und Flittchen in dieser Stadt feststellen.«

»Er erlitt die schlimmsten und quälendsten Schmerzen, die ein Mensch ertragen kann«, sagt Dr. Maynard Brandsma. »Ich wußte das, und wenn ich ihn besuchte und fragte ›Wie geht's?‹, antwortete Bogie immer: ›Ziemlich hart.‹ Ich wußte, daß er im Sterben lag, und während der letzten Wochen wußte ich, daß er es auch wußte.«

»Ich sah ihn dreiundzwanzig Tage vor seinem Tod«, erzählt Cukor. »Er konnte nicht mehr herunterkommen und hatte starke Beruhigungsmittel erhalten. Er schloß immer wieder seine Augen. Aber es hinderte ihn nicht daran, Witze von sich zu geben,

und er erkundigte sich ständig nach dem neuesten Klatsch. Und seine Stimme war ein Wunder. Diese wunderbare Stimme. Sie war absolut lebendig. Sie war das letzte, was starb.«

Der Tod kam am frühen Morgen, und noch am selben Tag trugen die Zeitungen die Nachricht in die Welt. Eine ganze Reihe drückten sich so aus: »Gewöhnlich küßte er seine Frau Lauren Bacall und sagte ›Gute Nacht‹. Dieses Mal aber, so berichtete Dr. Michael Flynn, legte er seine Hand auf ihren Arm und murmelte in seiner vertrauten, schroffen Art: ›Good-bye, kid.‹« Ob es wirklich so war oder nicht, ist unwichtig. Bogart, der Mensch, und Bogart, der Held, sind so sehr miteinander verschmolzen, daß man heute nicht mehr den Unterschied zwischen den beiden feststellen könnte, falls es je überhaupt einen gegeben hat. Er war für sein Publikum durch fünfundsiebzig Filmnächte gegangen, und nun war es zu spät, das Image zu ändern, zu spät, die Legende zu ändern, die nun erst wirklich begonnen hatte.

September 1964.

Die Filme von Humphrey Bogart

1930

Broadway's Like That

(So ist der Broadway)

Ruth Etting und Humphrey Bogart

Regie Murray Roth. *Buch* Stanley Rauh. *Musik* Harold Levey. *Darsteller* Ruth Etting, Humphrey Bogart, Joan Blondell. *Produktion* Vitaphon Corporation/Warner Bros. *Länge* 10 Minuten.

Dieser in New York hergestellte Kurzfilm aus der Reihe *Vitaphon Varieties* mit der Nummer 960 war Humphrey Bogarts Leinwanddebüt. Die Szenenfotos zeigen Bogart beim Essen mit Miss Etting in einem Restaurant namens *Lee Sing Chop Suey.* Die Sequenz beginnt mit einem Zwischentitel: »Es gibt nichts Süßeres, als mit einer Süßen zu essen.«

Die Zeitschrift *Motion Picture News* schrieb damals: »Ruth Etting mag eine gute ›traurige‹ Stimme für Bühnenauftritte haben, die aber nicht so aufregend ist, wenn sie von einem Mikrophon aufgenommen wird. Ruth befindet sich hier in einer kurzen, dramatischen Szene, die einen Großstädter zeigt, der seine alten Tricks versucht. Sie fängt an zu singen, wenn sie weinen sollte. Wie auch immer – so ist der Broadway.« Der Film wurde erst 1963 von einem amerikanischen Fernsehjournalisten wiederentdeckt, als er Material für ein Bogart-Porträt zusammenstellte.

1930

A Devil With Woman

(Ein Teufel bei Frauen)

Humphrey Bogart und Mona Maris

Regie Irving Cummings. *Buch* Dudley Nichols und Henry M. Johnson, nach dem Roman *Dust And Sun* (Staub und Sonne) von Clements Ripley. *Kamera* Arthur Todd. *Musik* Peter Brunelli. *Schnitt* Jack Murray. *Art Director* William Darling. *Ton* E. Clayton Ward und Harry M. Leonard. *Song* »Amore Mio« von James Monaco und Cliff Friend. *Darsteller* Victor McLaglen (Jerry Maxton), Mona Maris (Rosita Fernandez), Humphrey Bogart (Tom Standish), Luana Alcaniz (Dolores), Michael Vavitch (Morloff), Soledad Jiminez (Jiminez), Mona Rico (Alicia), John St. Polis (Don Diego), Robert Edeson (General Garcia). *Produktion* Fox (George Middleton). *Länge* 76 Minuten.

Glücksritter Jerry Maxton, gestrandet in einer zentralamerikanischen Bananenrepublik, wird angeheuert, um dem Treiben des berüchtigten Banditen Morloff ein Ende zu bereiten. Er wird angetrieben von Tom Standish, dem Neffen des reichsten Mannes im Lande, der aus Jux mitzieht. Gierig nach Frauen und Kämpfen, fällt Jerry auf eine Waffenschmugglerin herein, die ihn in Morloffs Lager lockt, wo er und Tom nur knapp dem Tode entgehen. Sie flüchten zur Hazienda von Rosita Fernandez. Als die Banditen die Hazienda anzugreifen versuchen, lockt Rosita sie einzeln nach innen, und Jerry schaltet sie mit einer Serie von Kinnhaken aus. Die Schlacht geschlagen und Morloff tot, glaubt Jerry, Rosita sei die Seine, doch Tom erweist sich als der Auserwählte der Señorita.

»Und dann gibt es einen irritierenden Freund mit seinem Trick, als Letzter zu lachen, sei es bei kriegerischen oder amourösen Abenteuern. Das ist Humphrey Bogart, der sein Debüt im Tonfilm und eine gewinnende Darstellung gibt. Mr. Bogart ist sowohl gutaussehend als auch intelligent.« (*New York Times,* 20. 10. 1930)

Humphrey Bogart und Victor McLaglen

1930
UP THE RIVER
(Flußaufwärts)

Claire Bruce, Humphrey Bogart, Spencer Tracy, Warren Hymer und Partnerin

Regie John Ford. *Buch* Maurine Watkins. *Kamera* Joseph August. *Bühneninszenierung* William Collier sen. *Schnitt* Frank Hull. *Ton* W. W. Lindsay. *Darsteller* Spencer Tracy (St. Louis), Claire Luce (Judy), Warren Hymer (Dannemora Dan), Humphrey Bogart (Steve), William Collier sen. (Pop), Joan Marie Lawes (Jean), George MacFarlane (Jessup), Gaylord Pendleton (Morris), Sharon Lynn (Edith LaVerne), Noel Francis (Sophie), Goodee Montgomery (Kit), Robert Burns (Slim), John Swor (Clem), Robert E. O'Connor (Gefängnisdirektor), Louise MacIntosh (Mrs. Massey), Richard Keene (Dick), Johnnie Walker (Happy), Pat Somerset (Beauchamp), Morgan Wallace (Frosby), Edythe Chapman (Mrs. Jordan), Althea Henly (Cynthia), Keating Sisters (May und June), Joe Brown (stellvertretender Gefängnisdirektor), Wilbur Mack (Whiteley), Harvey Clark (Nash), Carol Wines (Daisy Elmore), Adele Windsor (Minnie), Mildred Vincent (Annie). *Produktion* Fox. *Länge* 92 Minuten.

Die beiden entflohenen Sträflinge St. Louis und Dannemora Dan werden gefaßt und wieder ins Gefängnis zurückgeschickt. Dort ist auch Steve, der eine Strafe wegen unbeabsichtigten Totschlags verbüßt. Seine ehrbaren New-England-Eltern glauben, er sei in China. Im Frauenflügel des Gefängnisses befindet sich Judy, die von einem betrügerischen Aktienhändler in einen Schwindel hineingezogen worden ist. Steve und Judy verlieben sich, und als Steve auf Bewährung freigelassen wird, verspricht er, auf Judy zu warten. Frosby, der von der Romanze gehört hat, folgt Steve nach Hause. Er droht, ihn als Knastbruder bloßzustellen, es sei denn, er helfe ihm, die Städter zu berauben. Judy erfährt davon im Gefängnis und vertraut sich St. Louis und Danny an, die es als ihre Ehre betrachten, dem jungen Paar zu helfen. Während einer Gefängnis-Theateraufführung fliehen St. Louis und Danny in Frauenkleidern und ge-

Claire Luce und Humphrey Bogart

Spencer Tracy und Humphrey Bogart

hen nach New England, um Frosbys Pläne zu vereiteln. Die Arbeit getan, kehren sie rechtzeitig ins Gefängnis zurück, um das jährliche Baseballspiel für ihre Alma Mater zu gewinnen.

Für Spencer Tracy war dieser Film der erste Hollywood-Job nach seiner Theaterarbeit am Broadway. Tracy und Bogart freundeten sich während der Dreharbeiten an. Diese Freundschaft blieb bestehen, obwohl die beiden nie wieder zusammen in einem Film auftraten. Auch mit Regisseur John Ford hat Bogart nie wieder zusammengearbeitet. Die *New York Times* schrieb über Bogarts Darstellung nur: »Humphrey Bogart ist tüchtig als Steve.«

Humphrey Bogart und Spencer Tracy

1931

BODY AND SOUL

(Körper und Seele)

Goodes Montgomery, Charles Farrell, Donald Dillaway und Humphrey Bogart

Humphrey Bogart, Charles Farrell und Partner

Regie Alfred Santell. *Buch* Jules Furthman, nach dem Theaterstück *Squadrons* von A. E. Thomas, das auf der Geschichte *Big Eyes And Little Mouth* (Große Augen und kleiner Mund) von Elliott White Springs basiert. *Kamera* Glen MacWilliams. *Musik* Peter Brunelli. *Schnitt* Paul Weatherwax. *Art Director* Anton Grot. *Special Effects* Ralph Hammeras. *Ton* Donald Flick. *Technische Beratung* Bogart Rogers. *Darsteller* Charles Farrell (Mal Andrews), Elissa Landi (Carla), Humphrey Bogart (Jim Watson), Myrna Loy (Alice Lester), Donald Dillaway (Tap Johnson), Craufurd Kent (Major Burke), Pat Somerset (Major Knowls), Ian MacLaren (General Trafford-Jones), Dennis D'Auburn (Lieutenant Meggs), Douglas Dray (Zane), Harold Kinney (Young), Bruce Warren (Sam Douglas). *Produktion* Fox. *Länge* 83 Minuten.

Während des Ersten Weltkriegs sind verschiedene amerikanische Flieger, darunter Mal Andrews, Jim Watson und Tap Johnson, einem Royal-Air-Force-Geschwader in Frankreich zugeteilt. Watson, der wenige Tage vor seiner Abreise geheiratet hat, legt sich in England gleich eine Freundin zu. Er wird beim Angriff auf einen deutschen Beobachtungsballon getötet. Andrews, der sich dem Flug angeschlossen hat, zerstört den Ballon und sorgt dafür, daß Watson posthum die Anerkennung für den erfolgreichen Angriff erhält. Andrews trifft Watsons Witwe und verliebt sich in sie. Sie wird vom britischen Geheimdienst beschuldigt, eine Spionin zu sein, nachdem die alliierten Flieger eine Reihe von Unglücksfällen erleben. Aber sie kann beweisen, daß sie wirklich Watsons Witwe ist und daß eine andere Frau die Spionin ist.

Für seinen außerehelichen Fehltritt läßt Drehbuchautor Jules Furthman, der später zusammen mit Faulkner am Drehbuch zu *To Have And Have Not* arbeitete, Bogart schleunigst sterben. »Trotz eines aufregenden Höhepunkts kann man nicht sagen, daß in diesem Unternehmen viel Dramatisches steckt. Es ist, nüchtern betrachtet, in einigen Sequenzen eher verwirrend, und am Ende werden fraglos einige Dinge herbeigezwungen ... Humphrey Bogart ist inbrünstig als Jim Watson.« (*New York Times,* 14. 3. 1931)

1931

BAD SISTER

(Böse Schwester)

Humphrey Bogart, Bette Davis und Conrad Nagel

Regie Hobart Henley. *Buch* Raymond L. Schrock und Tom Reed. *Dialoge* Edwin H. Knopf. *Kamera* Karl Freund. *Schnitt* Ted Kent. *Ton* C. Roy Hunter. *Darsteller* Conrad Nagel (Dick Lindley), Sidney Fox (Marianne Madison), Bette Davis (Laura Madison), ZaSu Pitts (Minnie), Slim Summerville (Sam), Charles Winninger (Mr. Madison), Emma Dunn (Mrs. Madison), Humphrey Bogart (Valentine Corliss), Bert Roach (Wade Trumbull), David Durand (Hedrik Madison). *Produktion* Universal (Carl Laemmle jun.). *Länge* 71 Minuten.

Marianne Madison, die verwöhnte Tochter eines Kaufmanns aus Indiana, flirtet kokett mit Dr. Dick Lindley und betrachtet die Aufmerksamkeiten des jungen Wade Trumbull mit amüsierter Verachtung. Gelangweilt von ihren Verehrern und dem Kleinstadtleben, im Glauben, etwas Besseres erwarten zu können, wird sie leichte Beute für den gerissenen Großstädter Valentine Corliss, der die örtlichen Geschäftsleute betrügen will. Er macht Marianne den Hof und bringt sie dazu, die Unterschrift ihres Vaters

Humphrey Bogart und Sidney Fox

auf einem Brief zu fälschen, mit dem er die anderen Kaufleute um Geld angeht. Nachdem er kassiert hat, überredet er Marianne, mit ihm durchzubrennen. Laura, Mariannes ruhige und unauffällige Schwe-

Sidney Fox und Humphrey Bogart

ster, gesteht Dick, daß sie ihn schon immer geliebt hat, obwohl sie gewußt hat, daß er Marianne liebt. Corliss läßt Marianne in einem billigen Hotel sitzen, und sie kehrt reumütig nach Hause zurück. Doch Dick hat entdeckt, daß er in Wirklichkeit Laura liebt. Marianne sieht den jungen Wade jetzt in einem anderen Licht und nimmt seinen Heiratsantrag an.

Bad Sister ist eine Neuverfilmung der Geschichte *The Flirt* (Der Flirt) von Booth Tarkington, die im Jahr 1924 für die *Universal* ein großer Erfolg war. Die neue Version rief keine große Begeisterung hervor. »Eine hölzern und unsicher präsentierte Geschichte zweier Schwestern, die es von Anfang an besser hätten wissen müssen. Die Damen Sidney Fox und Bette Davis ... geben ihr Debüt im Film als Marianne und Laura Madison«, schrieb die *New York Times* am 30. 3. 1931. Bogart war von seiner Rolle nicht sonderlich angetan.

Conrad Nagel und Bette Davis

1931
WOMAN OF ALL NATIONS
(Frauen aller Nationen)

Humphrey Bogart, Edmund Lowe und Victor McLaglen

Regie Raoul Walsh. *Buch* Barry Connors, nach Charakteren von Laurence Stallings und Maxwell Anderson. *Kamera* Lucien Andriot. *Musik* Reginald H. Bassett. *Schnitt* Jack Dennis. *Ton* George H. Leverett. *Dirigent* Carli D. Elinor. *Darsteller* Victor McLaglen (Sergeant Flagg), Edmund Lowe (Sergeant Quirt), Greta Nissen (Elsa), El Brendel (Olsen), Fifi Dorsay (Fifi), Marjorie White (Pee Wee), T. Roy Barnes (Captain der Marines), Bela Lugosi (Prinz Hassan), Humphrey Bogart (Stone), Joyce Compton (Kiki), Jesse DeVorska (Izzie), Charles Judels (Leon), Marion Lessing (Gretchen), Ruth Warren (Ruth). *Produktion* Fox (Archibald Buchanan). *Länge* 72 Minuten.

Flagg und Quirt, die zusammen im Ersten Weltkrieg und in Panama gekämpft haben, leben in Brooklyn. Flagg wirbt Rekruten für die Marines an, Quirt betreibt ein türkisches Bad für Frauen. Nach einer Polizeirazzia auf seinen Abmagerungssalon geht Quirt zu den Marines zurück. In Schweden buhlen Flagg und Quirt um die Gunst der Café-Sängerin Elsa. Sie werden von Elsas riesenhaftem Geliebten rausgeschmissen, der unerwartet nach Hause zurückkommt. In Nicaragua helfen die beiden Freunde Erdbebenopfern beim Wiederaufbau ihrer Häuser. In Ägypten treffen sie Elsa wieder, die jetzt eine der vielen Frauen des Prinzen Hassan ist. In Hassans Abwesenheit versuchen sie, an Elsa heranzukommen, fliehen aber, als der Prinz plötzlich in den Palast zurückkehrt.

Bogart begegnet hier zum ersten Mal dem renommierten Actionfilmregisseur Raoul Walsh, mit dem er später noch drei weitere Filme drehen wird. Er spielt nur eine ganz kleine Nebenrolle. In einer unlängst restaurierten, »vollständigen« Fassung des Films kommen aber weder Bogart noch einige andere im Vorspann genannte Schauspieler vor.

1931
A HOLY TERROR
(Ein heiliger Terror)

Regie Irving Cummings. *Buch* Ralph Block, nach dem Roman *Trailin'* (Verfolgung) von Max Brand. *Dialoge* Alfred A. Cohn und Myron Fagan. *Kamera* George Schneiderman. *Schnitt* Ralph Dixon. *Ton* Donald Flick. *Darsteller* George O'Brien (Tony Bard), Sally Eilers (Jerry Foster), Rita LaRoy (Kitty Carroll), Humphrey Bogart (Steve Nash), James Kirkwood (William Drew), Stanley Fields (Butch Morgan), Robert Warwick (Thomas Woodbury), Richard Tucker (Tom Hedges), Earl Pingree (Jim Lawler). *Produktion* Fox (Edmung Grainger). *Länge* 53 Minuten.

James Kirkwood und Humphrey Bogart

Tony Bard, Sohn eines Millionärs an der Ostküste, entdeckt nach einem Polospiel seinen ermordeten Vater. Unter den Papieren seines Vaters findet er Beweise, daß er früher einen anderen Namen hatte. Er stößt auch auf den Namen des Ranchers Drew, von dem Tony glaubt, er wisse etwas über den Tod seines Vaters. Beim Flug nach Westen verliert Tony die Kontrolle über sein Flugzeug und landet im Badezimmer von Jerry Foster. Sie verliebt sich in Tony, was die Eifersucht ihres Verehrers Steve Nash hervorruft, der Vorarbeiter auf Drews Ranch ist. Drew schickt Steve und den Revolverhelden Morgan los, um Tony zu fassen. Aber Tony entkommt und reitet zu Drews Ranch, um mit ihm abzurechnen. Dort versucht ihn Morgan niederzuschießen, aber Drew tritt dazwischen und wird verwundet. Drew enthüllt, daß er in Wirklichkeit Tonys Vater ist. Er war an die Ostküste gefahren, um mit dem Mann abzurechnen, der ihm vor vielen Jahren Frau und Kind gestohlen hatte. Bei einem Streit war sein Revolver versehentlich losgegangen.

Bogart war immer der Ansicht, daß er als Cowboy keine gute Figur abgab, weder hier noch später in *Virginia City*. In *A Holy Terror* hat Bogart ohnehin kaum mehr zu tun, als Botengänge zu machen und dabei zu helfen, den Hintergrund auszufüllen. Mit dem Begriff »Holy Terror« bezeichnet man in der Umgangssprache eine Person, deren unverantwortliches oder boshaftes Handeln Ärger oder Terror verursacht.

Rita LaRoy, Stanley Fields und Humphrey Bogart

Humphrey Bogart und George O'Brien

1932

LOVE AFFAIR

(Liebesaffäre)

Dorothy Mackaill und Humphrey Bogart

Regie Thornton Freeland. *Buch und Dialoge* Jo Swerling, nach der Geschichte *College Humor* von Ursula Parrott. *Kamera* Ted Tetzlaff. *Continuity* Dorothy Howell. *Schnitt* Jack Dennis. *Ton* Charles Noyes. *Darsteller* Dorothy Mackaill (Carol Owen), Humphrey Bogart (Jim Leonard), Jack Kennedy (Gilligan), Barbara Leonard (Felice), Astrid Allwyn (Linda Lee), Bradley Page (Georgie), Halliwell Hobbes (Kibbee), Hale Hamilton (Bruce Hardy), Harold Minjir (Antone). *Produktion* Columbia. *Länge* 68 Minuten.

Carol Owen, eine sorgenlose junge Erbin, nimmt aus einer Laune heraus Flugstunden und verliebt sich in ihren Lehrer Jim Leonard, einen Ingenieur, der Flugstunden gibt, während er einen neuen Flugzeugmotor an den Mann zu bringen versucht. Wegen seiner Affäre mit Carol vernachlässigt er seine Arbeit. Carol lehnt seinen Heiratsantrag ab, weil sie erkennt, daß sie ihn an der Erfüllung seiner Aufgaben hindert. Jim vergräbt sich in seiner Arbeit. Als Carol erfährt, daß sie von ihrem Vater keinen Pfennig bekommen hat und daß dessen Finanzberater Bruce Hardy sie unterstützt, nimmt sie Hardys Heiratsantrag an. Sie hofft, ihn überreden zu können, Jims Erfindung zu finanzieren. Jim weist Hardys Hilfe zurück und streicht Carol aus seinem Leben. Carol erkennt, daß sie Jim liebt und die Heirat ein Fehler war. Sie erzählt Hardy von ihrer Affäre, der sie beschuldigt, ihn nur geheiratet zu haben, um die Karriere ihres Liebhabers zu fördern. Mit dem Gefühl, Jim verloren zu haben und nur noch ein leeres Leben führen zu können, begibt sich Carol zum Flughafen, um ihren ersten und letzten Soloflug zu machen. Sie hinterläßt dem Flughafendirektor eine Nachricht, die Jim findet. Er erreicht ihr Flugzeug gerade als sie starten will.

Love Affair war im wesentlichen als Vehikel für die britische Schauspielerin Dorothy Mackaill gedreht worden, einem Stummfilmstar, der versuchte, auch im Tonfilm weiterhin mitzureden. Obwohl Humphrey Bogart hier zum ersten Mal die männliche Hauptrolle spielte, belebte dieser Part seine Leinwandkarriere keineswegs. Die Kritik lobte vor allem die gute Kameraarbeit von Teddy Tetzlaff. Allerdings freundete sich Bogart während der Dreharbeiten mit *Columbia*-Chef Harry Cohn an, mit dem er später, nachdem er seine eigene Firma gegründet hatte, eng zusammenarbeitete.

1932

Big City Blues

(Großstadt-Blues)

Regie Mervyn LeRoy. *Buch* Ward Morehouse und Lillie Hayward, nach dem Theaterstück *New York Town* (Die Stadt New York) von Ward Morehouse. *Kamera* James Van Trees. *Schnitt* Ray Curtis. *Musik* Ray Heindorf und Bernhard Kaun. *Dirigent* Leo F. Forbstein. *Darsteller* Joan Blondell (Vida), Eric Linden (Bud), Inez Courtney (Faun), Evelyn Knapp (Jo-Jo), Guy Kibbee (Hummel), Lyle Talbot (Sully), Gloria Shea (Agnes), Walter Catlett (Gibbony), Jobyna Howland (Serena), Humphrey Bogart (Adkins), Josephine Dunn (Jackie), Grant Mitchell (wachhabender Polizist), Thomas Jackson (Quelkin), Ned Sparks (Stackhouse), Sheila Terry (Lorna), Tom Dugan (Red), Betty Gillette (Mabel), Edward McWade (Gepäckaufseher). *Produktion* Warner Bros. *Länge* 65 Minuten.

Walter Catlett, Humphrey Bogart, Lyle Talbot, Sheila Terry, Ned Sparks und Josephine Dunn

Bud, der etwas Geld geerbt hat, verläßt seine kleine Heimatstadt in Indiana und fährt nach New York. An seinem ersten Tag stellt ihn sein Cousin Gibbony der Tänzerin Vida vor. Sie ist nett zu ihm, und Bud verliebt sich. Mit Buds Geld schmeißt Gibbony in Buds Hotelzimmer eine Party. Es wird sehr viel getrunken; ein Mädchen wird getötet von einer Flasche, die ein Betrunkener wirft. Alle fliehen, und Bud gerät in Verdacht, der Schuldige zu sein. Am nächsten Abend wird er zusammen mit Vida in einem Nachtclub festgenommen, aber wieder freigelassen, als sich herausstellt, daß der wahre Mörder Selbstmord begangen hat. Bud fährt mit dem Zug nach Hause zurück, wo er 72 Stunden nach seiner Abreise wieder ankommt.

Humphrey Bogart, Josephine Dunn, Sheila Terry, Ned Sparks, Joan Blondell und Lyle Talbot

Humphrey Bogart, der bei den Darstellern an zehnter Stelle genannt wird, spielt nur eine winzige Rolle als Partygast. »Seinen Eindruck hinterläßt Bogart vor allem dadurch, daß er seinen Kollegen Lyle Talbot mit einem wohlgezielten Fausthieb zu Boden streckt«, bemerkt der Bogart-Biograf Alan G. Barbour. Regisseur Mervyn LeRoy drehte in den dreißiger Jahren mehr als drei Dutzend Filme, die verständlicherweise von sehr unterschiedlicher Qualität waren. Aus *Big City Blues* machte er ein sentimentales Melodram voller hohlem Gerede, dessen Betrachtung der Kritiker der *New York Times* damals als »ziemlich schmerzhaft« empfand.

1932
THREE ON A MATCH
(Drei an einem Streichholz)

Humphrey Bogart, Allan Jenkins, Lyle Talbot
und Jack LaRue

Regie Mervyn LeRoy. *Buch* Lucien Hubbard, nach einer Story von Kubec Glasmon und John Bright. *Dialoge* Kubec Glasmon und John Bright. *Kamera* Sol Polito. *Schnitt* Ray Curtis. *Art Director* Robert Haas. *Musik* Ray Heindorf. *Dirigent* Leo F. Forbstein. *Darsteller* Joan Blondell (Mary Keaton), Warren William (Henry Kirkwood), Ann Dvorak (Vivian Revere), Bette Davis (Ruth Westcott), Lyle Talbot (Mike Loftus), Humphrey Bogart (The Mug), Patricia Ellis (Linda), Sheila Terry (Naomi), Grant Mitchell (Schulvorsteher), Glenda Farrell (Vivians Freundin), Frankie Darro (Bobby), Clara Blandick (Mrs. Keaton), Hale Hamilton (Verteidiger), Dick Brandon (Horace), Junior Johnson (Max), Anne Shirley (Vivian als Kind), Virginia Davis (Mary als Kind), Betty Carrs (Ruth als Kind), Buster Phelps (Junior). *Produktion* Warner Bros./First National. *Länge* 64 Minuten.

Zehn Jahre nach ihrem Schulabschluß treffen drei Mädchen wieder zusammen: Wildfang Mary war in einer Erziehungsanstalt und steht jetzt auf der Bühne; Snob Vivian ist mit dem reichen Rechtsanwalt Henry Kirkwood verheiratet; Ehrenstudentin Ruth wurde Geschäftsfrau. In Erinnerung an alte Zeiten zünden die Mädchen sich ihre Zigaretten an nur einem einzigen Streichholz an. Sie lachen über ihre Angst vor dem Aberglauben, Unglück würde die dritte Person (Vivian) treffen, die das Streichholz benutzt. Plötzlich gelangweilt von ihrem Leben, entschließt sich Vivian zu einer Ozeanreise mit ihrem Sohn Junior. Zu ihrer Abschiedsparty bringt Mary den Spieler Mike Loftus mit, zu dem sich Vivian auf der Stelle hingezogen fühlt. Statt zu verreisen, brennt sie mit ihm durch. Kirkwood forscht mit Marys Hilfe nach seiner Frau und dem Sohn. Als er entdeckt, daß Vivian mit Loftus zusammenlebt, läßt er sich scheiden und bekommt den Jungen zugesprochen. Er verliebt sich in Mary, heiratet sie und stellt Ruth als Gouvernante an. Als Vivian davon erfährt, gibt sie sich Alkohol und Drogen hin. Loftus, der ihr ganzes Geld verspielt hat und seine Schulden nicht bezahlen kann, heuert den Gangster »The Mug« und dessen Gefährten an, um Junior zu kidnappen. Dabei wird auch Vivian gefangengesetzt, die weiß, daß sie und Junior getötet werden, sobald das Lösegeld bezahlt ist. Mit Lippenstift schreibt sie eine Botschaft auf ihr Nachthemd und springt aus dem Fenster. Sie kommt dabei um, aber die Polizei erscheint, bevor die Kidnapper ihrem Sohn etwas antun können.

Humphrey Bogart genoß seine erste Gangsterrolle – sein Spitzname »The Mug« bedeutet »Die Fratze« oder auch schlicht »Der Ganove« – mit offensichtlichem Vergnügen. »Bogart gab sein Bestes, aber die Rolle besaß zu wenig Variationsmöglichkeiten und war zu klein, um anzudeuten, daß er jemals einen bemerkenswerten neuen Leinwandbösewicht würde abgeben können«, schreibt der britische Filmjournalist Allen Eyles.

1934

Midnight

(Mitternacht)

Regie Chester Erskine. *Buch* Chester Erskine, nach dem gleichnamigen Theaterstück von Paul und Claire Sifton. *Darsteller* Sidney Fox (Stella Weldon), O. P. Heggie (Edward Weldon), Henry Hull (Nolan), Margaret Wycherly (Mrs. Weldon), Lynne Overmann (Joe Biggers), Katherine Wilson (Ada Biggers), Richard Whorf (Arthur Weldon), Humphrey Bogart (Garboni), Granville Bates (Henry McGrath), Cora Witherspoon (Elizabeth McGrath), Moffat Johnston (District Attorney Plunkett), Henry O'Neill (Ingersoll), Helen Flint (Ethel Saxon). *Produktion* All Star/Universal (Chester Erskine). *Länge* 80 Minuten.

Ethel Saxon, angeklagt des Mordes an ihrem untreuen Ehemann, wird zum Tode verurteilt, nachdem Jurysprecher Edward Weldon sie gefragt hat »Nahmen Sie sein Geld, nachdem sie ihn getötet hatten?«, und sie mit »Ja« geantwortet hatte. Weldon wird von der Presse angegriffen, besteht aber darauf, daß er genau dasselbe tun würde, auch wenn jemand beteiligt sei, den er liebe. Diese Gelegenheit bietet sich ihm unerwartet. Seine Tochter Stella glaubt, in den Gangster Garboni verliebt zu sein. Auf der Flucht vor der Polizei bricht er mit ihr. Um Mitternacht, als Ethel Saxon auf den Elektrischen Stuhl muß, trifft Stella Garboni in seinem Auto und erschießt ihn mit seiner eigenen Pistole. Zu Hause beichtet sie die Tat. Der District Attorney, der profitiert hat von der Publicity des Saxon-Prozesses, entwirft eine weithergeholte Theorie, daß Stella Garboni in Wirklichkeit gar nicht getötet hat. Er überzeugt Weldon, daß er das Gesetz nicht übertritt, wenn er Stella von der Polizei fernhält.

Der Film entstand in New York, wo Produzent und Regisseur Chester Erskine die alten Thomas-Edison-Studios neu eröffnet hatte. Dort drehte er *Midnight* für weniger als 50000 Dollar. Bogart spielt erneut eine kleine Rolle als Gangster, in der ihn die *New York Times* »bewundernswert« findet. Dennoch kündigt Bogart nach diesem seinem zehnten Film an, nur noch etwas sehr Wichtiges könne ihn dazu veranlassen, noch einmal nach Hollywood zu gehen, das er gerade zum zweiten Mal verlassen hatte. Zwei Jahre später tritt genau dieser Fall ein.

Sidney Fox und Humphrey Bogart

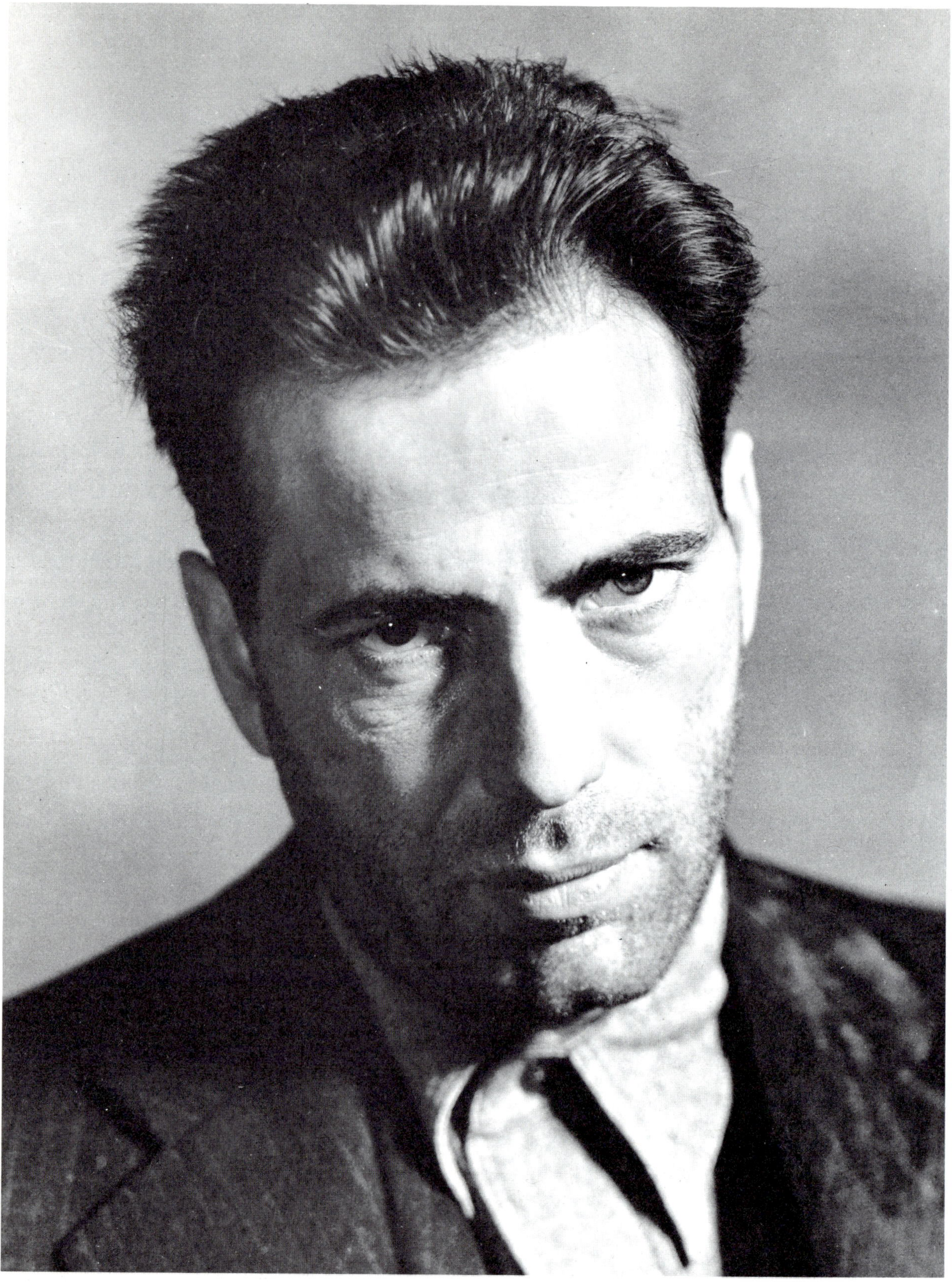

1936

The Petrified Forest

Der versteinerte Wald

Humphrey Bogart, Leslie Howard und Bette Davis

Regie Archie Mayo. *Buch* Charles Kenyon und Delmer Daves, nach dem gleichnamigen Theaterstück von Robert E. Sherwood. *Kamera* Sol Polito. *Musik* Bernhard Kaun. *Regie-Assistenz* Dick Mayberry. *Art Director* John Hughes. *Kostüme* Orry-Kelly. *Special Effects* Warren E. Lynch, Fred Jackman und Willard Van Enger. *Ton* Charles Lang. *Darsteller* Leslie Howard (Alan Squier), Bette Davis (Gabrielle Maple), Genevieve Tobin (Mrs. Chisholm), Dick Foran (Boze Hertzlinger), Humphrey Bogart (Duke Mantee), Joseph Sawyer (Jackie), Porter Hall (Jason Maple), Charley Grapewin (Gramp Maple), Paul Harvey (Mr. Chisholm), Eddie Acuff (Lineman), Adrian Morris (Ruby), Nina Campana (Paula), Slim Thompson (Slim), John Alexander (Joseph). *Produktion* Warner Bros. (Henry Blanke). *Länge* 83 Minuten.

Alan Squier, ein durch das Land wandernder Poet und Intellektueller, erreicht eine Wüstentankstelle mit Café in Arizonas Versteinertem Wald. Er freundet sich mit der Kellnerin Gabrielle Maple an, die seine künstlerischen Sehnsüchte teilt. Das erregt die Eifersucht des Tankwarts Boze, ihres Verehrers. Alan aber will seine Reise fortsetzen und läßt sich von einem Ehepaar im Auto mitnehmen. Unterwegs werden sie von dem berüchtigten Killer Duke Mantee, der aus dem Gefängnis geflohen ist, und seinen drei Gefährten gestoppt. Die Gangster nehmen das Auto, Alan und das Ehepaar gehen zu Fuß zum Café zurück. Dort finden sie Mantee und Genossen, die die anderen gefangenhalten. Mantee will über die Grenze nach Mexiko gehen, wartet aber noch auf

Genevieve Tobin, Leslie Howard, Paul Harvey, Bette Davis, Slim Thompson, Humphrey Bogart und Tom Sawyer

Leslie Howard, Genevieve Tobin, Paul Harvey, John Alexander, Humphrey Bogart und Adrian Morris

Bette Davis, Leslie Howard und Humphrey Bogart

seine Freundin. Alans und Gabrielles Freundschaft vertieft sich. Gabrielle möchte nach Frankreich fahren, um Kunst zu studieren, aber ihr Vater gibt ihr kein Geld. Alan vermacht ihr seine Lebensversicherung – sein einziges Besitztum – und schlägt Mantee vor, er solle ihn töten, bevor er geht. Der Gangster stimmt amüsiert zu. Polizei umstellt das Café, Alan erinnert Mantee an sein Versprechen, und Duke schießt ihn nieder. Zufrieden mit der Erkenntnis, daß Gabrielle jetzt ihren Weg gehen kann, stirbt Alan in ihren Armen.

Sowohl Leslie Howard als auch Humphrey Bogart spielen im Film dieselben Rollen, in denen sie schon in der New Yorker Theateraufführung Erfolg hatten. Bogart tritt in der ersten halben Stunde nicht auf; dann wird er angekündigt mit den Worten: »Das ist Duke Mantee, der weltberühmte Killer, und er ist hungrig.« Später wird er bezeichnet als »der letzte große Apostel des harten Individualismus«. Und er selber sagt über sich: »Es sieht so aus, als müßte ich den Rest meines Lebens tot verbringen.« Was auch stimmt. Für Humphrey Bogart aber war dieser Film der eigentliche Anfang seiner Karriere. Die Rolle des düsteren, abnormen Killers mit den ebenso leblosen wie ruhelosen Augen war ihm wie auf den Leib geschrieben. Zynische Verlierer sollte Bogart noch oft spielen. *Der versteinerte Wald* wirkt heute in seiner simplen Konfrontation von Idealismus und Anarchie etwas verstaubt. Für Bogart war er damals der erste spürbare Erfolg in Hollywood.

1936

Bullets Or Ballots

Wer regiert die Stadt?

Humphrey Bogart, Barton MacLane und Edward G. Robinson

Regie William Keighley. *Buch* Seton I. Miller, nach einer Originalgeschichte von Martin Mooney und Seton I. Miller. *Kamera* Hal Mohr. *Musik* Heinz Roemheld. *Schnitt* Jack Killifer. *Regie-Assistenz* Chuck Hansen. *Art Director* Carl Jules Weyl. *Special Effects* Fred Jackman, Fred Jackman jun. und Warren E. Lynch. *Ton* Oliver S. Garretson. *Darsteller* Edward G. Robinson (Johnny Blake), Joan Blondell (Lee Morgan), Barton MacLane (Al Kruger), Humphrey Bogart (Nick »Bugs« Fenner), Frank McHugh (Herman), Joseph King (Captain Dan McLaren), Richard Purcell (Driscoll), George E. Stone (Wires), Joseph Crehan (Sprecher der Geschworenen), Henry O'Neill (Bryant), Henry Kolker (Hollister), Gilbert Emery (Thorndyke), Herbert Rawlinson (Caldwell), Louise Beavers (Nellie), Norman Willis (Vinci), William Pawley (Crail), Ralph Remley (Kelly), Frank Faylen (Gatley). *Produktion* First National/Warner Bros. (Louis F. Edelman). *Länge* 81 Minuten.

Angesichts einer trägen Stadtverwaltung, die den hart durchgreifenden Polizisten Johnny Blake in einen entlegenen Außenbezirk versetzt, floriert in New York das Gangstertum unter der Führung von Al Kruger. Geleitet aber wird die Bande von einem Triumvirat von Bankiers, deren politischer, finanzieller und sozialer Einfluß die Existenz der Gangster ermöglicht. Nachdem der Journalist Bryant ermordet worden ist, wird Captain Dan McLaren mit der Zerschlagung des Gangstertums beauftragt. McLaren feuert Blake, der sich verbittert der Bande als rechte Hand Krugers anschließt. Nick Fenner, Krugers Lieutenant und der Mörder Bryants, ist Blake gegenüber mißtrauisch und wehrt sich gegen die Anwesenheit des Expolizisten in der Bande. Blake, der tatsächlich mit McLaren zusammenarbeitet, enthüllt die Pläne der Verbrecher der Polizei, die daraufhin eine Reihe von Razzien durchführt. Um

Barton MacLane und Humphrey Bogart

die Verdienstausfälle auszugleichen, steigt Kruger auf Blakes Vorschlag hin ins Glücksspielgeschäft ein, das bald so gut geht, daß Kruger die anderen Geschäfte vernachlässigt. Verärgert tötet Fenner Kruger. Daraufhin übernimmt Blake die Führung der Bande und erfährt, wer die Bankiers sind. Es kommt zu einer Schießerei zwischen Fenner und Blake, bei der Fenner getötet und Blake tödlich verwundet wird. Aber er lebt noch lange genug, um McLaren zu den Bankiers zu führen, mit deren Verhaftung das Gangstertum zerschlagen ist.

Bogart begeht in diesem spannend inszenierten Melodram drei Morde und stiehlt seinem Boß Al Kruger alias Barton MacLane etliche Szenen. Ein britischer Kritiker fand Bogarts Darstellung des grimmigen Killers mit dem Spitznamen »Bugs« (der Verrückte) so überzeugend, daß er bezweifelte, Bogart würde es jemals wieder gestattet, einen gesetzestreuen Bürger zu spielen. Und Edward G. Robinson, damals bei den *Warner Brothers* Gangsterstar Nummer Eins, gibt sich hier zum ersten Mal seinem bevorzugten Vergnügen hin, Bogart um zwei Minuten zu überleben.

Humphrey Bogart,
Frank McHugh und
Joan Blondell

1936

TWO AGAINST THE WORLD

Zwei gegen die Welt

Beverly Roberts und Humphrey Bogart

Harry Hayden, Linda Perry
und Humphrey Bogart

Regie William McGann. *Buch* Michel Jacoby, nach dem Theaterstück *Five Star Final* (Fünf-Sterne-Nachtausgabe) von Louis Weitzenkorn. *Kamera* Sid Hickox. *Musik* Heinz Roemheld. *Schnitt* Frank Magee. *Dialogregie* Irving Rapper. *Regie-Assistenz* Carrol Sax. *Art Director* Esdras Hartley. *Special Effects* Fred Jackman jun. und Rex Wimpy. *Ton* C. A. Riggs. *Darsteller* Humphrey Bogart (Sherry Scott), Beverly Roberts (Alma Ross), Helen MacKellar (Martha Carstairs), Henry O'Neill (Jim Carstairs), Linda Perry (Edith Carstairs), Carlyle Moore jun. (Billy Sims), Virginia Brissac (Mrs. Marion Sims), Robert Middlemass (Bertram C. Reynolds), Clay Clement (Mr. Banning), Harry Hayden (Martin Leavenworth), Claire Dodd (Cora Latimer), Hobart Cavanaugh (Tippy Mantus), Douglas Wood (Malcolm Sims), Bobby Gordon (Herman O'Reilly), Paula Stone (Miss Symonds), Frank Orth (Tommy), Howard Hickman (Dr. McGuire), Ferdinand Schumann-Heink (Toningenieur). *Produktion* First National/Warner Bros. (Bryan Foy). *Länge* 64 Minuten.

Claire Dodd und Humphrey Bogart

Weil der gewissenlose Besitzer einer Radiostation mehr Wert legt auf profitable Sensationen als auf Qualität, sendet er eine Serie über einen zwanzig Jahre alten Mordfall. Die damals angeklagte Martha Carstairs war freigesprochen worden und danach glücklich verheiratet. Aber sie hat nie über ihren Fall mit ihrer Tochter Edith gesprochen, die mit Billy Sims verlobt ist, dem Sohn eines wohlhabenden Fabrikbesitzers. Die unnötige Wiederbelebung der alten Geschichte bedroht Ediths Hochzeit. Unfähig, mit den Ergebnissen der Enthüllung fertig zu werden, begehen Martha und ihr Mann Selbstmord. Die Politik, die zu der Tragödie geführt hat, wird von Sherry Scott, dem Manager des Senders, bekämpft. Seine Sekretärin Alma Ross macht ihm dabei Mut. Sie sind solange »Zwei gegen die Welt«, bis die Radio-Kommission mit Scotts Hilfe das Programm des Senders säubert.

Two Against The World ist eine Neuverfilmung von *Five Star Final* aus dem Jahr 1931. Die Geschichte wurde nur aus dem Zeitungs- ins Rundfunkmilieu verlagert. Damals hatte Edward G. Robinson Bogarts Rolle gespielt. Filmkritiker Hans C. Blumenberg findet Humphrey Bogart »quälend steif und unglaubwürdig« als positiven Helden dieses moralischen Erbauungsstückes.

Linda Perry, Carlyle Moore jr., Harry Hayden und Humphrey Bogart

1936

China Clipper

(China Clipper)

Pat O'Brien, Humphrey Bogart, Henry B. Walthall und Ross Alexander

Regie Ray Enright. *Buch* Frank Wead. *Kamera* Arthur Edeson. *Musik* Bernhard Kaun und W. Franke Harling. *Schnitt* Owen Marks. *Dialogregie* Gene Lewis. *Regie-Assistenz* Lee Katz. *Art Director* Max Parker. *Kostüme* Orry-Kelly. *Luftfotografie* Elmer G. Dyer und H. F. Koenekamp. *Special Effects* Fred Jackman, Willard Van Enger und H. F. Koenekamp. *Ton* Everett A. Brown. *Technischer Berater* William I. Van Dusen, Pan-American Airways. *Darsteller* Pat O'Brien (Dave Logan), Beverly Roberts (Jean Logan), Ross Alexander (Tom Collins), Humphrey Bogart (Hap Stuart), Marie Wilson (Sunny Avery), Henry B. Walthall (Dad Brunn), Joseph Crehan (Jim Horn), Joseph King (Mr. Pierson), Addison Richards (B. C. Hill), Ruth Robinson (Mother Brunn), Carlyle Moore jun. (Funker), Lyle Moraine (Copilot), Dennis Moore (Copilot), Wayne Morris (Navigator), Alexander Cross (Bill Andrews), William Wright (Pilot), Kenneth Harlan (Inspekteur), Anne Nagel (Sekretärin), Marjorie Weaver (Sekretärin), Milburn Stone (Funker), Owen King (Funker). *Produktion* First National/Warner Bros. (Louis F. Edelman). *Länge* 85 Minuten.

Pat O'Brien, Carlyle Moore jr., Lyle Moraine, Dennis Moore, Wayne Morris, Humphrey Bogart und Ross Alexander

Humphrey Bogart, Dennis Moore, Ross Alexander, Carlyle Moore jr. und Walter Miller

Angeregt durch Lindberghs Überquerung des Atlantiks plant Dave Logan eine trans-pazifische Fluglinie. Zunächst startet er mit seinem Freund Tom Collins, dem Flugzeugbauer Dad Brunn und dem Finanzier B. C. Hill eine Washington-Philadelphia-Linie, die bald wegen finanzieller Schwierigkeiten eingestellt werden muß. Zusammen mit dem Flieger-As Hap Stuart bewegt Logan Collins und Brunn dazu, mit Flugbooten zum ersten Mal die Karibik anzufliegen. Die Linie wird zu einem Erfolg. Logans selbstsüchtige Hingabe an sein Pazifik-Projekt führt dazu, daß ihn erst seine Frau Jean und dann Stuart verläßt, und daß sich Dad Brunn zu Tode arbeitet an den Plänen für das China-Flugboot. Logan verpfändet seine Südamerika-Linie, um den China-Flug zu finanzieren. Dieses Opfer bringt ihm Stuart zurück als Pilot des Wasserflugzeugs. Im Kampf mit der Zeit und dem Wetter wird der Flug nach China zu einem Erfolg. Ernüchtert von dem Preis, den er zahlen mußte, findet Logan zu Jean zurück.

An diesem eher chauvinistischen Melodram, in dem die Damen entweder dumm, exaltiert oder bloß dekorativ sind, lobte die Kritik damals vor allem die aufregenden Flugaufnahmen. In bezug auf Bogart ist diese Seifenoper nur insofern von Bedeutung, als er hier zum ersten Mal an seinem rechten Ohr zupfte – eine Geste, die später zu einem seiner Markenzeichen wurde.

1936

Isle Of Fury

(Insel des Zorns)

Donald Woods, Humphrey Bogart und E. E. Clive

Margaret Lindsay und Humphrey Bogart

Regie Frank McDonald. *Buch* Robert Andrews und William Jacobs, nach dem Roman *The Narrow Corner* (In der Klemme) von W. Somerset Maugham. *Kamera* Frank Good. *Musik* Howard Jackson. *Schnitt* Warren Low. *Regie-Assistenz* Frank Heath. *Art Director* Esdras Hartley. *Kostüme* Orry-Kelly. *Special Effects* Fred Jackman, Willard Van Enger und H. F. Koenekamp. *Ton* Charles Lang. *Darsteller* Humphrey Bogart (Val Stevens), Margaret Lindsay (Lucille Gordon), Donald Woods (Eric Blake), Paul Graetz (Captain Deever), Gordon Hart (Anderson), E. E. Clive (Dr. Hardy), George Regas (Otar), Sidney Bracy (Sam), Tetsu Komai (Kim Lee), Miki Morita (Oh Kay), Houseley Stevenson sen. (Pfarrer), Frank Lackteen (alter Eingeborener). *Produktion* Warner Bros. (Bryan Foy). *Länge* 60 Minuten.

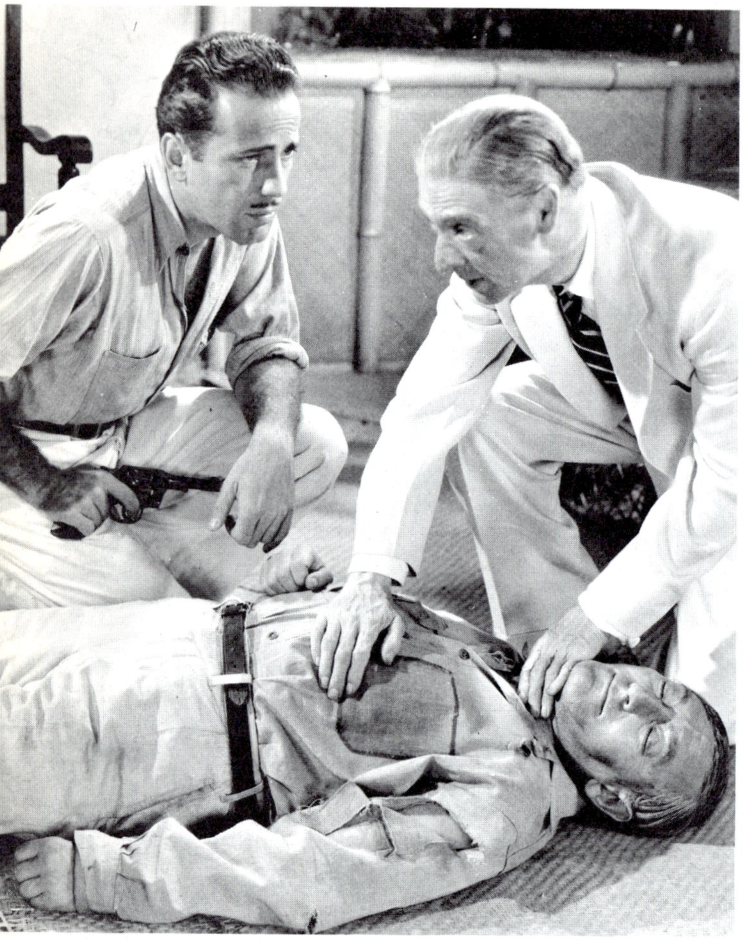

Humphrey Bogart, E. E. Clive und Partner

Auf einer Insel in der Südsee heiraten Val Stevens und Lucille Gordon. Am Ende der Zeremonie hören sie, daß ein Schiff an einem Riff gekentert ist. Val rettet Kapitän Deever und den Passagier Eric Blake. Eric begleitet Val und seine Frau beim Tauchen nach Perlen und rettet Val vor einem Oktopus. Zwischen den beiden Männern entsteht eine Freundschaft. Eine sich anbahnende Liebesaffäre zwischen Eric und Lucille wird von Dr. Hardy unterbunden. Hardy glaubt, daß Eric in den Staaten gesucht wird und erzählt Val von der Romanze. Als Val dem Paar gegenübertritt, stellt sich heraus, daß Val selber der Gesuchte und Eric der Detektiv ist, der ihn holen soll. Eric aber erklärt den Fall für abgeschlossen und verläßt die Insel, weil Val mit Lucille ein besseres, neues Leben führt.

Eine schludrige Neuverfilmung der Somerset-Maugham-Story *The Narrow Corner,* die erst vier Jahre zuvor für die Leinwand adaptiert worden war, bezeichnet Terence Pettigrew in seinem Buch *The Bogart File* diesen Film »als ein gutes Beispiel dafür, was Langweiligkeit und Unfähigkeit erreichen können, wenn sie zusammentreffen«. Bogart haßte den Film so sehr, daß er später ableugnete, ihn jemals gemacht zu haben, obwohl *Monthly Film Bulletin* schrieb: »Humphrey Bogart macht aus Val einen glaubhaften Charakter, tapfer und unbekümmert charmant.«

Donald Woods, Humphrey Bogart und Margaret Lindsay

Donald Woods, Humphrey Bogart und Margaret Lindsay

1937

BLACK LEGION

Geheimbund Schwarze Legion

Erin O'Brien-Moore und Humphrey Bogart

Erin O'Brien-Moore und Humphrey Bogart

Regie Archie Mayo. *Buch* Abem Finkel und William Wister Haines, nach einer Originalstory von Robert Lord. *Kamera* George Barnes. *Musik* Bernhard Kaun. *Schnitt* Owen Marks. *Regie-Assistenz* Jack Sullivan. *Art Director* Robert Haas. *Kostüme* Milo Anderson. *Special Effects* Fred Jackman jun. und H. F. Koenekamp. *Ton* C. A. Riggs. *Darsteller* Humphrey Bogart (Frank Taylor), Dick Foran (Ed Jackson), Erin O'Brien-Moore (Ruth Taylor), Ann Sheridan (Betty Grogan), Robert Barrat (Brown), Helen Flint (Pearl Davis), Joseph Sawyer (Cliff Moore), Addison Richars (Prosecuting Attorney), Eddie Acuff (Metcalf), Clifford Soubier (Mike Grogan), Paul Harvey (Billings), Samuel S. Hinds (Richter), John Litel (Tommy Smith), Alonzo Price (Alexander Hargrave), Dickie Jones (Buddy Taylor), Dorothy Vaughan (Mrs. Grogan), Henry Brandon (Joe Dombrowski), Charles Halton (Osgood), Pat C. Flick (Nick Strumpas), Francis Sayles (Charlie), Paul Stanton (Dr. Barham), Harry Hayden (Jones), Egon Brecher (Old Man Dombrowski). *Produktion* Warner Bros. (Robert Lord). *Länge* 83 Minuten.

Humphrey Bogart und Helen Flint

Erin O'Brien-Moore, Humphrey Bogart und Ann Sheridan

Humphrey Bogart, Joseph Sawyer und Partner

Fabrikarbeiter Frank Taylor sieht mit Verbitterung, wie ein Ausländer an seiner Stelle zum Vorarbeiter befördert wird. Er hört von der »pro-amerikanischen« Schwarzen Legion, einer Geheimorganisation im Stil des Ku Klux Klan. Nach einem beeindruckenden Aufnahmeritual verwendet Frank mehr und mehr Zeit für die Terroraktionen des Kapuzenordens. Bei einem Streit mit seiner Ehefrau schlägt er sie, woraufhin sie ihn verläßt. Ed Jackson, Franks bester Freund, erfährt von mehreren Verstößen der Legion, als Frank in betrunkenem Zustand sein Geheimnis ausplaudert. In Panik wegen seiner Enthüllungen gegenüber einem Außenseiter, informiert Frank einen Offizier der Legion. Ed wird entführt und bei einem Fluchtversuch von Frank selber getötet. Ergriffen und des Mordes angeklagt, wird Frank von Gangstern aufgesucht, die die pseudo-patriotische Legion um ihres eigenen Profits willen organisiert haben. Sie haben eine Notwehr-Geschichte vorbereitet, die Frank vor Gericht erzählen soll. Als er dabei aber seine Frau in Mißkredit bringt, ändert er seine Meinung und klagt die Legion sowie mehrere im Gerichtssaal anwesende Mitglieder an. Frank und die anderen Geheimbündler werden zu lebenslänglicher Gefangenschaft verurteilt.

Der realistisch inszenierte Film basiert auf tatsächlichen aktuellen Ereignissen. »Editionial Cinema« (Leitartikel-Kono) nannte man das Genre damals. Bogart begeisterte die Kritiker: »Er liefert eine hervorragende Darstellung und gewinnt Sympathien für die Figur des Frank, ohne sie jedoch reinzuwaschen«, schrieb *Film Weekly.* Die *New York Times* meinte: »Mister Bogarts Frank Taylor ist eine perfekt abgerundete Charakterstudie.«

Eddie Chandler, Humphrey Bogart und Robert Homans

Humphrey Bogart und Dickie Jones

Humphrey Bogart und Partner

1937

The Great O'Malley

Ordnung ist das halbe Leben

Humphrey Bogart, Frieda Inescort, Pat O'Brien und Sybil Jason

Regie William Dieterle. *Buch* Milton Krims und Tom Reed, nach der Geschichte *The Making Of O'Malley* (Die Entstehung O'Malleys) von Gerald Beaumont. *Kamera* Ernest Haller. *Musik* Heinz Roemheld. *Schnitt* Warren Low. *Dialogregie* Irving Rapper. *Regie-Assistenz* Frank Shaw. *Art Director* Hugh Reticker. *Kostüme* Milo Anderson. *Special Effects* James Gibbons, Fred Jackman jun. und H. F. Koenekamp. *Ton* Francis J. Scheid. *Orchestrierung* Hugo Friedhofer. *Darsteller* Pat O'Brien (James Aloysius O'Malley), Sybil Jason (Barbara Phillips), Humphrey Bogart (John Phillips), Ann Sheridan (Judy Nolan), Frieda Inescort (Mrs. Phillips), Donald Crisp (Captain Cromwell), Henry O'Neill (Defense Attorny), Craig Reynolds (Autofahrer), Hobart Cavanaugh (Pinky Holden), Gordon Hart (Doktor), Mary Gordon (Mrs. O'Malley), Mabel Colcord (Mrs. Flaherty), Frank Sheridan (Pater Patrick), Lillian Harmer (Miss Taylor), Delmar Watson (Tubby), Frank Reicher (Dr. Larson). *Produktion* Warner Bros. (Harry Joe Brown). *Länge* 71 Minuten.

O'Malley ist ein übereifriger Polizist, der es mit den Buchstaben des Gesetzes sehr genau nimmt. Er verhaftet John Phillips wegen eines geringen Verkehrsvergehens und vereitelt dadurch die Chance für einen Job. Um für seine Frau und sein verkrüppeltes Kind sorgen zu können, verübt Phillips einen Überfall, bei dem er von O'Malley gefaßt und ins Gefängnis gesteckt wird. Von seinem Chef zum Verkehrspolizist an einer Schule degradiert, freundet sich O'Malley mit der kleinen Barbara Phillips an. Außerdem verliebt er sich in Barbaras Lehrerin Judy Nolan, deren Spötteleien sein gestrenges Gehabe mildern. Als er herausfindet, daß Barbara die Tochter des Mannes ist, den er ins Gefängnis gebracht hat, sorgt er für sie und ihre Mutter. Er bezahlt eine Operation, durch die die Lähmung des Kindes beseitigt wird, und veranlaßt heimlich, daß Phillips auf Bewährung entlassen wird. Aus Rache schießt Phillips, der von alledem nichts weiß, auf den Polizisten. O'Malley aber, durch seine Erfahrungen menschlicher geworden, behauptet, der Schuß sei ein Unglücksfall gewesen.

Das moralische Erbauungsstück, der zweite von insgesamt vier Filmen, in denen Bogart als Partner von Pat O'Brien auftrat, hatte nicht den geringsten Einfluß auf Bogarts Karriere. Er spielte sich durch diese Schnulze, als beträfe ihn der ganze Jammer gar nicht.

Granville Bates und Humphrey Bogart

Pat O'Brien, Sybil Jason und Humphrey Bogart

1937
MARKED WOMAN
(Die Gebrandmarkte)

Bette Davis und Humphrey Bogart

Bette Davis und Humphrey Bogart

Regie Lloyd Bacon. *Buch* Robert Rossen und Abem Finkel. *Kamera* George Barnes. *Musik* Bernhard Kaun und Heinz Roemheld. *Schnitt* Jack Killifer. *Regie-Assistenz* Dick Mayberry. *Art Director* Max Parker. *Kostüme* Orry-Kelly. *Special Effects* James Gibbons und Robert Burks. *Ton* Everett A. Brown. *Songs* »My Silver Dollar Man« von Harry Warren und Al Dubin; »Mr. and Mrs. Doaks« von M. K. Jerome und Jack Scholl. *Darsteller* Bette Davis (Mary Dwight), Humphrey Bogart (David Graham), Lola Lane (Gabby Marvin), Isabel Jewell (Emmy Lou Egan), Eduardo Cianelli (Johnny Vanning), Rosalind Marquis (Florrie Ligett), Mayo Methot (Estelle Porter), Jane Bryan (Betty), Allen Jenkins (Louie), John Litel (Gordon), Ben Welden (Charlie), Damian O'Flynn (Ralph Krawford), Henry O'Neill (Arthur Sheldon), Raymond Hatton (Rechtsanwalt im Gefängnis), Carlos San Martin (Oberkellner), William B. Davidson (Bob Crandall), Kenneth Harlan (Eddie), Robert Strange (George Beler), James Robbins (Bell Captain), Arthur Aylesworth (John Truble), John Sheehan (Vincent), Sam Wren (Mac), Edwin Stanley (Detective Casey), Alan Davis (Bandenmitglied), Allen Mathews (Bandenmitglied), Guy Usher (Detective Ferguson), Gordon Hart (Richter beim ersten Prozeß), Pierre Watkin (Richter beim zweiten Prozeß), Herman Marks (Joe). *Produktion* First National/Warner Bros. (Louis F. Edelman). *Länge* 96 Minuten.

Zuhälter-Zar Johnny Vanning übernimmt die Kontrolle über einen protzigen New Yorker Nachtklub. Seine »Hostessen« – Mary, Gabby, Emmy Lou, Florrie und Estelle – werden terrorisiert und ausgebeutet. Mary verführt einen prahlerischen Gast dazu, mehr Geld auszugeben, als er hat. Als er nicht bezahlen kann, wird er getötet. District Attorney David Graham bringt Vanning vor Gericht, weil er annimmt, leichtes Spiel zu haben. Aus Angst vor Vanning macht Mary eine Aussage, die ihn rettet. Bei einer Party in Vannings Klub wird Marys Schwester Betty von Vanning unbeabsichtigt getötet, als sie die Zudringlichkeiten eines seiner Männer abwehrt. Mary droht mit Vergeltung, woraufhin sie verprügelt und ihr Gesicht entstellt wird. Dennoch erzählen Mary und ihre Freundinnen Graham die Geschichte, der Vanning daraufhin überführen und den Prostitutionsring zerschlagen kann. Während Graham gefeiert wird, gehen die fünf Freundinnen zusammen in die Nacht hinaus.

Bogarts damalige »Flamme«, Mayo Methot, spielt eine der »Hostessen« (das Wort »Prostituierte« war von der Zensur verboten). Die Figur, die Bogart verkörpert, ist im wesentlichen dem rührigen New Yorker Staatsanwalt Thomas A. Dewey nachempfunden, der gegen das organisierte Verbrecherwesen kämpfte und unter anderem gegen die Aktivitäten von Charles »Lucky« Luciano anging. »Humphrey Bogart bewahrt die Rolle des Anklägers vor bloßer Routine«, fand die *New York Times*. *Film Weekly* meinte: »Zur Abwechslung einmal in einer sympathischen Rolle, macht Humphrey Bogart den Staatsanwalt zu einer so realen Figur, daß man sie nicht mit dem Etikett ›Held‹ abtun kann.«

Henry O'Neill und Humphrey Bogart

Bette Davis, Mayo Methot, Rosalind Marquis und Humphrey Bogart

Ralph Dunn, Humphrey Bogart, Gordon Hart, Bette Davis und Partner

1937
KID GALAHAD
Kid Galahad

Harry Carey, Wayne Morris, Humphrey Bogart, Edward G. Robinson, William Haade und Partner

Regie Michael Curtiz. *Buch* Seton I. Miller, nach dem gleichnamigen Roman von Francis Wallace. *Kamera* Tony Gaudio. *Musik* Heinz Roemheld und Max Steiner. *Schnitt* George Amy. *Dialogregie* Irving Rapper. *Regie-Assistenz* Jack Sullivan. *Art Director* Carl Jules Weyl. *Kostüme* Orry-Kelly. *Special Effects* James Gibbons und Edwin DuPar. *Ton* Charles Lang. *Orchestrierung* Hugo Friedhofer. *Song* »The Moon Is In Tears Tonight« von M. K. Jerome und Jack Scholl. *Darsteller* Edward G. Robinson (Nick Donati), Bette Davis (Fluff), Humphrey Bogart (Turkey Morgan), Wayne Morris (Ward Guisenberry), Jane Bryan (Marie Donati), Harry Carey (Silver Jackson), William Haade (Chuck Mc Graw), Soledad Jiminez (Mrs. Donati), Joe Cunningham (Joe Taylor), Ben Welden (Buzz Barett), Joseph Crehan (Brady), Veda Ann Borg (The Redhead), Frank Faylen (Barney), Harland Tucker (Revolverheld), Bob Evans (Sam), Hank Hankinson (Burke), Bob Nestell (O'Brien), Jack Kranz (Denbaugh), George Blake (Ringrichter). *Produktion* Warner Bros. *Länge* 101 Minuten.

William Haade, Humphrey Bogart und Ben Welden

Humphrey Bogart, William Haade
und Edward G. Robinson

Edward G. Robinson und Humphrey Bogart

Boxkampfmanager Nick Donati träumt davon, einen Boxer zu entdecken, aus dem er einen Champion machen kann. Bei einem Streit schlägt der Hotelpage Ward Guisenberry den Champ Chuck McGraw k.o. Nicks Geliebte Fluff tauft ihn daraufhin »Kid Galahad«, Nick nimmt ihn unter Vertrag und schickt ihn in Begleitung von Fluff und Trainer Silver Jackson auf seine Farm zum Training. Dort verliebt sich Kid in Nicks jüngere Schwester Marie. Als Nick von der Romanze erfährt und bemerkt, daß sich auch Fluff nach der Liebe des jungen Boxers sehnt, arrangiert er einen Kampf mit McGraw in der Annahme, Kid sei noch nicht reif dafür. Bei einem Treffen mit McGraws Gangster-Manager Turkey Morgan garantiert Nick, daß Kid verlieren und er selber gegen seinen eigenen Boxer wetten wird. Nick schickt Kid mit falschen Instruktionen in den Ring, und sieben Runden lang muß er schwere Schläge einstecken. Auf Fluffs und Maries Flehen hin ändert er seine Instruktionen, und Kid gewinnt durch k.o. Der hintergangene Morgan erzwingt sich den Weg in Kids Garderobe, und bei einem Schußwechsel werden sowohl Nick als auch Morgan getötet. Kid wird zum Weltmeister im Schwergewicht ernannt, verzichtet aber auf den Titel, um Marie zu heiraten.

Bogart arbeitete hier zum ersten Mal unter der Regie von Michael Curtiz, mit dem er noch fünf weitere Filme drehte, darunter den berühmten *Casablanca.* Bogart fühlte sich in der Rolle des korrupten Managers augenscheinlich ganz wohl. Er wird eingeführt mit einer Szene, in der er dem Riesen Kid Galahad mit einem Messer die Hosenbeine zur Hälfte abschneidet. Wie schon in *Bullets Or Ballots* überlebt ihn Edward G. Robinson wieder um mehrere Minuten. Die Zeitschrift *Film Weekly* klassifizierte den Film als »hervorragende, rauhe Unterhaltung«.

1937

SAN QUENTIN

(San Quentin)

Humphrey Bogart und Pat O'Brien

Humphrey Bogart und Ann Sheridan

Ann Sheridan, Humphrey Bogart und Pat O'Brien

Regie Lloyd Bacon. *Buch* Peter Milne und Humphrey Cobb, nach einer Originalgeschichte von Robert Tasker und John Bright. *Kamera* Sid Hickox. *Musik* Heinz Roemheld, Charles Maxwell und David Raksin. *Schnitt* William Holmes. *Regie-Assistenz* Dick Mayberry. *Art Director* Esdras Hartley. *Kostüme* Howard Shoup. *Special Effects* James Gibbons und H. F. Koenekamp. *Ton* Everett A. Brown. *Orchestrierung* Joseph Nussbaum und Ray Heindorf. *Song* »How Could You?« von Harry Warren und Al Dubin. *Darsteller* Pat O'Brien (Captain Stephen Jameson), Humphrey Bogart (Joe »Red« Kennedy), Ann Sheridan (May Kennedy), Barton MacLane (Lieutenant Druggin), Joseph Sawyer (Sailor Boy Hansen), Veda Ann Borg (Helen), James Robbins (Mickey Callahan), Joseph King (Gefängnisdirektor Taylor), Gordon Oliver (Captain), Garry Owen (Dopey), Marc Lawrence (Venetti), Emmett Vogan (Lieutenant), William Pawley (Sträfling), Al Hill (Sträfling), Max Wagner (Kalfaktor), George Lloyd (Sträfling), Ernie Adams (Fink). *Produktion* First National/Warner Bros. (Samuel Bischoff). *Länge* 70 Minuten.

Humphrey Bogart,
Joseph Sawyer,
Pat O'Brien
und Partner

Der Ex-Armeeoffizier Steve Jameson übernimmt einen Flügel des Gefängnisses San Quentin als Aufseher. Er verliebt sich in die Café-Sängerin May, deren Bruder Joe wegen Raubes in San Quentin einsitzt. Jameson richtet ein Verdienst-System ein, das unglückliche Gesetzesbrecher von Gewohnheitsverbrechern trennen soll. Als erster Schritt zu seiner Rehabilitation darf Joe außerhalb des Gefängnisses arbeiten. Lieutenant Druggin, der Jamesons Methoden ablehnt, sorgt dafür, daß der verbitterte Sträfling Hansen Joe mißtrauisch macht in bezug auf die Beziehung zwischen Jameson und May. Joe und Hansen fliehen mit Hilfe von Hansens Freundin Helen. Joe schlägt sich zu Mays Apartment durch, wo Jameson bereits auf ihn wartet. Joe schießt auf Jameson und verwundet ihn. May kann Joe überzeugen, daß sie Jameson wirklich liebt. Daraufhin entschließt sich Joe, sich zu stellen, aber auf dem Weg zum Gefängnis schießt die Polizei auf ihn. Tödlich verwundet, schleppt er sich ans Gefängnistor von San Quentin und fleht mit seinen letzten Worten die Häftlinge an, mit Jameson zusammenzuarbeiten.

»*San Quentin* ist ein unbedeutender Film, der sich energisch auf ein bevorzugtes *Warner*-Thema der dreißiger Jahre stürzt: das des wiederbelebenden Effekts familiärer Angelegenheiten auf das kriminelle Gemüt. Kriminelle Brüder mit gutherzigen Schwestern waren ständige Bestandteile der soziologischen Dramen jener Zeit, und Bruder-Schwester-Beziehungen tauchen im Lauf der Jahre wiederholt ebenso im Werk Bogarts wie bei anderen auf.« (Terence Pettigrew, *The Bogart File*)

Humphrey Bogart, Joseph Sawyer und Partner

1937

DEAD END

Sackgasse

James Burke, Joel McCrea und Humphrey Bogart

Regie William Wyler. *Buch* Lillian Hellman, nach dem gleichnamigen Theaterstück von Sidney Kingsley. *Kamera* Gregg Toland. *Schnitt* Daniel Mandell. *Dialogregie* Edward P. Goodnow. *Regie-Assistenz* Eddie Bernoudy. *Art Director* Richard Day. *Bauten* Julia Heron. *Kostüme* Omar Kiam. *Special Effects* James Basevi. *Ton* Frank Maher. *Musik* Alfred Newman. *Darsteller* Sylvia Sidney (Drina), Joel McCrea (Dave Connell), Humphrey Bogart (Baby Face Martin), Wendy Barrie (Kay Burton), Claire Trevor (Francey), Allen Jenkins (Hunk), Marjorie Main (Mrs. Martin), Billy Halop (Tommy), Huntz Hall (Dippy), Bobby Jordan (Angel), Leo Gorcey (Spit), Gabriel Dell (T. B.), Bernard Punsley (Milty), Charles Peck (Philip Griswold), Minor Watson (Mr. Griswold), James Burke (Officer Mulligan), Ward Bond (Portier), Elisabeth Risdon (Mrs. Connell), Esther Dale (Mrs. Fenner), George Humbert (Mr. Pascagli), Marcelle Corday (Erzieherin), Charles Halton (Whitey). *Produktion* Samuel Goldwyn/United Artists. *Länge* 93 Minuten.

Marjorie Main und Humphrey Bogart

Allen Jenkins, Claire Trevor und Humphrey Bogart

Allen Jenkins und Humphrey Bogart

Humphrey Bogart und Allen Jenkins

Joel McCrea, Allen Jenkins und Humphrey Bogart

Eine am Fluß endende Straße auf der New Yorker East Side, wo die eleganten Apartments der Reichen auf die miesen Mietskasernen der Armen stoßen: Hier treibt eine Bande von Slumkindern ihr Unwesen. Gangster sind ihre Idole, vor dem Gesetz haben sie keinen Respekt. Getrieben von dem sentimentalen Verlangen, seine Mutter und seine Jugendfreundin zu sehen, besucht der berüchtigte Gangster Baby Face Martin diese Straße, in der er aufgewachsen ist. Zusammen mit seinem Begleiter Hunk beobachtet er, wie die Kinder die Zeit totschlagen. Dave Connell, der ebenfalls in dieser Straße aufgewachsen ist, erkennt Martin und warnt ihn davor zu bleiben. Martin ignoriert ihn verächtlich. Dave, ein frustrierter

Joel McCrea, Allen Jenkins, Charles Halton und Humphrey Bogart

Architekt, der die Slums abreißen möchte, ist hin- und hergerissen zwischen Drina und Kay. Drina ist eine Verkäuferin, die nach Achtbarkeit strebt, sich danach sehnt, die Slums zu verlassen, und darum kämpft, daß ihr Bruder Tommy kein zweiter Martin wird. Kay ist die Mätresse eines reichen Mannes. Sie liebt Dave, kann aber einem Leben in den Slums nicht die Stirn bieten. Die Kinder locken den reichen Jungen Philip in einen Keller, wo sie ihn schlagen und ausrauben. Als Philips Vater eingreift, sticht ihn Tommy in den Arm und flieht. Martins Besuch ist eine Katastrophe. Seine Mutter begrüßt ihn mit einer Ohrfeige und nennt ihn einen Mörder. Seine Jugendfreundin Francey ist eine gewöhnliche Straßennutte. Um den Tag zu retten, entscheidet sich Martin dazu, Philip zu kidnappen. Als Martin und Hunk beim Pläneschmieden von Dave überrascht werden, verletzt Martin ihn mit einem Messer, und Hunk stößt ihn in den Fluß. Dave kann sich retten, schaltet Hunk aus und erschießt den fliehenden Martin auf einer Feuertreppe. Als sich Schaulustige um Martins Leiche versammeln, erklärt Kay Dave, daß sie mit einem Mann weggeht, den sie nicht liebt, der ihr aber Sicherheit bieten kann. Tommy wird von seinem Kumpel Spit an die Polizei verraten und will Spit gerade erstechen, als Dave eingreift. Er und Drina überzeugen Tommy davon, sich der Polizei zu stellen. Dave verspricht, für die Verteidigung des Jungen zu sorgen.

Mit Humphrey Bogart war die Rolle des Gangsters Baby Face (Kindergesicht) Martin, der zwar einerseits stolz und selbstsicher ist, andererseits aber auch weiß, daß er im doppelten Sinne des Wortes in einer Sackgasse gelandet ist, geradezu ideal besetzt. Deswegen wurde er auch von Jack Warner an Samuel Goldwyn »ausgeliehen«, der die Verfilmung des soziologischen Theaterstücks übernommen hatte. In der Adaption von Lillian Hellman (Buch) und William Wyler (Regie) wird zwar nicht ständig ein moralischer Zeigefinger erhoben, aber die Geschichte spielt sich auf einer sehr simplen symbolischen Ebene ab: Der Aufbauer (Architekt) siegt über den Zerstörer (Killer). Filmkritiker Hans C. Blumenberg hält *Dead End* für einen »weithin überschätzten Film, dessen akademisch sterile Inszenierung das Slum-Milieu ungebührlich pittoresk verklärt«. *Film Weekly* schrieb, daß sich »in Bogarts brillanter Charakterisierung reines Verbrechen und die seltsame Psychologie des Killers finden ... Eine kurze und sehr bewegende Szene (zwischen Bogart und Claire Trevor) ist tragische Poesie.«

Humphrey Bogart und Allen Jenkins

1937

STAND-IN

(Das Double)

Marla Shelton, Humphrey Bogart und Alan Mowbray

Leslie Howard und Humphrey Bogart

Regie Tay Garnett. *Buch* Gene Towne und Graham Baker, nach einer Artikelserie der *Saturday Evening Post* von Clarence Budington Kelland. *Kamera* Charles Clarke. *Musik* Heinz Roemheld. *Schnitt* Otho Lovering und Dorothy Spencer. *Regie-Assistenz* Charles Kerr. *Art Director* Alexander Toluboff. *Kostüme* Helen Taylor. *Ton* Paul Neal. *Dirigent* Rox Rommel. *Darsteller* Leslie Howard (Atterbury Dodd), Joan Blondell (Lester Plum), Humphrey Bogart (Douglas Quintain), Alan Mowbray (Koslofski), Marla Shelton (Thelma Cheri), C. Henry Gordon (Ivor Nassau), Jack Carson (Potts), Tully Marshall (Pennypacker sen.), J. C.Nugent (Pennypacker jun.), William V. Mong (Pennypacker). *Produktion* Walter Wanger/United Artists. *Länge* 90 Minuten.

Der junge und intelligente Atterbury Dodd, Angestellter einer New Yorker Bank, wird nach Hollywood geschickt, um herauszufinden, ob die Filmfirma »Colossal Pictures« weitergeführt oder verkauft werden soll. Vom Filmgeschäft hat er keine Ahnung. In einem Kurzkursus wird er aufgeklärt von Lester Plum, dem Double des »Colossal«-Topstars Thelma Cheri, die gerade in einem Dschungelfilm mit dem Titel »Sex und Satan« die Hauptrolle spielt. Produzent Doug Quintain ist unglücklich in die launige Cheri verliebt und hat sich dem Alkohol hingegeben. Dodd entdeckt bald eine Verschwörung, an der Cheri im Auftrag einer Konkurrenzfirma beteiligt ist. Dodd rettet das Studio, indem er Cheri in einen Skandal verwickelt und Quintain von der Flasche wegholt, der »Sex und Satan« neu schneidet und statt Cheri den Gorilla zum Star macht.

Diesmal wurde Bogart von *Warner Bros.* an *United Artists* ausgeborgt. Seine Rolle ist relativ klein, aber er spielt sie mit Schwung. Der britische Filmjournalist Allen Eyles hatte allerdings den Eindruck, daß »Bogart die meiste Zeit damit zuzubringen scheint, herumzustehen und einen schwarzen schottischen Terrier zu halten«. Das *Monthly Film Bulletin* hielt *Stand-In* für »eine brillante Satire auf Hollywood ... Das Publikum wird hinter die Kulissen geführt, wo die Filmindustrie über sich selber lacht«.

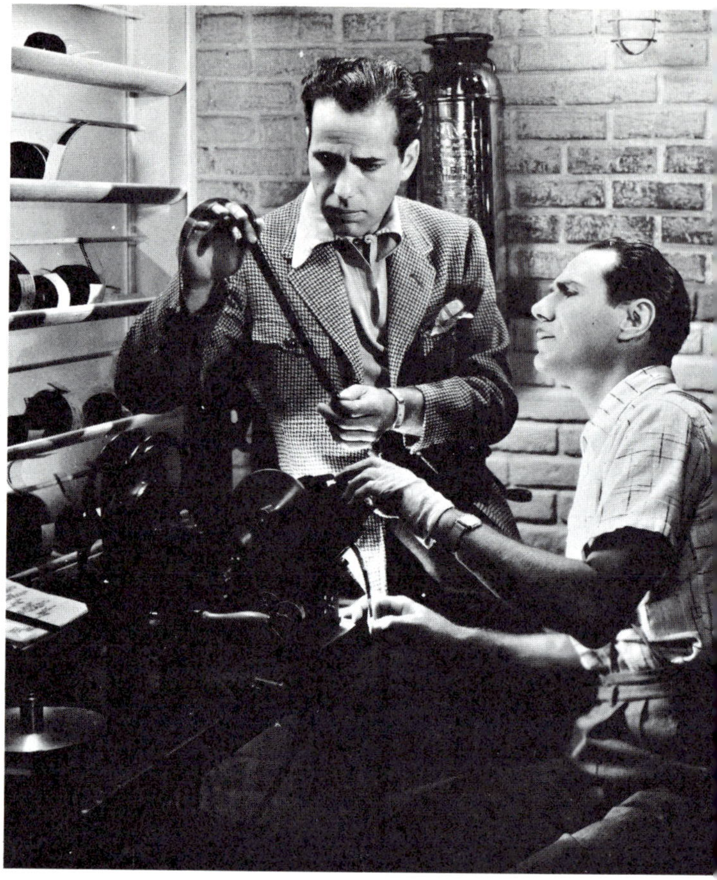

Humphrey Bogart und Partner

Humphrey Bogart und Leslie Howard

Humphrey Bogart und Marla Shelton

1938

Swing Your Lady

(Schwenk dein Mädchen)

Regie Ray Enright. *Buch* Joseph Schrank und Maurice Leo, nach dem gleichnamigen Theaterstück von Kenyon Nicholson und Charles Robinson. *Kamera* Arthur Edeson. *Musik* Adolph Deutsch. *Schnitt* Jack Killifer. *Dialogregie* Jo Graham. *Regie-Assistenz* Jesse Hibbs. *Art Director* Esdras Hartley. *Kostüme* Howard Shoup. *Ton* Charles Lang. *Orchestrierung* Hugo Friedhofer. *Choreographie* Bobby Connolly. *Songs* »Mountain Swingaroo«, »Hillbilly from Tenth Avenue«, »The Old Apple Tree«, »Swing Your Lady« und »Dig Me A Grave In Missouri« von M. K. Jerome und Jack Scholl. *Darsteller* Humphrey Bogart (Ed Hatch), Frank McHugh (Popeye Bronson), Louise Fazenda (Sadie Horn), Nat Pendleton (Joe Skopapoulos), Penny Singleton (Cookie Shannon), Allen Jenkins (Shiner Ward), Leon Weaver (Waldo Davis), Frank Weaver (Ollie Davis), Elviry Weaver (Mrs. Davis), Ronald Reagan (Jack Miller), Daniel Boone Savage (Noah Webster), Hugh O'Connell (Smith), Tommy Bupp (Rufe Horn), Sonny Bupp (Len Horn), Joan Howard (Mattie Horn), Sue Moore (Mabel), Olin Howland (Hotelbesitzer), Sammy White (Specialty Number). *Produktion* Warner Bros. (Samuel Bischoff). *Länge* 79 Minuten.

Schmierenschauspieler Ed Hatch arrangiert in den Ozark-Bergen einen Kampf zwischen seinem ziemlich blöden Ringer Joe Skopapoulos und einer Amazone namens Sadie, die von Beruf Hufschmied ist. Joe verliebt sich in die kräftige Witwe und will nicht mit ihr kämpfen. Ed läßt ihn statt dessen antreten gegen den Hinterwäldner Noah, Sadies Verehrer. Joe gewinnt, heiratet die Dame und wird Hufschmied.

Wieder zurück bei *Warner Brothers*, spielt Bogart in einem Film, den er selber für den schlechtesten hält, in dem er jemals aufgetreten ist. »Humphrey Bogarts Talente werden verschwendet für eine völlig wertlose Rolle«, schrieb *Monthly Film Bulletin.* Ein anderer Kritiker meinte: »Bogart watet herum wie ein Mann, dessen Füße in Zement stecken, völlig in Zwietracht mit dem Scherz, falls es sich um einen solchen handelt.« Terence Pettigrew bemerkt in seinem Buch *The Bogart File* über jenen Schauspieler, der am 4. November 1980 zum 40. Präsidenten der Vereinigten Staaten von Amerika gewählt wurde: »Der Film enthält ein schwaches Debüt des Grünschnabels Ronald Reagan.«

Penny Singleton und Humphrey Bogart

Nat Pendleton, die Weaver Brothers,
Humphrey Bogart,
Penny Singleton und Louis Fazenda

1938

Crime School

Schule des Verbrechens

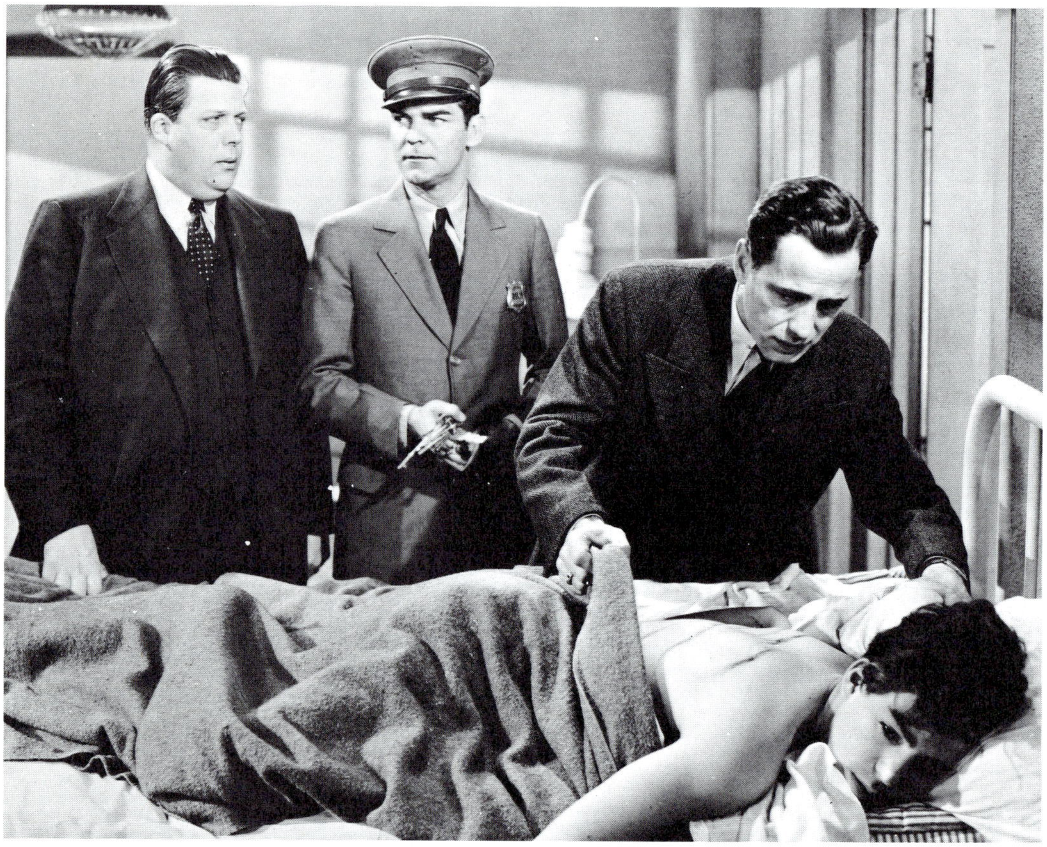

Cy Kendall, Weldon Heyburn, Humphrey Bogart und Billy Halop

Regie Lewis Seiler. *Buch* Crane Wilbur und Vincent Sherman, nach einer Originalgeschichte von Crane Wilbur. *Kamera* Arthur Todd. *Musik* Max Steiner. *Schnitt* Terry Morse. *Dialogregie* Vincent Sherman. *Regie-Assistenz* Fred Tyler. *Art Director* Charles Novi. *Kostüme* N'Was McKenzie. *Ton* Francis J. Scheid. *Orchestrierung* Hugo Friedhofer und George Parrish. *Darsteller* Humphrey Bogart (Mark Braden), Gale Page (Sue Warren), Billy Halop (Frankie Warren), Bobby Jordan (Squirt), Huntz Hall (Goofy), Leo Gorcey (Spike Hawkins), Bernard Punsley (Fats Papadopolo), Gabriel Dell (Bugs Burke), George Offerman jun. (Red), Weldon Heyburn (Cooper), Cy Kendall (Morgan), Charles Trowbridge (Richter Clinton), Spencer Charters (alter Doktor), Donald Briggs (neuer Doktor), Frank Jaquet (Commissioner), Helen MacKellar (Mrs. Burke), Al Bridge (Mr. Burke), Sibyl Harris (Mrs. Hawkins), Paul Porcasi (Nick Papadopolo), Frank Otto (Junkie), Ed Gargan (Officer Hogan), James B. Carson (Schwartz). *Produktion* First National/Warner Bros. (Bryan Foy). *Länge* 86 Minuten.

Sechs junge Rowdys machen in einer Besserungsanstalt Bekanntschaft mit der brutalen Disziplin des Anstaltleiters Morgan, der ihren Anführer Frankie wegen eines Fluchtversuchs auspeitscht. Auf einer Inspektionsreise findet Mark Braden, stellvertretender Leiter der Aufsichtsbehörde, Frankie unbehandelt im Hospital und den Arzt betrunken. Braden feuert Morgan und den Doktor, übernimmt selber die Leitung der Anstalt und gewinnt das Vertrauen der Jungen, indem er sie besonnen behandelt. Außerdem verliebt er sich in Frankies Schwester Sue. Morgan und seine rechte Hand Cooper, die auch Geld unterschlagen haben, ermutigen die Jungen zur Flucht, indem sie Braden wegen seiner Liebe zu Sue in Mißkredit bringen. In ihrem Apartment aber kann Sue Frankies Bedenken zerstreuen, und Braden bringt die Ausreißer in die Anstalt zurück. Morgan und Cooper werden verhaftet, die Jungen auf Bewährung in die Obhut ihrer Eltern entlassen.

Im wesentlichen eine Neuverfilmung von *The Mayor Of Hell* (Der Bürgermeister der Hölle), in dem James Cagney 1933 die Hauptrolle gespielt hatte, wurde *Crime School* zu einem unerwarteten Kassenerfolg und gehört zu den besseren Bogart-Filmen jener Zeit. Bogart spielt wieder mit den »Dead End Kids« zusammen, die sich zu Anstaltszöglingen weiterentwickelt haben. Ihre »schnoddrige Art wirkt erheblich lebendiger als Bogarts steifleinene Wohlanständigkeit«, findet Hans C. Blumenberg. *Monthly Film Bulletin* lobte den Regisseur für »die geschickte und sympathische Behandlung eines schwierigen Themas«, ließ sich aber nicht überzeugen von »der plötzlichen und vollständigen Bekehrung der Jungen am Ende ... Bogart agiert mit Ernst, ist überzeugend und beeindruckend«.

Billy Halop und Humphrey Bogart

Humphrey Bogart, Weldon Heyburn und Cy Kendall

1938

Men Are Such Fools

(Männer sind solche Trottel)

Priszilla Lane und Humphrey Bogart

Regie Busby Berkeley. *Buch* Norman Reilly Raine und Horace Jackson, nach dem gleichnamigen Roman von Faith Baldwin. *Kamera* Sid Hickox. *Musik* Heinz Roemheld. *Schnitt* Jack Killifer. *Dialogregie* Jo Graham. *Regie-Assistenz* Chuck Hansen. *Art Director* Max Parker. *Kostüme* Howard Shoup. *Ton* Stanley Jones. *Orchestrierung* Ray Heindorf. *Darsteller* Wayne Morris (Jimmy Hall), Priscilla Lane (Linda Lawrence), Humphrey Bogart (Harry Galleon), Hugh Herbert (Harvey Bates), Penny Singleton (Nancy), Johnnie Davis (Tad), Mona Barrie (Beatrice Harris), Marcia Ralston (Wanda Townsend), Gene Lockhart (Bill Dalton), Kathleen Lockhart (Mrs. Dalton), Donald Briggs (George Onslow), Renie Riano (Mrs. Pinkel), Claude Allister (Rudolf), Nedda Harrigan (Mrs. Nelson), Eric Stanley (Mr. Nelson), James Nolan (Bill Collyer), Carole Landis (June Cooper). *Produktion* Warner Bros. (David Lewis). *Länge* 70 Minuten.

Linda Lawrence macht eine Blitzkarriere von der Stenotypistin zur leitenden Angestellten einer Werbeagentur. Obwohl sie in erster Linie an ihrer Karriere interessiert ist, heiratet sie den Ex-Football-Helden Jimmy Hall, nachdem er ihr verspricht, nicht zu verlangen, daß sie ihren Beruf aufgibt. Linda wird verfolgt von ihrem Chef Harvey Bates und von dem Radiomann Harry Galleon, der ihre Karriere fördern will, wenn sie »nett« zu ihm ist. Weil Jimmy ei-

Priszilla Lane und Humphrey Bogart

fersüchtig ist, begnügt sich Linda schließlich mit dem Dasein einer Hausfrau. Als Jimmy einen lukrativen Job ablehnt, den Linda ihm heimlich vermittelt, verläßt sie ihn. Jimmy nimmt den Job dann doch, hat Erfolg und macht Schlagzeilen als Broadway-Playboy. Nach einem Jahr kündigt Linda eine Paris-Reise an, um sich scheiden zu lassen und Harry zu heiraten. Das bringt Jimmy dazu, sie zu stoppen, was sie natürlich beabsichtigt hat. Ihre Versöhnung treibt Harry in die Arme des Vamps Beatrice.

Dieser Film ist einer der wenigen Versuche des renommierten Musical-Regisseurs Busby Berkeley, eine Komödie ohne Musik zu inszenieren. Beim

Versuch blieb es auch. Die *New York Times* fand den Film »hauptsächlich eine Stunde zu lang«, *Montly Film Bulletin* beklagte, daß »Bogart in der unbedeutenden Rolle des Ladykillers Galleon verschlissen wird«. Bogart-Biograf Terence Pettigrew hält den Film sogar für den »absoluten Nullpunkt in Bogarts Karriere nach *The Petrified Forest*«, sein Kollege Allen Eyles lobt Bogart als »total professionellen Schauspieler«, der seine Rolle trotz der scheußlichen Story ernst nehme.

Mona Barrie und Humphrey Bogart

1938

THE AMAZING DR. CLITTERHOUSE

Das Doppelleben des Dr. Clitterhouse

Edward G. Robinson, Claire Trevor
und Humphrey Bogart

Edward G. Robinson, Maxie Rosenbloom
und Humphrey Bogart

Regie Anatole Litvak. *Buch* John Wexley und John Huston, nach dem gleichnamigen Theaterstück von Barré Lyndon. *Kamera* Tony Gaudio. *Musik* Max Steiner. *Schnitt* Warren Low. *Dialogregie* Jo Graham. *Regie-Assistenz* Jack Sullivan. *Art Director* Carl Jules Weyl. *Kostüme* Milo Anderson. *Ton* C. A. Riggs. *Orchestrierung* George Parrish. *Technische Beratung* Dr. Leo Schulman. *Darsteller* Edward G. Robinson (Dr. Clitterhouse), Claire Trevor (Jo Keller), Humphrey Bogart (Rocks Valentine), Allen Jenkins (Okay), Donald Crisp (Inspektor Lane), Gale Page (Schwester Randolph), Henry O'Neill (Richter), John Litel (Prosecuting Attorney), Thurston Hall (Grant), Maxie Rosenbloom (Butch), Bert Hanlon (Pal), Curt Bois (Rabbit), Ward Bond (Tug), Vladimir Sokoloff (Popus), Billy Wayne (Candy), Robert Homans (Lieutenant Johnson), Irving Bacon (Vorsitzender der Geschworenen). *Produktion* First National/Warner Bros. (Robert Lord). *Länge* 87 Minuten.

Dr. Clitterhouse arbeitet an einem Buch über die physiologischen Reaktionen von Kriminellen. Um Informationen aus erster Hand zu bekommen, begeht er selber einige Juwelendiebstähle. Er nimmt Kontakt zu einem Hehler auf und erfährt zu seinem Erstaunen, daß es sich um eine Dame namens Jo Keller handelt, die zu der Safeknackerbande von Rocks Valentine gehört. Clitterhouse wird Mitglied der Bande und macht sich bei einer Reihe von Diebstählen Notizen über die Verhaltensweisen der Diebe unter Druck. Am Ende seiner Recherchen angelangt, verabschiedet sich Clitterhouse von der Bande, wird aber von Rocks bis zu seinem Büro verfolgt. Rocks droht, ihn als Verbrecher bloßzustellen, wenn er nicht einwilligt, ihm dabei zu helfen, des Doktors reiche Freunde zu berauben. Clitterhouse erkennt, daß seinem Buch noch ein letztes Kapitel fehlt – zum Thema Mord. Er gibt Rocks einen vergif-

teten Drink und beobachtet seine Reaktionen, als er stirbt. Vor Gericht erklärt Clitterhouse, während des Mordes bei klarem Verstand gewesen zu sein. Die Geschworenen folgern, daß jemand, der so etwas behauptet, verrückt sein muß und sprechen ihn frei.

Humphrey Bogart und Bert Hanlon

Humphrey Bogart, Maxie Rosenbloom, Edward G. Robinson und Claire Trevor

Humphrey Bogart, Edward G. Robinson, Bert Hanlon, Ward Bond, Maxie Rosenbloom, Allen Jenkins und Vladimir Sokoloff

Kritiker Pettigrew hält den Film für eine zwar »zusammengestoppelte, im Grunde aber befriedigende Krimistory, die wie so viele dieser rauhen, kleinen Dramen von der bloßen Kraft der Persönlichkeit Robinsons zusammengehalten wird«. Sein amerikanischer Kollege Alan G. Barbour meint: »Bogarts grimassenschneidende Darstellung ist kaum erwähnenswert.« Bogart selber nannte den Film später nur noch ironisch »The Amazing Dr. Clitoris«. Von Bedeutung ist schon eher, daß John Huston, der Bogarts Karriere bald entscheidend beeinflussen sollte und auch ein guter persönlicher Freund wurde, hier am Drehbuch mitgearbeitet hat.

1938

Racket Busters

(Verbrechen-Zerbrecher)

Joseph Downing, Humphrey Bogart und Norman Willis

Regie Lloyd Bacon. *Buch* Robert Rossen und Leonardo Bercovici. *Kamera* Arthur Edeson. *Musik* Adolph Deutsch. *Schnitt* James Gibbon. *Regie-Assistenz* Dick Mayberry. *Art Director* Esdras Hartley. *Kostüme* Howard Shoup. *Ton* Robert B. Lee. *Orchestrierung* Hugo Friedhofer. *Darsteller* Humphrey Bogart (Pete Martin), George Brent (Denny Jordan), Gloria Dickson (Nora Jordan), Allen Jenkins (Horse Wilson), Walter Abel (Thomas Allison), Henry O'Neill (Gouverneur), Penny Singleton (Gladys), Anthony Averill (Crane), Oscar O'Shea (Pop Wilson), Elliott Sullivan (Charlie Smith), Fay Helm (Mrs. Smith), Joseph Downing (Joe), Norman Willis (Gus), Don Rowan (Kimball). *Produktion* Cosmopolitan/Warner Bros. (Samuel Bischoff). *Länge* 71 Minuten.

George Brent, Gloria Dickson
und Humphrey Bogart

Don Rowan, Norman Willis, George Brent
und Humphrey Bogart

Pete Martin, Manhattans mächtigster Bandenchef, drängt sich mit brachialer Gewalt ins Transportgeschäft – der erste Schritt seines Planes, den gesamten Warenmarkt zu kontrollieren. Thomas Allison, zum Sonder-Staatsanwalt zur Zerschlagung des organisierten Verbrechens ernannt, begegnet einer ganzen Reihe eingeschüchterter Zeugen. Denny Jordan, ein beliebter und einflußreicher Fahrer und Einzelgänger, weigert sich, Martins Organisation beizutreten. Sein LKW wird verbrannt. Um seine schwangere Frau Nora zu versorgen, überfällt Jordan das Büro der Bande, wird dabei aber erwischt. Martin verspricht, ihn laufenzulassen, wenn er dem »Schutzbund« beitritt. Jordan willigt widerwillig ein. Die anderen Fahrer folgen und Martin scheint gewonnen zu haben. Allison erhält die Erlaubnis, Zeugen zu inhaftieren, die die Aussage verweigern. Pop Wilson, Jordans ältester Freund, wird ermordet, nachdem er gegen Martins Männer ausgesagt hat. Horse Wilson, Jordans Partner, erklärt ihm seine Verachtung und sucht sich einen anderen Beruf. Um den gesamten Lebensmittelmarkt unter Kontrolle zu bekommen, zwingt Martin die LKW-Fahrer zu streiken. Horse versucht, die Fahrer gegen Martin zusammenzutrommeln, und wird von Martins Revolvermännern erschossen. Daraufhin übernimmt Jordan die Führung der Fahrer. Er überwältigt Martin in einem Kampf Mann-zu-Mann, als die Polizei eintrifft.

15 Jahre vor Elia Kazans berühmten Film *On The Waterfront – Die Faust im Nacken* mit Marlon Brando behandelt *Racket Busters* im selben realistischen Stil ein ähnliches Thema: Gangster versuchen, die Arbeiter zu kontrollieren. Bogart war bestens besetzt in der Rolle des misanthropischen Bösewichts, der durch seine Niederlage keineswegs gebrochen ist – er hat nur eine Schlacht von vielen verloren.

George Brent (rechts), Humphrey Bogart und Partner

1938

Angels With Dirty Faces

Chicago

James Cagney, George Bancroft und Humphrey Bogart

Regie Michael Curtiz. *Buch* John Wexley und Warren Duff, nach einer Originalgeschichte von Rowland Brown. *Kamera* Sol Polito. *Musik* Max Steiner. *Schnitt* Owen Marks. *Dialogregie* Jo Graham. *Regie-Assistenz* Sherry Shourds. *Art Director* Robert Haas. *Kostüme* Orry-Kelly. *Ton* Everett A. Brown. *Orchestrierung* Hugo Friedhofer. *Technische Beratung* Pater J. J. Devlin. *Darsteller* James Cagney (Rocky Sullivan), Pat O'Brien (Jerry Connolly), Humphrey Bogart (James Frazier), Ann Sheridan (Laury Ferguson), George Bancroft (Mac Keefer), Billy Halop (Soapy), Bobby Jordan (Swing), Leo Gorcey (Bim), Gabriel Dell (Patsy), Huntz Hall (Crab), Bernhard Punsley (Hunky), Joseph Downing (Steve), Edward Pawley (Edwards), Adrian Morris (Blackie), Frankie Burke (Rocky als Junge), William Tracy (Jerry als Junge), Marilyn Knowlden (Laury als Kind), der Kirchenchor von St. Brendan. *Produktion* First National/Warner Bros. (Samuel Bischoff). *Länge* 97 Minuten.

Die beiden rauhen East-Side-Jungen Rocky Sullivan und Jerry Connolly werden beim Einbruch in einen Eisenbahnwaggon ertappt. Jerry kann entkommen, Rocky wird in eine Besserungsanstalt gesteckt. Im Lauf der Zeit macht er Schlagzeilen als Verbrecher, während Jerry Priester wird und die

Heimatpfarrei übernimmt. Nachdem er wieder einmal eine Strafe abgesessen hat, kehrt Rocky in seine alte Gegend zurück und mietet ein Zimmer in der Pension seiner Jugendfreundin Laury. Er besucht Pater Connolly, der eine Bande von Slumkindern davon abzuhalten versucht, ihre Gangster-Helden nachzuahmen. Rocky wird zum Idol der Jungs, unterrichtet sie in Sachen Verbrechen, besteht aber darauf, daß sie Connollys Jugendzentrum besuchen. Er sucht seinen Rechtsanwalt James Frazier auf, der für ihn 100 000 Dollar aufbewahrt. Frazier betreibt zusammen mit dem korrupten Politiker Mac Keefer einen gutgehenden Nachtclub, weigert sich, das Geld herauszugeben und versucht, Rocky umbringen zu lassen. Rocky flieht, entführt Frazier und bringt belastende Papiere an sich. Die drei Gangster schließen sich zu einer unangenehmen Gemeinschaft zusammen, bis Pater Connolly eine Radio- und Zeitungs-Kampagne gegen die Herrschaft des Verbrechens startet. Frazier und Keefer wollen Connolly umbringen lassen, aber Rocky belauscht sie und erschießt sie. Zum Tode verurteilt, wird Rocky im Gefängnis von Pater Connolly besucht. Auf dessen Bitten hin markiert er auf dem elektrischen Stuhl den Feigling, um der Verehrung der Slumkinder ein Ende zu bereiten und sie so vor einer kriminellen Karriere zu bewahren.

Das von Regisseur Curtiz temporeich inszenierte Gangster-Melodram wurde sehr aufwendig produziert, was zum damaligen Zeitpunkt bedeutete, daß Bogart nur einen kleinen Part übernehmen durfte: Die Stars waren O'Brien und Cagney. »Bogart spielt einen Gangster der zweiten Garnitur ... wobei er seinen charakteristischen Ton erheblich mildert«, schrieb *Motion Picture Herald*. Seinen Partner George Bancroft, der ihm allenfalls durch seine physische Präsenz überlegen war, spielt Bogart in einigen Szenen an die Wand. Wieder mit von der Partie waren auch die »Dead End Kids«.

Pat O'Brien

James Cagney und Humphrey Bogart

Humphrey Bogart und James Cagney

1939

King Of The Underworld

(König der Unterwelt)

Elliott Sullivan, Humphrey Bogart, Charley Foy, Kay Francis und James Stephenson

Humphrey Bogart, Elliott Sullivan und James Stephenson

Regie Lewis Seiler. *Buch* George Bricker und Vincent Sherman, nach der Artikelserie *Dr. Sokrates* von W. R. Burnett in *Liberty Magazine. Kamera* Sid Hickox. *Musik* Heinz Roemheld. *Schnitt* Frank Dewar. *Dialogregie* Vincent Sherman. *Regie-Assistenz* Frank Heath. *Art Director* Charles Novi. *Kostüme* Orry-Kelly. *Ton* Everett A. Brown. *Technische Beratung* Dr. Leo Schulman. *Darsteller* Humphrey Bogart (Joe Gurney), Kay Francis (Carol Nelson), James Stephenson (Bill Forrest), John Eldredge (Niles Nelson), Jessie Busley (Tante Margaret), Arthur Aylesworth (Dr. Sanders), Raymond Brown (Sheriff), Harland Tucker (Mr. Ames), Ralph Remley (Mr. Robert), Charley Foy (Eddie), Murray Alper (Butch), Joe Devlin (Porky), Elliott Sullivan (Mugsy), Alan Davis (Slick), John Harmon (Slats), John Ridgely (Jerry), Richard Bond (Assistenzarzt), Pierre Watkin (District Attorney), Charles Trowbridge (Dr. Ryan), Edwin Stanley (Dr. Jacobs). *Produktion* Warner Bros. (Bryan Foy). *Länge* 69 Minuten.

Das Ärztehepaar Niles und Carol Nelson rettet das Leben eines verwundeten Bandenmitglieds des Unterwelt-Bosses Joe Gurney. Der Gangster erfährt von Niles Wettschulden und macht ihn durch Geldgeschenke von sich abhängig. Als einer von Gurneys Männern angeschossen wird, ist Niles gezwungen, ihm zu Hilfe zu kommen. Carol folgt ihm. Das Versteck der Bande wird von Polizei umstellt. Gurney verdächtigt Niles des Verrats und erschießt ihn. Die Bande entkommt, Carol wird als Komplizin angeklagt. Auf der Flucht kidnappt Gurney, der Wahnvorstellungen von napoleonischer Größe hat, den trampenden Schriftsteller Bill Forrest und zwingt ihn, seine Biografie zu schreiben. Als zwei von Gurneys Gangstern in einer Kleinstadt gefangen genommen werden, richtet Carol dort ihre Praxis ein in der Hoffnung, beim Prozeß ihre Unschuld beweisen zu können. Gurney befreit die beiden Gefangenen, wird dabei aber verwundet und wendet sich an Carol um Hilfe. Carol freundet sich mit Bill an, plant die Gefangennahme der Bande und benachrichtigt die Polizei. Sie infiziert absichtlich Gurneys Wunde und blendet ihn zeitweise mit ätzenden Tropfen, als er sich über Augenschmerzen beklagt. Blind taumelt Gurney durch die Räume des Verstecks, versucht, Carol und Bill zu töten, und wird schließlich von der Polizei erschossen.

In dieser Neuverfilmung des Thrillers *Dr. Sokrates* aus dem Jahr 1935 mit Paul Muni in der Hauptrolle, die hier Kay Francis spielt, übernahm Bogart den damaligen Part von Barton MacLane. »Humphrey Bogart porträtiert den unbarmherzigen, harten Gangster, der einen Napoleon-Komplex und eine komisch-biedere Ehrfurcht vor Kultur hat, mit seiner üblichen Vollkommenheit«, schrieb ***Monthly Film Bulletin***. Amüsant ist vor allem der Schluß, als der Gangster die Polizei bittet, doch niemandem zu verraten, daß der neue Napoleon von einer Frau hereingelegt worden sei.

Humphrey Bogart, Kay Francis und James Stephenson

Kay Francis und Humphrey Bogart

John Eldredge und Humphrey Bogart

1939

The Oklahoma Kid

Oklahoma Kid

Regie Lloyd Bacon. *Buch* Warren Duff, Robert Buckner und Edward E. Paramore, nach einer Originalgeschichte von Edward E. Paramore und Wally Klein. *Kamera* James Wong Howe. *Musik* Max Steiner. *Schnitt* Owen Marks. *Regie-Assistenz* Dick Mayberry. *Art Director* Esdras Hartley. *Kostüme* Orry-Kelly. *Ton* Stanley Jones. *Orchestrierung* Hugo Friedhofer, Adolph Deutsch, George Parrish und Murray Cutter. *Technische Beratung* Al Jennings. *Darsteller* James Cagney (Jim Kincaid), Humphrey Bogart (Whip McCord), Rosemary Lane (Jane Hardwick), Donald Crisp (Richter Hardwick), Harvey Stephens (Ned Kincaid), Hugh Sothern (John Kincaid), Charles Middleton (Alec Martin), Edward Pawley (Doolin), Ward Bond (Wes Handley), Lew Harvey (Curley), Trevor Bardette (Indian Jack Pasco), John Miljan (Ringo), Arthur Aylesworth (Richter Morgan), Irving Bacon (Hotelangestellter), Joe Devlin (Keely), Wade Boteler (Sheriff Abe Collins). *Produktion* Warner Bros. (Samuel Bischoff). *Länge* 80 Minuten.

Humphrey Bogart, Ward Bond und Partner

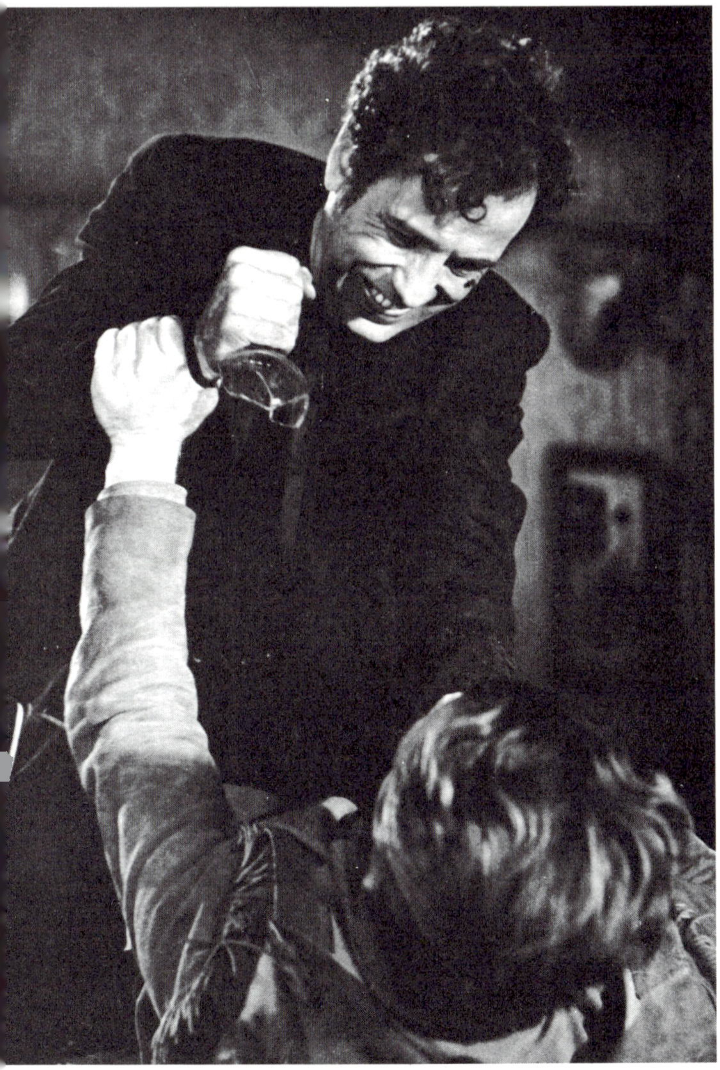

Humphrey Bogart und James Cagney

Humphrey Bogart, Edward Pawley, Hugh Sothern und Harvey Stephens

Humphrey Bogart, James Cagney und Partner

Jim Kincaid, das schwarze Schaf der Familie, ist ein berüchtigter Bandit, bekannt unter dem Namen »Oklahoma Kid«. Die Regierung, die das Land der Cherokees zum Siedeln freigibt, hat die Indianer dafür bezahlt, doch die Postkutsche mit dem Geld wird von Whip McCord und seiner Bande ausgeraubt. Kid überfällt die Bande aus einem Hinterhalt und entkommt mit dem Geld. Bei einem Fest der Siedler verliebt sich Kid in Jane, die Tochter des Richters Hardwick. McCord bringt ein großes Stück Land an sich, auf dem John Kincaid und sein Sohn Ned eine neue Stadt errichten wollen. Im Austausch gegen das Land müssen sie McCord die Spiel- und Saloon-Lizenz überlassen. Richter Hardwick und Ned setzen sich dafür ein, daß John Kincaid zum Bürgermeister gewählt wird. Ein Mitglied der Opposition wird ermordet, und McCord schiebt Kincaid die Tat in die Schuhe. Als er erfährt, daß Kid Kincaids Sohn ist, läßt McCord drei seiner Männer einen Pöbelhaufen anführen, der ins Gefängnis bricht und Kincaid lyncht. Kid schwört Rache, spürt die drei Mörder auf, tötet zwei von ihnen, und bringt den Dritten zurück, damit er gegen McCord aussagt. Kid und sein Bruder Ned finden McCord in seinem Saloon, aber als Ned versucht, ihn zu ergreifen, schießt McCord auf ihn. Beim darauffolgenden Kampf wird Kid beinahe getötet, bevor der tödlich verwundete Ned McCord niederschießen kann. Kid gibt sein Banditendasein auf und läßt sich mit Jane nieder.

Dieser eindimensionale Western, in dem Bogart sehr symbolisch ganz in Schwarz herumläuft, markiert auch einen Tiefpunkt in der Karriere Cagneys. Bogart bemerkte später spöttisch, Cagney habe mit seinem riesigen Cowboy-Hut ausgesehen wie ein wandelnder Pilz. »Cagney findet vielleicht etwas weniger Gefallen an dem großen Hut, den engen Stiefeln und der tiefen sexuellen Reinheit als Mr. Bogart in der Rolle des Bösewichts in Schwarz«, schrieb damals der Schriftsteller Graham Greene in einer Filmkritik für die englische Zeitung *The Spectator*.

1939

Dark Victory

Opfer einer großen Liebe

Regie Edmund Goulding. *Buch* Casey Robinson, nach dem gleichnamigen Theaterstück von George Emerson Brewer jun. und Bertram Bloch. *Kamera* Ernest Haller. *Musik* Max Steiner. *Schnitt* William Holmes. *Regie-Assistenz* Frank Heath. *Art Director* Robert Haas. *Kostüme* Orry-Kelly. *Ton* Robert B. Lee. *Orchestrierung* Hugo Friedhofer. *Song* »Oh, Give Me Time For Tenderness« von Elsie Janis und Edmund Goulding. *Technische Beratung* Dr. Leo Schulman. *Darsteller* Bette Davis (Judith Traherne), George Brent (Dr. Frederick Steele), Humphrey Bogart (Michael O'Leary), Geraldine Fitzgerald (Ann King), Ronald Reagan (Alec Hamm), Henry Travers (Dr. Parsons), Cora Witherspoon (Carrie Spottswood), Dorothy Peterson (Miss Wainwright), Virginia Brissac (Martha), Charles Richman (Colonel Mantle), Herbert Rawlinson (Dr. Carter), Leonard Mudie (Dr. Driscoll), Fay Helm (Miss Dodd), Lottie Williams (Lucy). *Produktion* First National/Warner Bros. (David Lewis). *Länge* 106 Minuten.

Bette Davis und Humphrey Bogart

Humphrey Bogart und Bette Davis

Judith Traherne, eine leichtlebige, junge, reiche Erbin, wird zunehmend von Schwindelanfällen heimgesucht. Der Gehirnspezialist Frederick Steele entdeckt einen Tumor und empfiehlt eine sofortige Operation, die erfolgreich verläuft. Judith verliebt sich in Steele und nimmt seinen Heiratsantrag an. Steele vertraut Judiths Sekretärin und Freundin Ann King an, daß der Tumor bösartig ist und innerhalb von zehn Monaten zum Tod führen wird. Zufällig entdeckt Judith die Wahrheit und glaubt, daß Steele sie nur aus Mitleid heiraten will. Sie nimmt mit aller Gewalt ihr sorgloses Leben wieder auf und kümmert sich in erster Linie um ihr Vollblutpferd Challenger. Dessen irischer Trainer Michael O'Leary, der Judith schon seit langen Jahren liebt, weist sie auf ihren falschen Stolz hin und bedrängt sie, ihr Glück zu genießen, solange noch Zeit dazu ist. Judith heiratet Steele, der sich fortan nur noch mit der Erforschung von Gehirnkrankheiten beschäftigt. Nach zehn Monaten

Geraldine Fitzgerald, Ronald Reagan, Humphrey Bogart, Bette Davis und Charles Richman

idyllischen Glücks auf ihrer Farm in Vermont bemerkt Judith, daß ihr Augenlicht schwindet. Ihrem Mann, der zu einer medizinischen Tagung gerufen wird, sagt sie nichts davon. Gefaßt wartet sie in Anwesenheit ihrer Freundin Ann auf das Ende.

Dieses »Weepie« (Heuler), das 1963 mit Susan Hayward in der Hauptrolle mit dem Titel *Stolen Hours* neu verfilmt wurde, ist eines der besten Beispiele dafür, wie das *Warner-Brothers*-Studio seine Vertragsschauspieler oft ohne Rücksicht auf ihr Image oder ihr besonderes Talent einsetzte. Bogart, dem der Friseur Stirnlocken verpaßt hat, weil er im Grunde genommen zu alt für die Rolle des heimlichen Liebenden ist, benimmt sich in der Tat so, als sei er in den falschen Film geraten. »Keinen Augenblick lang können wir an das glauben, was er sagt, noch daran, wie er es sagt«, bemerkt Terence Pettigrew. »Der Charakter war so schwerfällig wie Bogarts Art und Weise, ihn zu spielen«, urteilt Allen Eyles. Glücklicherweise tritt Bogart nur in einer einzigen größeren und noch einmal in einer kleineren Szene auf.

Humphrey Bogart, Bette Davis und Geraldine Fitzgerald

1939

You Can't Get Away With Murder

(Mit Mord kommt man nicht ungeschoren davon)

Gale Page, Billy Halop, Emory Parnell, Humphrey Bogart und Partner

Billy Halop, Humphrey Bogart und Partner

Regie Lewis Seiler. *Buch* Robert Buckner, Don Ryan und Kenneth Gamet, nach dem Theaterstück *Chalked Out* (Vorgezeichnet) von Gefängnisdirektor Lewis E. Lawes und Jonathan Finn. *Kamera* Sol Polito. *Musik* Heinz Roemheld. *Schnitt* James Gibbon. *Dialogregie* Jo Graham. *Regie-Assistenz* William Kissel. *Art Director* Hugh Retikker. *Kostüme* Milo Anderson. *Ton* Francis J. Scheid. *Orchestrierung* Hugo Friedhofer, Arthur Kay und Rudolph Kopp. *Darsteller* Humphrey Bogart (Frank Wilson), Billy Halop (Johnnie Stone), Gale Page (Madge Stone), John Litel (Attorney Carey), Henry Travers (Pop), Harvey Stephens (Fred Burke), Harold Huber (Scappa), Joseph Sawyer (Red), Joseph Downing (Smitty), George E. Stone (Toad), Joseph King (Oberaufseher), Joseph Crehan (Gefängnisdirektor), John Ridgely (Tankwart), Herbert Rawlinson (District Attorney). *Produktion* First National/Warner Bros. (Samuel Bischoff). *Länge* 78 Minuten.

Billy Halop, Humphrey Bogart und Harold Huber

Billy Halop und Humphrey Bogart

Johnnie Stone läßt sich unter der Anleitung des kleinen Ganoven Frank Wilson auf eine kriminelle Karriere ein. Die beiden stehlen zuerst ein Auto, dann überfallen sie eine Tankstelle. Sie rauben eine Pfandleihe aus, wobei Wilson den Besitzer mit einer Pistole erschießt, die Johnnie dem Verlobten seiner Schwester Madge, Fred Burke, gestohlen hat. Burke landet in der Todeszelle des Zuchthauses Sing Sing. Wenig später werden Wilson und Johnnie wegen des Autodiebstahls verhaftet und ebenfalls in Sing Sing eingeliefert. Wilson wendet jeden Trick und jede Drohung an, um Johnnie am Reden zu hindern; aber als er bemerkt, daß der Junge schwach wird, organisiert er einen Ausbruch, bei dem er Johnnie mitnimmt. Der Plan geht schief, und Wilson erschießt Johnnie, der aber sterbend noch ein Geständnis ablegen kann, das Burke vor dem Elektrischen Stuhl bewahrt und Wilson dorthin bringt.

»Die Fabrik«, wie Bogart gerne die *Warner*-Studios bezeichnete, steckte ihn einmal mehr in ein eher simples Gefängnis-Melodram, diesmal zusammen mit dem »Dead End Kid« Billy Halop. »Obwohl der Film nichts Neues enthält ... sind die schauspielerischen Leistungen überdurchschnittlich mit hervorragenden Darstellungen von Humphrey Bogart und Billy Halop«, schrieb die Zeitschrift *Film Weekly*.

Harvey Stephens, Humphrey Bogart,
Billy Halop und Partner

1939

The Roaring Twenties

Die goldenen Zwanziger

James Cagney und Humphrey Bogart

Regie Raoul Walsh. *Buch* Jerry Wald, Richard Macaulay und Robert Rossen, nach einer Originalgeschichte von Mark Hellinger. *Kamera* Ernest Haller. *Musik* Heinz Roemheld und Ray Heindorf. *Schnitt* Jack Killifer. *Dialogregie* Hugh Cummings. *Regie-Assistenz* Dick Mayberry. *Art Director* Max Parker. *Kostüme* Milo Anderson. *Maske* Perc Westmore. *Special Effects* Byron Haskin und Edwin B. DuPar. *Ton* Everett A. Brown. *Songs* »My Melancholy Baby« von Ernie Burnett und George A. Norton; »I'm Just Wild About Harry« von Eubie Blake und Noble Sissle; »It Had To Be You« von Isham Jones und Gus Kahn; »In A Shanty In Old Shanty Town« von Jack Little, Joseph Young und John Siras. *Orchestrierung* Ray Heindorf. *Erzählung* John Deering. *Darsteller* James Cagney (Eddie Bartlett), Priscilla Lane (Jean Sherman), Humphrey Bogart (George Hally), Gladys George (Panama Smith), Jeffrey Lynn (Lloyd Hart), Frank McHugh (Danny Green), Paul Kelly (Nick Brown), Elisabeth Risdon (Mrs. Sherman), Edward Keane (Pete Henderson), Joseph Sawyer (Sergeant Pete Jones), Joseph Crehan (Mr. Fletcher), George Meeker (Masters), John Hamilton (Richter), Robert Elliott (Erster Detektiv), Eddie Chandler (Zweiter Detektiv), Abner Biberman (Lefty), Vera Lewis (Mrs. Gray), Elliott Sullivan (Eddies Zellengenosse), Bert Hanlon (Pianist), Murray Alper (Erster Mechaniker), Dick Wessel (Zweiter Mechaniker), George Humbert (Restaurantbesitzer), Ben Welden (Tavernenbesitzer). *Produktion* First National/Warner Bros. (Hal B. Wallis und Samuel Bischoff). *Länge* 106 Minuten.

Drei amerikanische Soldaten, die während des Ersten Weltkriegs zusammen in Frankreich gekämpft haben, gehen nach dem Waffenstillstand ihre Wege: Lloyd Hart kehrt in seine unsichere Rechtsanwaltpraxis zurück, der frühere Saloon-Inhaber George Hally wird angesichts der Prohibition zum Alkoholschmuggler, und der Automechaniker Eddie Bartlett fährt Taxi, weil sein früherer Job besetzt ist. Als Eddie wegen einer kleinen Schnapslieferung an Panama Smith verhaftet wird und sie seine Strafe bezahlt, steigt er zusammen mit ihr ins illegale Alkoholgeschäft ein. Er baut eine Taxiflotte auf, mit der er den Stoff ausliefert. Als juristische Probleme auftauchen, engagiert er Lloyd als seinen Rechtsanwalt. Eddie trifft George wieder, der für den Schmuggler Nick Brown arbeitet, und die beiden werden Partner. Lloyd zieht sich aus dem Geschäft zurück, als George bei einem Überfall auf ein Lagerhaus mit be-

Frank McHugh, James Cagney und Humphrey Bogart

schlagnahmtem Alkohol einen Wächter erschießt. Je besser das Geschäft geht, umso härter werden die Bandenkämpfe. Eddie bietet Brown einen Waffenstillstand an, aber Brown schickt seinen Unterhändler als Leiche zurück. George verrät Eddie an Brown, weil er ihm zu mächtig wird, aber Eddie entgeht der Falle. Er spekuliert daraufhin mit Aktien, verliert sein ganzes Vermögen beim Börsensturz im Jahr 1929 und muß seine Taxiflotte an George verkaufen, der ihm höhnisch ein einziges Taxi zum Fahren überläßt. Eddie trifft seine frühere Liebe Jean wieder, die mittlerweile Lloyd geheiratet hat. Er erfährt von Jean, daß George ihren Mann, der sich auf die Seite des Gesetzes geschlagen hat und die Alkoholschmuggler bekämpft, umbringen will. Eddie sucht George auf, versucht, ihn von seinem Plan abzubringen, und erschießt ihn, als George sich weigert. Beim Versuch, seinen Weg durch Georges Revolvermänner freizuschießen, wird Eddie tödlich verwundet und stirbt auf den Stufen einer nahen Kirche.

Dieser von Regisseur Raoul Walsh temporeich, ohne Schnörkel und prägnant inszenierte Gangsterfilm, der alle klassischen Klischees des Genres enthält und die Atmosphäre der Zeit nach dem Ersten Weltkrieg stimmig widerspiegelt, war mit Abstand der beste von den sechs Filmen, den Bogart in diesem Jahr drehte. Bogarts Rolle war im Vergleich zu der Cagneys zwar nur klein, aber in der Rolle des sadistischen, zynischen und tückischen Gangsters hinterließ er einen nachhaltigen Eindruck. Gleich zu Anfang wird er charakterisiert in einer Szene, die in einem Schützengraben in Frankreich spielt. »Der kann nicht älter als 15 sein«, bemerkt einer seiner Kameraden, der einen deutschen Soldaten ins Visier bekommt. »Er wird niemals 16 sein«, sagt Bogart, zielt und schießt. Die »Cagbog Confrontations«, die Begegnungen zwischen Cagney und Bogart, sind hier weitaus heftiger als in *Angels With Dirty Faces*. »Cagney und Bogart arbeiten mit entgegengesetzten Stilen, die das Drama noch verstärken: Cagney von ruheloser Vitalität, offen und direkt; Bogart mehr empfindsam und kontrolliert mit unvermittelten Wutausbrüchen«, schreibt Kritiker Allen Eyles.

Jeffrey Lynn, James Cagney und Humphrey Bogart

Humphrey Bogart, Al Hill und James Cagney

Humphrey Bogart, James Cagney und Jeffrey Lynn

1939

The Return of Doctor X

Das zweite Leben des Dr. X

Regie Vincent Sherman. *Buch* Lee Katz, nach der Geschichte *The Doctor's Secret* (Des Doktors Geheimnis) von William J. Makin. *Kamera* Sid Hickox. *Musik* Bernhard Kaun. *Schnitt* Thomas Pratt. *Regie-Assistenz* Dick Mayberry. *Art Director* Esdras Hartley. *Kostüme* Milo Anderson. *Maske* Perc Westmore. *Ton* Charles Lang. *Technische Beratung* Dr. Leo Schulman. *Darsteller* Wayne Morris (Walter Barnett), Rosemary Lane (Joan Vance), Humphrey Bogart (Marshall Quesne), Dennis Morgan (Michael Rhodes), John Litel (Dr. Francis Flegg), Lya Lys (Angela Merrova), Huntz Hall (Pink), Charles Wilson (Detective Ray Kincaid), Vera Lewis (Miss Sweetman), Howard Hickman (Präsident), Olin Howland (Leichenbestatter), Arthur Aylesworth (Führer), Jack Mower (Detective Sergeant Moran), Creighton Hale (Hotelmanager), John Ridgely (Rodgers), Joseph Crehan (Redakteur), Glenn Langan (Assistenzarzt), William Hopper (Assistenzarzt). *Produktion* First National/Warner Bros. (Bryan Foy). *Länge* 62 Minuten.

Bei der Untersuchung einer Reihe von Todesfällen, bei denen den Opfern das Blut abgezapft worden ist, stoßen der Reporter Walter Barnett und der Arzt Michael Rhodes auf Dr. Francis Flegg, der mit der seltenen Blutgruppe Eins experimentiert, um Leichen wieder zum Leben zu erwecken. Auch Flegg wird ermordet, kann aber vor seinem Tod noch enthüllen, daß sein Assistent »Doktor Xavier« in Wirklichkeit Marshall Quesne ist, der rechtmäßig hingerichtet und begraben wurde, von ihm aber ins Leben zurückgeholt wurde. Die Mordserie ist eine Folge von Quesnes ständiger Suche nach frischem Blut für sein zweites Leben. Bevor Quesne sich an Rhodes Freundin Joan heranmachen kann, sind Barnett und Rhodes rechtzeitig mit der Polizei zur Stelle, die Quesne erschießt.

Einmal mehr beweist Bogart in dieser eher haarsträubenden Vampirgeschichte seine Professionalität, indem er die Rolle (mit zweifarbiger Haartracht und bleichem Make-up) mit demselben Ernst und Eifer angeht wie jede andere. Die Fortsetzung des vielgelobten *Warner*-Films *Doctor X* aus dem Jahr 1932 wurde unterschiedlich aufgenommen. Die einen sahen nur »einen schwachen Schatten des Originals«, die anderen einen »annehmbaren Horrorfilm« und »ein gutes Melodram der unheimlichen Art«.

1939

INVISIBLE STRIPES

Zwölf Monate Bewährungsfrist

George Raft, Joseph Downing, Humphrey Bogart, Marc Lawrence und Paul Kelly

Regie Lloyd Bacon. *Buch* Warren Duff, nach einer Originalgeschichte von Jonathan Finn basierend auf dem Buch von Gefängnisdirektor Lewis E. Lawes. *Kamera* Ernest Haller. *Musik* Heinz Roemheld. *Schnitt* James Gibbon. *Dialogregie* Irving Rapper. *Regie-Assistenz* Elmer Decker. *Art Director* Max Parker. *Kostüme* Milo Anderson. *Maske* Perc Westmore. *Special Effects* Byron Haskin. *Ton* Rolph Thomas. *Orchestrierung* Ray Heindorf. *Darsteller* George Raft (Cliff Taylor), Jane Bryan (Peggy), William Holden (Tim Taylor), Humphrey Bogart (Chuck Martin), Flora Robson (Mrs. Taylor), Paul Kelly (Ed Kruger), Lee Patrick (Molly), Henry O'Neill (Bewährungshelfer Masters), Frankie Thomas (Tommy), Moroni Olsen (Gefängnisdirektor), Margot Stevenson (Sue), Marc Lawrence (Lefty), Joseph Downing (Johnny), Leo Gorcey (Jimmy), William Haade (Shrank), Tully Marshall (Old Peter). *Produktion* Warner Bros./First National (Hal B. Wallis und Louis F. Edelman). *Länge* 82 Minuten.

George Raft, Raymond Bailey,
Humphrey Bogart und Partner

Cliff Taylor und Chuck Martin werden auf Bewährung aus dem Gefängnis entlassen – Cliff mit der Absicht, sauber zu bleiben, Chuck darauf vorbereitet, wieder seine alten Wege zu gehen. Es dauert lange, bis Cliff Arbeit findet, denn er trägt »invisible stripes – unsichtbare Streifen« der Gefängniskleidung. Um seinen Bruder Tim, der nicht genug Geld zum Heiraten hat, vor einer kriminellen Karriere zu bewahren, setzt Cliff seine eigene Freiheit aufs Spiel. Er schließt sich Chucks Bande an und nimmt an einer Reihe von Banküberfällen teil, bis er genug Geld zusammen hat, um seinem Burder eine Autowerkstatt zu kaufen. Bei einem weiteren Raub benutzt die Bande Tims Garage als Versteck. Cliff eilt Chuck zu Hilfe, der bei dem Überfall verwundet worden ist. Beim Versuch zu fliehen werden beide erschossen.

Bogart bewegt sich hier wieder auf bekanntem Boden. Sein Gangster Chuck Martin ist allerdings kein grundsätzlich grausamer oder bösartiger Typ, sondern nur jemand, der seinen Lebensunterhalt halt mit Verbrechen verdient. Mit Gangster-Darsteller George Raft, dem man tatsächliche Verbindungen zur Unterwelt nachsagte und der gelegentlich mit Leibwächtern herumlief, arbeitete Bogart nur noch einmal, in *They Drive By Night,* zusammen. Die Kritik beurteilte *Invisible Stripes* als »kraftvoll aber stereotyp ... dank starker schauspielerischer Leistungen, guter Produktions-Qualität und einem ungeheuer aufregenden Ende dennoch stahlharte Massenunterhaltung« (*Kine Weekly*).

George Raft und Humphrey Bogart

William Holden, George Raft und Humphrey Bogart

1940

VIRGINIA CITY

Goldschmuggel nach Virginia

Regie Michael Curtiz. *Buch* Robert Buckner. *Kamera* Sol Polito. *Musik* Max Steiner. *Schnitt* George Amy. *Dialogregie* Jo Graham. *Regie-Assistenz* Sherry Shourds. *Art Director* Ted Smith. *Maske* Perc Westmore. *Special Effects* Byron Haskin und H. F. Koenekamp. *Ton* Oliver S. Garetson und Francis J. Scheid. *Orchestrierung* Hugo Friedhofer. *Darsteller* Errol Flynn (Kerry Bradford), Miriam Hopkins (Julia Hayne), Randolph Scott (Vance Irby), Humphrey Bogart (John Murrell), Frank McHugh (Mr. Upjohn), Alan Hale (Olaf Swenson), Guinn »Big Boy« Williams (Marblehead), John Litel (Marshall), Douglass Drumbille (Major Drewery), Moroni Olsen (Dr. Cameron), Russell Hicks (Armistead), Dickie Jones (Cobby), Frank Wilcox (Soldat), Russell Simpson (Gaylord), Victor Kilian (Abraham Lincoln), Charles Middleton (Jefferson Davis). *Produktion* Warner Bros./First National (Hal B. Wallis und Robert Fellows). *Länge* 121 Minuten.

Alan Hale, Humphrey Bogart, Errol Flynn und Partner

Der Unionsoffizier Kerry Bradford flieht aus einem Gefangenenlager der Konföderierten und wird nach Nevada in die Goldgräberstadt Virginia City abkommandiert, aus der Sympathisanten der Südstaaten fünf Millionen Dollar in Gold in den zusammenbrechenden Süden schicken wollen. Unterwegs wird seine Postkutsche von dem Banditen John Murrell, einem Halbblut, überfallen. In Virginia City findet Kerry heraus, daß Vance Irby, der frühere Kommandant des Gefangenenlagers, das Gold mit einem Güterzug in den Süden schaffen will. Kerry verliebt sich in die Sängerin Julia Hayne, ohne zu wissen, daß sie als Spionin für die Südstaaten arbeitet. Sie lockt Kerry in eine Falle, und Vance nimmt ihn gefangen. Vance arrangiert sich mit Murrell, dessen Banditen die Garnison der Union angreifen, während der Zug die Stadt verläßt. Als ein Vorposten von Unionssoldaten in der Wüste die Waggons zu kontrollieren versucht, werden sie von den Südstaatlern getötet. Kerry entkommt in der Verwirrung und benachrichtigt Major Drewery, der mit Kavallerie anrückt. Während Drewery einer falschen Fährte

Moroni Olsen, Paul Fix, Humphrey Bogart, Randolph Scott und George Regas

folgt, entdeckt Kerry mit ein paar Männern Vances Karawane in dem Augenblick, als sie von Murrells Banditen angegriffen werden. Vance wird getötet, Kerry übernimmt das Kommando und läßt das Gold vergraben. Die Banditen werden von der Kavallerie in die Flucht geschlagen, Murrell kommt um. Weil Kerry sich weigert, seinen Vorgesetzten das Versteck des Goldes zu verraten, das er nach Kriegsende zum Wiederaufbau des Südens verwendet wissen möchte, wird Kerry zum Tode verurteilt. Auf Julias Bitten hin begnadigt ihn Präsident Lincoln.

Virginia City war Bogarts dritter und glücklicherweise auch sein letzter Western, denn er war (zu Recht) der Ansicht, daß er in dieser Filmgattung fehl am Platze war. Hinzu kam, daß er Errol Flynn und Randolph Scott persönlich nicht ausstehen konnte, obwohl er sich bemühte, dies bei den Dreharbeiten nicht zu zeigen. Wiederum (wie in *The Oklahoma Kid*) ganz in Schwarz gekleidet und obendrein durch einen Schnurrbart verunziert, gab er mit seinem miserablen mexikanischen Akzent allerdings keine sonderlich gute Figur ab. Über Errol Flynn, den Star des Films, urteilte *Monthly Film Bulletin*: »Seine Erscheinung ist weitaus beeindruckender als seine Schauspielkunst.«

Randolph Scott und Humphrey Bogart

Humphrey Bogart, George Regas und Partner

Humphrey Bogart und Randolph Scott

Humphrey Bogart und Partner

1940

It All Come True

(Alles erfüllte sich)

Regie Lewis Seiler. *Buch* Michael Fessier und Lawrence Kimble, nach der Geschichte *Better Than Life* (Besser als das Leben) von Louis Bromfield. *Kamera* Ernest Haller. *Musik* Heinz Roemheld. *Schnitt* Thomas Richards. *Dialogregie* Robert Foulk. *Regie-Assistenz* Russ Saunders. *Art Director* Max Parker. *Kostüme* Howard Shoup. *Maske* Perc Westmore. *Special Effects* Bryon Haskin und Edwin B. DuPar. *Ton* Dolph Thomas. *Choreographie* Dave Gould. *Songs* »Angel In Disguise« von Kim Cannon, Stephan Weiss und Paul Mann; »The Gaucho Serenade« von James Cavanaugh, John Redmond und Nat Simon. *Orchestrierung* Ray Heindorf und Frank Perkins. *Darsteller* Ann Sheridan (Sarah Jane Ryan), Jeffrey Lynn (Tommy Taylor), Humphrey Bogart (Grasselli/Chips Maguire), ZaSu Pitts (Miss Flint), Una O'Connor (Maggie Ryan), Jessie Busley (Norah Taylor), John Litel (Mr. Roberts), Grant Mitchell (Mr. Salmon), Felix Bressart (Mr. Boldini), Charles Jedels (Leantopopulos), Brandon Tynan (Mr. Van Diver), Howard Hickman (Mr. Prendergast), Herbert Vigran (Monks). *Produktion* Warner Bros./First National (Hal B. Wallis und Mark Hellinger). *Länge* 97 Minuten.

Ann Sheridan und Humphrey Bogart

Humphrey Bogart und Jeffrey Lynn

Die frühere Nachtklubsängerin Sarah Jane Ryan und der junge Komponist Tommy Taylor begegnen sich in einer heruntergekommenen Pension, die von ihren Müttern geführt wird. Tommy bringt den angeblich kranken »Mr. Grasselli« mit, der einen Polizisten mit Tommys Pistole erschossen hat und den Tommy verstecken muß, um sich selber zu schützen. Sarah Jane erkennt in Grasselli den Gangster Chips Maguire, in dessen Klub sie einmal gearbeitet hat. Nach einigen Tagen verläßt Grasselli sein Zimmer und wird Zeuge einer Amateurshow, die Sarah Jane, Tommy und die Mieter auf die Beine gestellt haben. Grasselli schlägt vor, die Pension in einen Nachtklub zu verwandeln. Sarah Jane, die in Wirklichkeit Tommy liebt, ermutigt seine Annäherungsversuche, damit er dabei hilft, die Pension aus den roten Zahlen zu bringen. Die Haushälterin Miss Flint informiert die Polizei, die am Eröffnungsabend des Klubs erscheint. Durch die Freundlichkeit der beiden alten Damen, die den »Kranken« tagelang bemuttert haben, und der anderen exzentrischen Pensionäre ist Grasselli sentimental geworden. Er entlastet Tommy, um den jungen Liebenden einen sauberen Start zu ermöglichen.

Die beiden *Warner*-Stars George Raft und John Garfield hatten es vorsichtshalber abgelehnt, in dieser wunderlichen Posse mitzuspielen. Also blieb die Gangsterrolle in dieser reichlich naiven und rührseligen Geschichte wieder an Bogart hängen. »Bogart ist ein so geschickter Schauspieler, daß er seine sentimentalen Sprüche und Taten ohne Verlegenheit übersteht«, meinte *Monthly Film Bulletin*.

Ann Sheridan und Humphrey Bogart

Humphrey Bogart und Una O'Connor

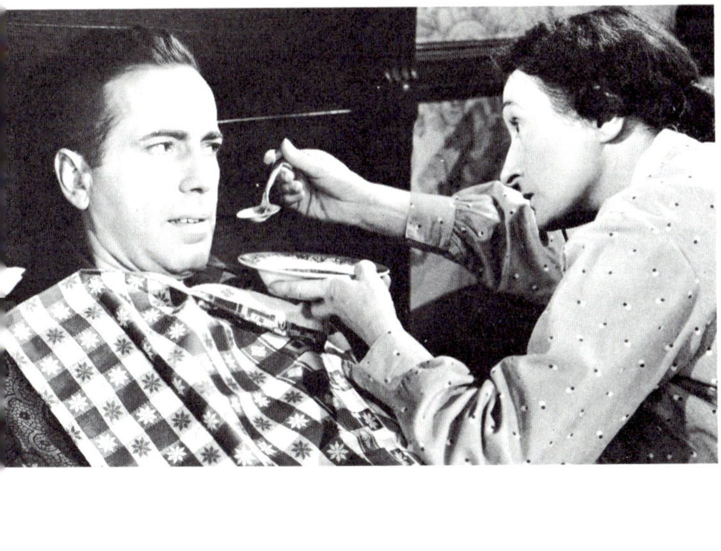

Humphrey Bogart und Ann Sheridan

1940

Brother Orchid

(Bruder Orchidee)

Paul Phillips, Morgan Conway, Humphrey Bogart, Edward G. Robinson und Partner

Regie Lloyd Bacon. *Buch* Earl Baldwin, nach einer Geschichte von Richard Connell in der Zeitschrift *Collier's*. *Kamera* Tony Gaudio. *Musik* Heinz Roemheld. *Schnitt* William Holmes. *Dialogregie* Hugh Cummings. *Regie-Assistenz* Dick Mayberry. *Art Director* Max Parker. *Kostüme* Howard Shoup. *Maske* Perc Westmore. *Special Effects* Byron Haskin, Willard Van Enger und Edwin B. DuPar. *Montage* Don Siegel und Robert Burks. *Ton* C. A. Riggs. *Orchestrierung* Ray Heindorf. *Darsteller* Edward G. Robinson (Little John Sarto), Ann Sothern (Flo Addams), Humphrey Bogart (Jack Buck), Donald Crisp (Abt), Ralph Bellamy (Clarence Fletcher), Allen Jenkins (Willie the Knife), Charles D. Brown (Bruder Wren), Cecil Kellaway (Bruder Goodwin), Morgan Conway (Philadelphia Powell), Richard Lane (Mugsy O'Day), Paul Guilfoyle (Red Martin), John Ridgely (Texas Pearson), Joseph Crehan (Bruder MacEwen), Wilfred Lucas (Bruder MacDonald), Tom Tyler (Curley Matthews), Dick Wessel (Buffalo Burns), Granville Bates (Polizeidirektor von Pattonsville), Paul Phillips (French Frank), Don Rowan (Al Muller), Nanette Vallon (Fifi), Tim Ryan (Turkey Malone), Joe Caites (Handsome Harry), Pat Gleason (Dopey Perkins), Tommy Baker (Joseph). *Produktion* Warner Bros./First National (Hal B. Wallis und Mark Hellinger). *Länge* 91 Minuten.

Richard Lane, Edward G. Robinson, Humphrey Bogart, Morgan Conway und Partner

Bei seiner Rückkehr von einer »Bildungsreise« in Europa muß Gangsterboß Little John Sarto feststellen, daß sein früherer Partner Jack Buck die Bande übernommen hat. Sarto organisiert eine neue Bande und drängt sich mit Gewalt in sein altes Gebiet. Beim Versuch, zwischen den Rivalen zu vermitteln, schickt ihn seine Freundin Flo versehentlich in eine Falle. Sarto entkommt verwundet Bucks Killern und findet ein Kloster. Die Mönche pflegen ihn gesund; Sarto betrachtet das Kloster zuerst zynisch als ideales Versteck, fühlt sich dann aber von der selbstlosen Arbeit und Ernsthaftigkeit der Brüder beeindruckt. Er versucht sich als Blumenzüchter und nimmt den Namen Bruder Orchidee an. Aus der Zeitung erfährt er, daß Flo den Bauerntrampel Clarence Fletcher heiraten will. Er erfährt außerdem, daß die Brüder in einer Klemme stecken, weil Bucks »Schutzbund« den Verkauf der Klosterblumen verhindert. Sarto kehrt in die Stadt zurück und zerschlägt Bucks Bande mit der Hilfe von Clarence und dessen Freunden. Durch sein Leben mit den Mönchen verwandelt, verzichtet Sarto auf Flo und geht ins Kloster zurück.

Dieser ironische Gangster-Ulk war ganz auf Edward G. Robinson zugeschnitten. Immerhin befand die Londoner *Times*: »Mr. Humphrey Bogart liefert einen weiteren Beweis seiner glatten, kalten Kunstfertigkeit in Sachen Schurkerei.« Terence Pettigrew sieht dies etwas differenzierter: »Obwohl Bogart wie schon in einem Dutzend früherer Filme immer noch den eindimensionalen Neandertaler spielt, gelingt es ihm gelegentlich, so etwas wie rohe Redlichkeit sichtbar zu machen.«

Humphrey Bogart und Edward G. Robinson

1940

THEY DRIVE BY NIGHT

Nachts unterwegs

George Raft, Ann Sothern und Humphrey Bogart

Regie Raoul Walsh. *Buch* Jerry Wald und Richard Macaulay, nach dem Roman *Long Haul* (Lange Strecke) von A. I. Bezzerides. *Kamera* Arthur Edeson. *Musik* Adolph Deutsch. *Schnitt* Thomas Richards. *Dialogregie* Hugh MacMullen. *Regie-Assistenz* Elmer Decker. *Art Director* John Hughes. *Kostüme* Milo Anderson. *Maske* Perc Westmore. *Special Effects* Byron Haskin, H. F. Koenekamp, James Gibbons, John Holden und Edwin B. DuPar. *Montage* Don Siegel und Robert Burks. *Ton* Oliver S. Garretson. *Orchestrierung* Arthur Lange. *Darsteller* George Raft (Joe Fabrini), Ann Sheridan (Cassie Hartley), Ida Lupino (Lana Carlsen), Humphrey Bogart (Paul Fabrini), Gale Page (Pearl Fabrini), Alan Hale (Ed Carlsen), Roscoe Karns (Irish McGurn), John Litel (Harry McNamara), George Tobias (George Rondolos), Henry O'Neill (District Attorney), Charles Halton (Farnsworth), Paul Hurst (Pete Haig), John Ridgely (Hank Dawson), George Lloyd (Barney), Joyce Compton (Sue Carter), Charles Wilson (Mike Williams), Pedro Regas (McNamaras Helfer), Norman Willis (Neves), Joe Devlin (Fatso), William Haade (Fahrer), Vera Lewis (Wirtin), John Hamilton (Defense Attorney). *Produktion* Warner Bros./First National (Hal B. Wallis und Mark Hellinger). *Länge* 93 Minuten.

George Raft, George Tobias und Humphrey Bogart

Humphrey Bogart und George Raft

Humphrey Bogart, Ann Sheridan und George Raft

Humphrey Bogart und Gale Page

Die Brüder Joe und Paul Fabrini eröffnen ein Transportunternehmen. Während die meisten Fahrer für Ed Carlsen arbeiten, möchte Joe unabhängig bleiben. Er träumt davon, sich eine eigene LKW-Flotte aufzubauen. Sein Bruder Paul haßt die Straße und sehnt sich nach einem normalen Leben zu Hause bei seiner Frau Pearl. Joe verliebt sich in die Tramperin Cassie Hartley, eine charmante Kellnerin. Paul verliert bei einem Unfall einen Arm, als er am Steuer einschläft. Joe arbeitet daraufhin für Ed Carlsen, dessen Frau Lana ein Auge auf ihn wirft. Als Joe ihre Annäherungsversuche abweist, tötet sie Ed und vertuscht das Verbrechen als Unfall im Alkoholrausch. Sie überträgt Joe die Hälfte des Unternehmens. Als Joe ihr mitteilt, daß er Cassie heiraten will, legt sie bei der Polizei ein Geständnis ab und beschuldigt Joe als Komplizen. Beim Prozeß stellt sich heraus, daß Lana wahnsinnig geworden ist, und Joe wird freigesprochen. Er kehrt ins LKW-Geschäft zurück, von dem er geträumt hat, und macht Paul zu seinem Manager.

In diesem flotten und besonders in der ersten Hälfte atmosphärisch stimmigem Melodrama verschwindet Bogart nach einer knappen Stunde fast völlig aus der Handlung, von der er ohnehin mehr mitgeschleift wurde, als daß er sie aktiv beeinflußt hätte. Dafür darf er eine ganze Reihe gerissener Dialoge von sich geben. Als ihn einmal ein Mann warnt »Wenn Sie mich anfassen, rufe ich die Polizei«, antwortet Bogart: »Wenn ich Sie anfasse, müssen Sie einen Krankenwagen rufen.« Regisseur Raoul Walsh, der sich sonst ausgiebig und lobend über seine Schauspieler äußerte, bemerkte in bezug auf Bogart nur einmal: »Er hatte eine starke Schwäche für Alkohol.«

George Raft, Ann Sheridan, Humphrey Bogart, Gale Page und Roscoe Karns

1941

HIGH SIERRA

Entscheidung in der Sierra

Humphrey Bogart, Arthur Kennedy, Ida Lupino und Alan Curtis

Regie Raoul Walsh. *Buch* John Huston und W. R. Burnett, nach dem gleichnamigen Roman von W. R. Burnett. *Kamera* Tony Gaudio. *Musik* Adolph Deutsch. *Schnitt* Jack Killifer. *Dialogregie* Irving Rapper. *Art Director* Ted Smith. *Kostüme* Milo Anderson. *Maske* Perc Westmore. *Special Effects* Byron Haskin und H. F. Koenekamp. *Ton* Dolph Thomas. *Orchestrierung* Arthur Lange. *Darsteller* Ida Lupino (Marie Garson), Humphrey Bogart (Roy Earle), Alan Curtis (Babe Kozak), Arthur Kennedy (Red Hattery), Joan Leslie (Velma), Henry Hull (Doc Banton), Henry Travers (Pa Goodhue), Jerome Cowan (Healy), Minna Gombell (Mrs. Baughman), Barton MacLane (Jake Kranmer), Elisabeth Risdon (Ma Goodhue), Cornel Wilde (Louis Mendoza), Donald MacBride (Big Mac), Paul Harvey (Mr. Baughman), Isabel Jewell (Blondine), Willie Best (Algernon), Spencer Charters (Ed), George Meeker (Pfiffer), Robert Strange (Art), John Eldredge (Lon Preiser), Sam Hayes (Sprecher). *Produktion* Warner Bros./First National (Hal B. Wallis und Mark Hellinger). *Länge* 100 Minuten.

Humphrey Bogart und Ida Lupino

Humprey Bogart und Ida Lupino

Humphrey Bogart und Henry Travers

Roy Earle wird auf Betreiben seines alten Unterwelt-Kumpels Big Mac aus dem Gefängnis entlassen, für den er in Kalifornien den Überfall auf ein vornehmes Kurhotel organisieren soll. Unterwegs trifft er das verkrüppelte Mädchen Velma, in das er sich verliebt. Roys Komplizen Babe und Red erscheinen in Begleitung der Tänzerin Marie, der Roy bald mehr vertraut als den beiden Grünschnäbeln. Nach dem Überfall flieht Roy mit Marie, während Babe und Red bei einem Autounfall ums Leben kommen. Roy sucht zuerst Big Mac auf, der aber an einem Herzanfall gestorben ist, und dann Marie, die sich inzwischen mit einem anderen Mann verlobt hat. Als Roy erfährt, daß ihm die Polizei auf der Spur ist, setzt er Marie in einen Bus und versucht, über einen Bergpaß aus Kalifornien herauszukommen. Er wird auf einem Gipfel von einem Polizei-Scharfschützen erschossen, als er seine Deckung wegen eines kleinen Hundes verläßt.

High Sierra markiert einen entscheidenden Wendepunkt in Bogarts Karriere: Er avancierte bei *Warner Brothers* vom Neben- zum Hauptdarsteller. Zum ersten Mal spielt Bogart einen reifen Gangster mit jener Mischung aus Härte und Verwundbarkeit, die so viele seiner späteren Figuren auszeichnet. Außerdem betont der Film zum ersten Mal die romantische Aura des Außenseiters, der Einsamkeit und der Loyalität, die für die spätere Bogart-Gestalt so charakteristisch ist. Wobei weder Regisseur Walsh noch Bogart selber die sentimentale Seite dieser Story über einen gutherzigen Gangster betonen. Die *Warner*-Stars Edward G. Robinson und George Raft hatten sich übrigens geweigert, die Rolle des »Mad Dog« (verrückter Hund) Earle zu spielen.

Humphrey Bogart, Henry Travers, Joan Leslie, Henry Hull und Minna Combell

Humphrey Bogart, Arthur Kennedy, Ida Lupino und Alan Curtis

1941

THE WAGONS ROLL AT NIGHT

Von Stadt zu Stadt

Regie Ray Enright. *Buch* Fred Niblo jun. und Barry Trivers, nach dem Roman *Kid Galahad* von Francis Wallace. *Kamera* Sid Hickox. *Musik* Heinz Roemheld. *Schnitt* Frederick Richards. *Regie-Assistenz* Jesse Hibbs. *Art Director* Hugh Reticker. *Special Effects* Byron Haskin und H. F. Koenekamp. *Orchestrierung* Ray Heindorf. *Darsteller* Humphrey Bogart (Nick Coster), Sylvia Sidney (Flo Lorraine), Eddie Albert (Matt Varney), Joan Leslie (Mary Coster), Sig Rumann (Hoffman der Große), Cliff Clark (Doc), Charley Foy (Snapper), Frank Wilcox (Tex), John Ridgely (Arch), Clara Blandick (Mrs. Williams), Aldrich Bowker (Mr. Williams), Garry Owen (Gus), Jack Mower (Bundy), Frank Mayo (Wally). *Produktion* Warner Bros./First National (Harlan Thompson). *Länge* 84 Minuten.

Humphrey Bogart und Sylvia Sidney

Humphrey Bogart, Sylvia Sidney und Eddie Albert

Sylvia Sidney und Humphrey Bogart

Joan Leslie, Humphrey Bogart und Eddie Albert

Ein Löwe entspringt aus dem Wanderzirkus von Nick Coster und wird in einem Gemischtwarenladen von dem Verkäufer Matt eingefangen. Nick nimmt den Jungen unter Vertrag, der im Lauf der Zeit zum Löwendompteur wird und den chronischen Trinker Hoffman den Großen ersetzt. Auf Nicks Farm lernt Matt dessen Schwester Mary Coster kennen und verliebt sich in sie. Matt mißachtet Nicks Warnungen, der nicht will, daß Zirkusleute mit seiner vornehm erzogenen Schwester verkehren. Nick überredet Matt, mit dem bösartigen Löwen Caesar in der Arena aufzutreten. Matt stellt sich der Bestie mutig entgegen und kämpft einen aussichtslosen Kampf, bis Nick auf Marys Bitten eingreift, Matt rettet und dabei selber umkommt.

In dieser ins Zirkusmilieu verlegten Neuverfilmung des Boxerfilms *Kid Galahad* spielt Bogart jetzt die Rolle, die 1937 Edward G. Robinson übernommen hatte, während Bogart damals nur in einer kleinen Nebenrolle zu sehen war. *Monthly Film Bulletin* hielt den Film für ein »ziemlich an den Haaren herbeigezogenes Drama«. Terence Pettigrew merkt ironisch an, daß »Bogarts Zirkusboß etwa so zahm ist wie die Studiolöwen, die aus MGM's *Tarzan*-Freigelände ausgeliehen wurden.«

Humphrey Bogart, Cliff Clark, Joan Leslie
und Eddie Albert

Eddie Albert, Sig Rumann
und Humphrey Bogart

1941

THE MALTESE FALCON

Der Malteserfalke

Humphrey Bogart, Peter Lorre, Mary Astor und Sydney Greenstreet

Regie John Huston. *Buch* John Huston, nach dem gleichnamigen Roman von Dashiell Hammett. *Kamera* Arthur Edeson. *Musik* Adolph Deutsch. *Schnitt* Thomas Richards. *Dialogregie* Robert Foulk. *Regie-Assistenz* Claude Archer. *Art Director* Robert Haas. *Kostüme* Orry-Kelly. *Maske* Perc Westmore. *Ton* Oliver S. Garretson. *Orchestrierung* Arthur Lange. *Darsteller* Humphrey Bogart (Sam Spade), Mary Astor (Brigid O'Shaughnessy), Gladys George (Iva Archer), Peter Lorre (Joel Cairo), Barton MacLane (Lieutenant Dundy), Lee Patrick (Effie Perine), Sydney Greenstreet (Casper Gutman), Ward Bond (Detective Tom Polhaus), Jerome Cowan (Miles Archer), Elisha Cook jun. (Wilmer Cook), James Burke (Luke), Murray Alper (Frank), John Hamilton (District Attorney Bryan), Emory Parnell (Matrose), Walter Huston (Kapitän Jacobi). *Produktion* Warner Bros./First National (Hal B. Wallis und Henry Blanke). *Länge* 100 Minuten. *Alternativer deutscher Titel* Die Spur des Falken.

Peter Lorre und Humphrey Bogart

Ward Bond, Humphrey Bogart, Mary Astor
und Barton MacLane

Peter Lorre und Humphrey Bogart

Mary Astor und Humphrey Bogart

Humphrey Bogart und Mary Astor

Die beiden Privatdetektive und Partner Sam Spade und Miles Archer werden von einer Miss Wonderly engagiert, um Floyd Thursby zu überwachen. Dabei wird Miles getötet, und Thursby kommt ebenfalls in derselben Nacht um. Miss Wonderly gesteht, daß ihr wirklicher Name Brigid O'Shaughnessy ist und bittet Spade um Hilfe, da sie in Gefahr sei. Seine Zweifel besänftigt von ihrer Schönheit und ihrem Geld, verspricht Spade, ihren Namen aus dem Fall herauszuhalten. Spade bekommt Besuch von Joel Cairo, der ihm 5000 Dollar für das Aufspüren der schwarzen Statue eines Falken anbietet. Ein Gangster namens Wilmer, der Spade beschattet, bringt ihn zu dem »Dicken« Casper Gutman, der sich ebenfalls für den Falken interessiert. Brigid verschwindet, und Wilmer bringt Spade erneut zu Gutman, der ihm diesmal von der Geschichte und dem Wert des Falken erzählt, ihn aber mit einem Drink betäubt. Nachdem Spade wieder zu sich gekommen ist, findet er eine Spur, die ihn zu dem Schiff *La Paloma* führt. Dessen Kapitän erscheint kurz darauf tödlich verwundet in seinem Büro und gibt ihm den Falken, bevor er stirbt. Spade geht zu seinem Apartment, findet draußen Brigid und drinnen Cairo, Gutman und Wilmer. Er erfährt von Gutman, daß Wilmer den Kapitän und Thursby getötet hat und dafür auch den Kopf hinhalten soll. Spade handelt einen Preis für den Falken aus, läßt ihn von seiner Sekretärin Effie bringen, aber Gutman stellt fest, daß es sich um eine Fälschung handelt. Im Durcheinander kann Wilmer entkommen. Gutman schlägt Cairo vor, die Suche fortzusetzen. Brigid bleibt bei Spade, der die Polizei verständigt, um Gutman, Cairo und Wilmer verhaften zu lassen. Spade denkt über den Tod seines Partners nach und folgert, daß Brigid ihn umgebracht haben muß. Sie gesteht, bittet ihn aber um ihrer Liebe willen, sie nicht auszuliefern. Was Spade trotzdem tut.

Mary Astor und Humphrey Bogart

Humphrey Bogart und Peter Lorre

Humphrey Bogart, Mary Astor und Jerome Cowan

Zweimal bereits war der Detektivroman von Dashiell Hammett verfilmt worden: 1931 von Roy Del Ruth mit Bebe Daniels und Ricardo Cortez, 1936 von William Dieterle mit Bette Davis und Warren Williams unter dem Titel *Satan Met A Lady* (Satan traf eine Lady). Beide hatten die komplizierte Vorlage nicht in den Griff bekommen. John Huston, der bis dahin nur als Drehbuchautor gearbeitet hatte, gab hier sein Regiedebüt. Das war auch der Grund, warum George Raft die Rolle des Sam Spade abgelehnt hatte: Er wollte nicht mit einem unerfahrenen Regisseur zusammenarbeiten. Bogarts 42. Film, für nur 300000 Dollar hergestellt, wurde ein riesiger Erfolg und etablierte ihn als Star. In den folgenden 33 Filmen bekam Bogart immer »Top Billing«, wurde sein Name stets an erster Stelle genannt. Bis hin zu Roman Polanskis *Chinatown* (1974) ist Bogarts nuanciertes Porträt des einsamen Detektivs als Wolf unter Wölfen vorbildlich geblieben. Anders als später spielt er hier allerdings noch einen kalten, höhnischen, moralisch zwielichtigen Charakter, der sich einerseits an dem unsauberen Handel um den Falken beteiligt, andererseits aber dafür sorgt, daß alle Schuldigen bestraft werden. Der renommierte Kritiker James Agee nannte den *Malteserfalken* »das beste Privatdetektiv-Melodrama, das je gedreht wurde«.

Lee Patrick, Humphrey Bogart
und Mary Astor

1942

All Through The Night

(Die ganze Nacht hindurch)

Frank McHugh, Judith Anderson, Humphrey Bogart und Kaaren Verne

Regie Vincent Sherman. *Buch* Leonard Spigelgass und Edwin Gilbert, nach einer Originalgeschichte von Leonard Q. Ross (Leo Rosten) und Leonard Spigelgass. *Kamera* Sid Hickox. *Musik* Adolph Deutsch. *Schnitt* Rudi Fehr. *Regie-Assistenz* William Kissel. *Art Director* Max Parker. *Special Effects* Edwin B. DuPar. *Ton* Oliver S. Garretson. *Orchestrierung* Frank Perkins. *Song* »All Through The Night« von Johnny Mercer und Arthur Schwartz. *Darsteller* Humphrey Bogart (Gloves Donahue), Conrad Veidt (Hall Ebbing), Kaaren Verne (Leda Hamilton), Jane Darwell (Ma Donahue), Frank McHugh (Barney), Peter Lorre (Pepi), Judith Anderson (Madame), William Demarest (Sunshine), Jackie Gleason (Starchie), Phil Silvers (Kellner), Wallace Ford (Spats Hunter), Barton MacLane (Marty Callahan), Edward Brophy (Joe Denning), Martin Kosleck (Steindorff), Jean Ames (Annabelle), Ludwig Stossel (Mr. Miller), Irene Seidner (Mrs. Miller), James Burke (Forbes), Ben Welden (Smitty), Hans Schumm (Anton), Charles Cane (Spence), Frank Sully (Sage), Sam McDaniel (Deacon). *Produktion* Warner Bros./First National (Jerry Wald). *Länge* 107 Minuten.

Gloves Donahue, ein großkalibriger Broadway-Glücksspieler, macht sich auf die Suche nach dem Mörder von Mr. Miller, des Bäckers von Gloves' bevorzugtem Käsekuchen. In Leda Hamilton, einer Sängerin aus Marty Callahans Nachtklub, erkennt er die Frau, die er aus Millers Bäckerei hat kommen sehen. Martys Partner Joe Denning kommt auf myste-

James Burke, Humphrey Bogart, Kaaren Verne und Partner

Humphrey Bogart, William Demarest und Kaaren Verne

riöse Weise ums Leben, Leda und ihr Pianist Pepi verschwinden. Gloves findet Leda wieder in einem Auktionshaus, das von Hall Ebbing und seiner Assistentin Madame betrieben wird. Als Gloves anfängt, Fragen zu stellen, wird er k. o. geschlagen und in ein Lagerhaus gesperrt. Leda hilft ihm zu fliehen und erzählt ihm, daß seine Kidnapper Naziagenten sind, denen sie nur hilft, um ihren in Deutschland gefangenen Vater zu schützen. Als Gloves herausfindet, daß ihr Vater tot ist, erzählt ihm Leda, daß Pepi den Bäcker umgebracht hat, weil er den Nazis nicht helfen wollte, und auch Joe Denning getötet hat. Gloves und Leda gehen zusammen zur Polizei, die ihre Geschichte aber nicht glaubt und die beiden verhaftet. Gloves kann entkommen und trifft sich im Apartment seines Anwalts mit seinen Kumpeln. Sie werden von Martys Männern überrascht, die Gloves für Joes Mörder halten und Rache nehmen wollen. Gloves kann sie von seiner Unschuld überzeugen und führt die beiden Banden zu der Polizeiwache, wo Ebbing Leda gerade gegen Kaution freibekommen hat. Die Gangster folgen Ebbing zu seinem Versteck und zerstören das Nazi-Hauptquartier. Ebbing entflieht, um seinen lange vorbereiteten Plan auszuführen – ein Kriegsschiff im New Yorker Hafen in die Luft zu sprengen. Gloves verfolgt Ebbing, wird von ihm aber überwältigt und gezwungen, mit ihm in ein Motorboot zu steigen, das mit Dynamit vollgepackt ist. Gloves bringt das Boot vom Kurs ab und wird von Ebbing bei einem Handgemenge über Bord geworfen. Das Boot stößt mit einem Lastkahn zusammen und explodiert.

In dieser merkwürdigen Mischung aus Komödie, Gangsterdrama und Spionagethriller wird gleichzeitig das Genre des Gangsterfilms auf die Schippe genommen und eine – allerdings eher milde – Warnung vor den Nazis ausgesprochen. Bogarts neuer Status ist unter anderem daran zu erkennen, daß es in diesem Film keinen anderen Star gibt – und daran, daß der einstige Erzbösewicht jetzt als Vorkämpfer für die Demokratie auftritt. Anfangs allerdings nur zögernd: »Das sollen die Jungs in Washington regeln«, meint er. Als er später erfährt, daß die Faschisten bestimmen wollen, welche Zeitungen man lesen darf, entrüstet er sich: »Aber das ist doch gegen das Gesetz!« – *Monthly Film Bulletin* schrieb: »Bogart ist so gut wie immer . . . in diesem einigermaßen ordentlich produzierten und inszenierten Melodrama.«

Judith Anderson, Humphrey Bogart, Frank McHugh und Partner

1942

THE BIG SHOT

Der große Gangster

Irene Manning und Humphrey Bogart

Regie Lewis Seiler. *Buch* Bertram Millhauser, Abem Finkel und Daniel Fuchs. *Kamera* Sid Hickox. *Musik* Adolph Deutsch. *Schnitt* Jack Killifer. *Dialogregie* Harold Winston. *Regie-Assistenz* Art Lueker. *Art Director* John Hughes. *Kostüme* Milo Anderson. *Maske* Perc Westmore. *Ton* Stanley Jones. *Orchestrierung* Jerome Moross. *Darsteller* Humphrey Bogart (Duke Berne), Irene Manning (Lorna Fleming), Richard Travis (George Anderson), Susan Peters (Ruth Carter), Stanley Ridges (Martin Fleming), Minor Watson (Gefängnisdirektor Booth), Chick Chandler (Tänzer), Joseph Downing (Frenchy), Howard da Silva (Sandor), Murray Alper (Quinto), Roland Drew (Faye), John Ridgely (Tim), Joseph King (Toohey), John Hamilton (Richter), Virginia Brissac (Mrs. Booth), William Edmunds (Sarto), Virginia Sale (Mrs. Miggs), Ken Christy (Kat), Wallace Scott (Rusty). *Produktion* Warner Bros./First National (Walter MacEwen). *Länge* 82 Minuten.

Dreimal bereits hat der große Gangster Duke Berne gesessen. Eine vierte Verurteilung würde lebenslänglich bedeuten. Angestachelt durch seine früheren Freunde nimmt er dann aber doch an der Planung eines Raubüberfalls teil. Dabei erfährt er, daß die Bande von dem Staranwalt Martin Fleming geleitet wird, dessen Frau Lorna seine frühere Freundin ist, die ihn immer noch liebt. Lorna hält Duke mit Waffengewalt davon ab, an dem Überfall teilzunehmen. Dennoch identifiziert ihn ein verwirrter Zeuge. Als Fleming erfährt, daß Duke und seine Frau zusammen waren, stellt er vor Gericht George Anderson bloß, der Duke ein Alibi verschafft hatte. Duke und George werden verurteilt. Duke bricht aus dem Gefängnis aus, wobei er einen Wärter töten muß. In einem Versteck in den Bergen erleben Lorna und Duke eine kurze Idylle. Doch als Duke hört, daß George wegen des Wärter-Mordes zum Tode verurteilt worden ist, entschließt er sich dazu, sich zu stellen und George zu entlasten. Die Polizei aber ist auf einen Hinweis von Fleming hin bereits auf dem Weg. Lorna kommt bei der Verfolgungsjagd um, Duke kann entkommen. Er erschießt Fleming, wird aber von dem sterbenden Anwalt selber tödlich verwundet. Mit George an seiner Seite stirbt er im Krankenhaus.

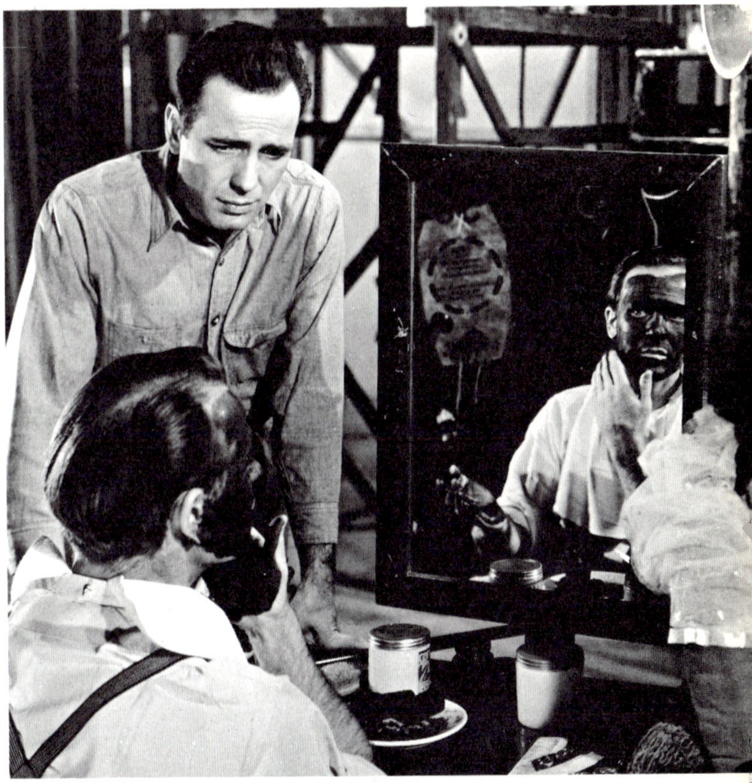

Humphrey Bogart und Chick Chandler

Irene Manning und Humphrey Bogart

»Ein abgeschmacktes Gefängnis-Melodram, das aussieht, wie eine Mischung aus übriggebliebenem Material von einem Dutzend früherer Bogart-Filme.« (Terence Pettigrew). In der Tat ist dieser Film in erster Linie ein gutes Beispiel für die unflexible und unfaire Besetzungspolitik, für die *Warner Brothers* berüchtigt war. Während es mit anderen Schauspielern deswegen oft Ärger gab und Studio-Boß Jack L. Warner sie dann sozusagen auf die Strafbank setzte (sie wurden ohne Bezahlung suspendiert), übernahm Bogart alle Rollen mit der ihm eigenen Gelassenheit. Sein Motto war einfach »Keep Working – Bleibe am Ball« – zu Recht, wie wir heute wissen.

1942

Across The Pacific

Abenteuer in Panama

Keye Luke, Humphrey Bogart und Mary Astor

Humphrey Bogart und Sydney Greenstreet

Regie John Huston. *Buch* Richard Macaulay, nach der Artikelserie *Aloha Means Good-Bye* (Aloha heißt Auf Wiedersehen) in der *Saturday Evening Post* von Robert Carson. *Kamera* Arthur Edeson. *Musik* Adolph Deutsch. *Schnitt* Frank Magee. *Dialogregie* Edward Blatt. *Regie-Assistenz* Lee Katz. *Art Directors* Robert Haas und Hugh Reticker. *Kostüme* Milo Anderson. *Maske* Perc Westmore. *Special Effects* Byron Haskin und Willard Van Enger. *Montage* Don Siegel. *Ton* Everett A. Brown. *Orchestrierung* Clifford Vaughan. *Darsteller* Humphrey Bogart (Rick Leland), Mary Astor (Alberth Marlow), Sydney Greenstreet (Dr. Lorenz), Charles Halton (A. V. Smith), Victor Sen Yung (Joe Totsuiko), Roland Got (Sugi), Lee Tung Foo (Sam Wing On), Frank Wilcox (Captain Morrison), Paul Stanton (Colonel Hart), Lester Mattews (Kanadischer Major), John Hamilton (Vorsitzender des Kriegsgerichts), Tom Stevenson (Großer, dünner Mann), Roland Drew (Captain Harkness), Monte Blue (Dan Morton), Chester Gan (Captain Higoto), Richard Loo (Erster Offizier Miyuma), Keye Luke (Angestellter im Schiffahrtsbüro), Kam Tong (T. Oki), Spencer Chan (Chefingenieur Mitsudo), Rudy Robles (Philippinischer Attentäter). *Produktion* Warner Bros./First National (Jerry Wald und Jack Saper). *Länge* 97 Minuten.

Unehrenhaft aus der Armee entlassen, versucht Rick Leland sich zur kanadischen Artillerie zu melden, wird aber abgewiesen. Er schifft sich ein auf der *Genoa Maru*, einem japanischen Schiff auf dem Weg nach Yokohama über New York und Panama. An

Humphrey Bogart, Mary Astor und Sydney Greenstreet

Rudy Robles, Richard Loo, Humphrey Bogart und Partner

Humphrey Bogart, Mary Astor, Lee Tung Foo,
Sydney Greenstreet und Partner

Mary Astor und Humphrey Bogart

Bord trifft er Alberta Marlow, die auf dem Weg nach Panama ist, und Dr. Lorenz, einen offenen Bewunderer der Japaner. Rick gibt Lorenz zu verstehen, daß er seine Dienste dem Meistbietenden verkaufen will. In New York besucht Rick das Hauptquartier des Armee-Nachrichtendienstes – er ist ein auf Lorenz angesetzter Geheimagent. Bei der Weiterfahrt läßt sich Rick von Lorenz Einzelheiten über die Verteidigungsanlagen des Panama-Kanals entlocken. Außerdem verliebt er sich in Alberta, die in Panama verschwindet. Rick findet sie wieder auf der Plantage von Dan Morton, wo er von Bewachern ergriffen wird. Er erfährt, daß Alberta und ihr Vater Morton von Lorenz gefangengehalten werden, der die Plantage als Stützpunkt für einen Bombenangriff auf den Kanal benutzt. Rick überwältigt seine Bewacher, bringt ein Maschinengewehr an sich und schießt den japanischen Bomber ab, als er gerade startet. Bei seiner Rückkehr zur Plantage findet er Lorenz bei den Vorbereitungen zum Harakiri. Der Doktor aber hat keine Nerven dafür und Rick nimmt ihn fest.

Regisseur John Huston wurde während der Dreharbeiten zum Kriegsdienst eingezogen. Dem Vernehmen nach hinterließ er ein ziemliches Durcheinander, das einige Drehbuchautoren und der Regisseur Vincent Donahue nur mit Mühe wieder in Ordnung bringen konnten. Im großen und ganzen war dieser Film der Versuch, den *Malteserfalken* im Spionagemilieu fortzusetzen. Mit Ausnahme von Peter Lorre treten hier dieselben Hauptdarsteller auf. Doch die konventionelle Spionen-Story war zu weit hergeholt und Bogarts Romanze mit Mary Astor zu oberflächlich angelegt, als daß der Film überzeugend hätte wirken können.

1943

CASABLANCA

Casablanca

Paul Henreid, Ingrid Bergman, Claude Rains und Humphrey Bogart

Regie Michael Curtiz. *Buch* Howard Koch, Julius J. und Philip G. Epstein, nach dem Theaterstück *Everybody Comes To Rick's* (Alle kommen zu Rick) von Murray Burnett und Joan Alison. *Kamera* Arthur Edeson. *Musik* Max Steiner. *Schnitt* Owen Marks. *Dialogregie* Hugh MacMullen. *Regie-Assistenz* Lee Katz. *Art Director* Carl Jules Weyl. *Bauten* George James Hopkins. *Kostüme* Orry-Kelly. *Maske* Perc Westmore. *Special Effects* Lawrence Butler und Willard Van Enger. *Montage* Don Siegel und James Leicester. *Ton* Francis J. Scheid. *Songs* »As Time Goes By« von Herman Hupfeld; »Knock On Wood« von M. K. Jerome und Jack Scholl. *Orchestrierung* Hugo Friedhofer. *Technische Beratung* Robert Aisner. *Erzählung* Lou Marcelle. *Darsteller* Humphrey Bogart (Rick), Ingrid Bergman (Ilsa), Paul Henreid (Victor Laszlo), Claude Reins (Captain Louis Renault), Conrad Veidt (Major Strasser), Sydney Greenstreet (Senor Farrari), Peter Lorre (Ugarte), S. Z. Sakall (Carl), Madeleine LeBeau (Yvonne), Dooley Wilson (Sam), Joy Page (Annina Brandel), John Qualen (Berger), Leonid Kinsky (Sascha), Helmut Dantine (Jan Brandel), Curt Bois (Taschendieb), Marcel Dalio (Croupier), Corinna Mura (Sängerin), Ludwig Stossel (Mr. Leuchtag), Ilka Gruning (Mrs. Leuchtag), Charles La Torre (Italienischer Offizier Tonelli), Frank Puglia (Arabischer Händler), Dan Seymour (Abdul). *Produktion* Warner Bros./First National (Hal B. Wallis). *Länge* 102 Minuten.

Dooley Wilson und Humphrey Bogart

Ingrid Bergman und Humphrey Bogart

Humphrey Bogart, Dooley Wilson und Partner

Nach der Niederlage Frankreichs versammeln sich Flüchtlinge aus dem Nazi-besetzten Europa in Casablanca, wo sie Visa nach Lissabon zu bekommen versuchen, um von dort aus nach Amerika zu gelangen. Bevorzugter Treffpunkt der Flüchtlinge ist *Rick's Café Americain,* das dem verschlossenen Amerikaner Richard Blain gehört. Er gelangt in den Besitz von zwei Transitbriefen, deren Überbringer kurz darauf ums Leben kommt. Ebenfalls in Casablanca ist der europäische Untergrundkämpfer Victor Laszlo mit seiner Frau Ilsa. In einer Rückblende erfährt man, daß sich Ilsa und Rick in Paris vor der Besetzung ineinander verliebt hatten, daß Ilsa Rick aber verlassen hatte. Jetzt bittet sie Rick um die Briefe, aber er weigert sich verbittert, ihr zu helfen. Sie droht, ihn zu erschießen, kann ihre Drohung aber nicht wahrmachen, weil sie ihn noch liebt. Sie gesteht, daß sie in Paris schon mit Laszlo verheiratet war, aber geglaubt hatte, er sei in einem deutschen Konzentrationslager umgekommen. Als sie erfahren habe, daß er noch lebe, habe sie Rick verlassen. Rick schlägt ihr vor, daß sie selber die Transitbriefe benutzen sollen. Er verspricht dem Polizeipräfekten Renault, Laszlo in eine Falle zu locken, wenn er und Ilsa Casablanca unbehelligt verlassen können. Renault ist einverstanden, wird aber von Rick hintergangen: Am Flughafen überzeugt Rick Ilsa davon, daß Laszlos Arbeit wichtiger ist, und Ilsa besteigt mit ihrem Mann das Flugzeug. Von Renault telefonisch benachrichtigt, trifft der deutsche Major Heinrich Strasser auf dem Flugplatz ein und versucht, das Flugzeug aufzuhalten. Rick erschießt ihn. Renault aber verhaftet Rick nicht, weil er durch sein Vorbild zum Patrioten geworden ist.

Peter Lorre, Humphrey Bogart und Partner

Ingrid Bergman und Humphrey Bogart

Dooley Wilson und Humphrey Bogart

Ingrid Bergman und Humphrey Bogart

Humphrey Bogart und Ingrid Bergman

Marcel Dalio, Humphrey Bogart und Partner

Humphrey Bogart und Sydney Greenstreet

Casablanca ist *der* Bogart-Film, das Kernstück des Kults. Die Rolle des romantischen Helden Rick machte Bogart weltberühmt. Die New Yorker Premiere fand 1942 am Thanksgiving Day statt, dem letzten Donnerstag im November – nur 18 Tage nach der Landung der Alliierten in Casablanca. Der allgemeine Start des Film am 23. Januar 1943 fiel mitten in die Konferenz von Casablanca, zu der sich die anglo-amerikanischen Staatsoberhäupter getroffen hatten. Nicht nur dadurch freilich erklärt sich der ungeheure Erfolg dieses Films, der für acht «Oscars« nominiert wurde und drei erhielt: für das beste Drehbuch, die beste Regie und als bester Film des Jahres 1943. »Hehre, überwirkliche Gefühle geben diesem Film einen Glanz, der jenseits aller Realität steht und nirgends so erhebend und mitteilend wirkt

Humphrey Bogart und Ingrid Bergman

Humphrey Bogart und Peter Lorre

Paul Henreid, Ingrid Bergman und Humphrey Bogart

Humphrey Bogart und Ingrid Bergman

wie im Kino. Alles in diesem Film ist so perfekt auf eine stilisierte, überhöhte Wirklichkeit – also auf eine Künstlichkeit – hin inszeniert, daß *Casablanca* heute zu den hervorragendsten Produkten von Hollywoods vielgeschmähter Traumfabrik zählt«, schrieb Hans Peter Kochenrath 1973 anläßlich der Ausstrahlung von *Casablanca* im deutschen Fernsehen. »Bogart spielt den rauhen, zynischen ›loner‹ (Einzelgänger) Rick, der sich schließlich doch als Patriot erweist und selbst seine große Liebe zu Ingrid Bergman der noch größeren Sache opfert. Die Dialoge zwischen den beiden gehören längst zur amerikanischen Folklore, ebenso wie Dooley Wilsons unendlich melancholisches Lied *As Time Goes By*«, schrieb Hans C. Blumenberg 1974 anläßlich der Kino-Wiederaufführung von *Casablanca* in der *Zeit*. Bogart-Kenner Pettigrew bemerkt: »Dieser wachsame Einzelgänger Rick«, der am Anfang des Films auf die Frage nach seiner Nationalität noch antwortet »Trinker«, der erklärt »I stick my neck out for nobody – Ich riskiere für niemanden meinen Kopf« und sich dann Lügen straft, »sieht die Welt den falschen Weg gehen und will keinen Anteil daran haben. Er ist sehr stark ein Mann unserer Zeit. Wir identifizieren uns heute mit diesem Zynismus, und je tiefer unser Trübsinn wird, umso mehr hegen wir ihn.« Man kann es auch so sagen wie ein 26jähriger Amerikaner, der gefragt wurde, warum er sich heute *Casablanca* ansieht: »Da fließen alle diese greifbaren Werte herum in dem Film. Er ist voll von einem Erbe, das wir verloren haben. Das Leben ist nicht mehr so.« Wobei man hinzufügen könnte, daß das Leben nie »so« war.

1943

ACTION IN THE NORTH ATLANTIC

(Kämpfe im Nord-Atlantik)

Humphrey Bogart und Kane Richmond

Regie Lloyd Bacon. *Buch* John Howard Lawson, nach dem gleichnamigen Roman von Guy Gilpatric, mit zusätzlichen Dialogen von A. I. Bezzerides und W. R. Burnett. *Kamera* Ted McCord. *Musik* Adolph Deutsch. *Schnitt* Thomas Pratt und George Amy. *Dialogregie* Harold Winston. *Regie-Assistenz* Reggie Callow. *Art Director* Ted Smith. *Bauten* Clarence I. Steensen. *Kostüme* Milo Anderson. *Maske* Perc Westmore. *Special Effects* Jack Cosgrove und Edwin B. DuPar. *Montage* Don Siegel und James Leicester. *Ton* C. A. Riggs. *Orchestrierung* Jerome Moross. *Darsteller* Humphrey Bogart (Joe Rossi), Raymond Massey (Captain Steve Jarvis), Alan Hale (Boats O'Hara), Julie Bishop (Pearl), Ruth Gordon (Mrs. Jarvis), Sam Levene (Chips Abrams), Dane Clark (Johnny Pulaski), Peter Whitney (Whitey Lara), Dick Hogan (Kadett Robert Parker), Minor Watson (Admiral Hartridge), J. M. Kerrigan (Caviar Jinks), Kane Richmond (Ensign Wright), William von Brincken (Deutscher U-Boot-Kapitän), Chick Chandler (Goldberg), George Offerman jun. (Cecil), Don Douglas (Lieutenant Commander), Art Foster (Pete Larson), Ray Montgomery (Aherne), Glenn Strange (Tex Mathews), Creighton Hale (Sparks), Elliott Sullivan (Hennessy), Alec Craig (McGonigle), Ludwig Stossel (Kapitän Ziemer), Dick Wessel (Cherub), Frank Puglia (Kapitän Carpolis), Iris Adrian (Jenny O'Hara), Irving Bacon (Barmann), James Flavin (Lieutenant Commander). *Produktion* Warner Bros./First National (Jerry Wald). *Länge* 127 Minuten.

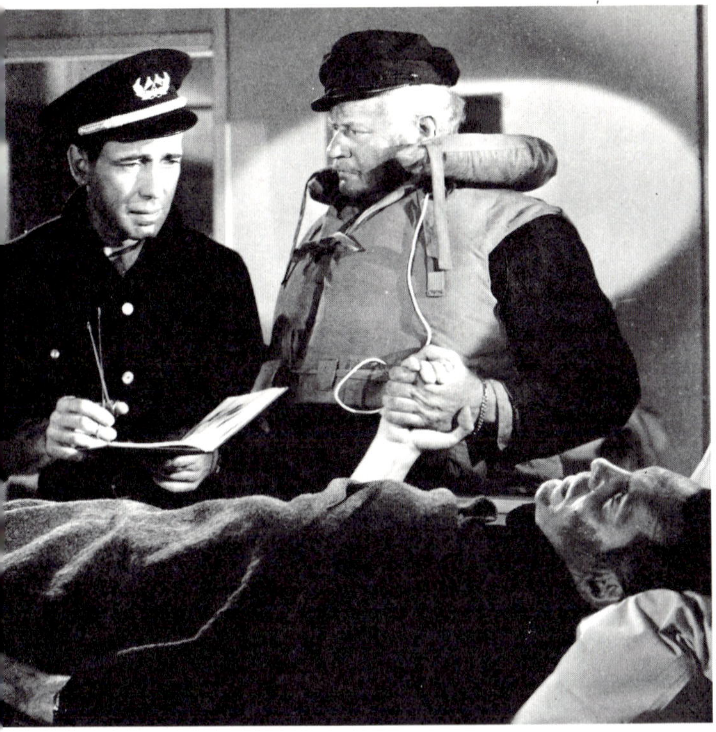

Humphrey Bogart, Alan Hale und Raymond Massey

Humphrey Bogart und Dane Clark

Ein amerikanischer Tanker wird versenkt von einem deutschen Unterseeboot, das dann auch noch das Rettungsboot rammt. Nach elf Tagen auf einem Floß werden die Überlebenden gerettet. Kapitän Jarvis besucht seine Frau, während sein Erster Offizier Joe Rossi die Sängerin Pearl trifft und sie heiratet. Abkommandiert auf das neue Schiff *Sea Witch,* übernimmt Kapitän Jarvis Rossi als Batterieoffizier. Ihr Schiff ist Teil eines Konvois mit dem Ziel Murmansk. Im Nordatlantik greifen deutsche U-Boote den Konvoi an, und die *Sea Witch* wird von den anderen Schiffen getrennt. Ein U-Boot jagt das Schiff, kann aber wegen dessen Bordwaffen nicht nahe genug herankommen. Während der Nacht entkommt die *Sea Witch* mit abgeschalteten Maschinen. Am folgenden Tag wird die *Sea Witch* von zwei feindlichen Flugzeugen angegriffen, die mehrere Seeleute töten und Jarvis verwunden, bevor sie abgeschossen werden. Rossi übernimmt das Kommando, aber die *Sea Witch* wird wieder von dem U-Boot entdeckt. Indem er ein Feuer an Bord vortäuscht, bringt Rossi das U-Boot dazu aufzutauchen und rammt es. Ein Geschwader russischer Flugzeuge erscheint und eskortiert die *Sea Witch* nach Murmansk.

Obwohl Bogart an erster Stelle genannt wird, spielt er als leichtlebiger Seemann Joe Rossi, der dann doch lernt, Verantwortung zu übernehmen, neben Raymond Massey nur eine untergeordnete

Humphrey Bogart, Julie Bishop
und Raymond Massey

Rolle. Terence Pettigrew beurteilt diesen Propagandafilm als »größeren Triumph für die Special-Effects-Abteilung der *Warner Brothers* ... als für die beiden Stars«. Die *Sunday Times* meinte: »Obwohl zu lang, bewegt sich der Film über dem üblichen Standard amerikanischer Kriegsfilme; er hat viele aufregende Passagen.« Autor John Howard Lawson, der auch das Drehbuch zu *Sahara* schrieb, wurde später als einer der »Hollywood Ten« angeklagt, kommunistische Propaganda auf die Leinwand gebracht zu haben.

1943

Thank Your Lucky Stars

(Dankt Euren Glückssternen)

Regie David Butler. *Buch* Norman Panama, Melvin Frank und James V. Kern, nach einer Originalgeschichte von Everett Freeman und Arthur Schwartz. *Kamera* Arthur Edeson. *Schnitt* Irene Morra. *Dialogregie* Herbert Farjean. *Regie-Assistenz* Phil Quinn. *Art Directors* Anton Grot und Leo K. Kuter. *Bauten* Walter F. Tilford. *Kostüme* Milo Anderson. *Maske* Perc Westmore. *Special Effects* H. F. Koenekamp. *Ton* Francis J. Scheid und Charles David Forrest. *Choreographie* Leroy Prinz. *Songs* Arthur Schwartz und Frank Loesser. *Orchester-Arrangements* Ray Heindorf. *Song-Arrangements* Dudley Chambers. *Musik-Adaption* Heinz Roemheld. *Orchestrierung* Maurice de Packh. *Darsteller* Humphrey Bogart, Eddie Cantor, Bette Davis, Olivia de Havilland, Errol Flynn, John Garfield, Ida Lupino, Ann Sheridan, Dinah Shore, Alexis Smith, Jack Carson, Alan Hale, George Tobias (jeweils als sie selbst), Eddie Cantor (Joe Simpson), Joan Leslie (Pat Dixon), Dennis Morgan (Tom Randolph), Edward Everett Horton (Farnsworth), S. Z. Sakall (Dr. Schlenna), Hattie McDaniel (Gossip), Ruth Donnelly (Schwester Hamilton), Don Wilson (Ansager), Willie Best (Soldat), Henry Armetta (Angelo), Joyce Reynolds (Mädchen mit Buch), Spike Jones and His City Slickers. *Produktion* Warner Bros./First National (Mark Hellinger). *Länge* 127 Minuten.

Humphrey Bogart und S. Z. Sakall

Matt McHugh, Humphrey Bogart und S. Z. Sakall

Farnsworth und Schlenna, die eine Wohltätigkeitsveranstaltung mit vielen Stars produzieren, müssen Eddie Cantor als Chef der Show akzeptieren, um seine Sängerin Dinah Shore zu bekommen. Bei der ersten Probe reißt Cantor alles an sich und wirft die ganzen Pläne der Produzenten über den Haufen. Der Sänger Tom Randolph soll in der Show mitwirken, entdeckt aber, daß ihm ein betrügerischer Agent einen gefälschten Vertrag verkauft hat. Genau dasselbe ist der Komponistin Pat Dixon passiert. Bei der Jagd nach dem Betrüger trifft Pat einen Busfahrer namens Joe Simpson, der gerne ins Showgeschäft einsteigen möchte, aber dort keinen Fuß fassen kann, weil er genauso aussieht wie Eddie Cantor. Joe nimmt Pat zu einer von Hollywood-Cowboys und -Indianern bewohnten Kolonie mit, wo sie Tom trifft. Die jungen Künstler hecken einen Plan aus, der ihnen selber eine Chance in der Show bringen und die Produzenten von dem lästigen Cantor befreien soll. Sie lassen drei »Indianer« Cantor kidnappen und zu ihrem »Stamm« entführen. Joe tritt

Auf einem getarnten Luftwaffenstützpunkt in England beobachten der Zeitungsreporter Manning und der Verbindungsoffizier Freycinet französische Bomberbesatzungen bei den Vorbereitungen zum Start. Mannings Aufmerksamkeit wird von einem Bordschützen namens Matrac erregt, und Freycinet erzählt ihm Matracs Geschichte: Ein französischer Journalist, der sich gegen den Pakt von München gewandt hat, wird Matrac auf Grund einer falschen Mordanklage verurteilt und auf der Teufelsinsel inhaftiert. Er und vier andere Sträflinge fliehen in einem Kanu und werden auf offener See von einem französischen Frachter aufgegriffen. Sie sind fest entschlossen, für Frankreich zu kämpfen. Als das Schiff Nachricht von Frankreichs Kapitulation erhält, versucht der Nazi-Sympathisant Major Duval das Kommando zu übernehmen und das Schiff an Vichy zu übergeben, doch die Sträflinge helfen dabei, die Meuterei zu unterdrücken. In England melden sich die Sträflinge zu einer Bomberstaffel des »Freien Frankreich«. Als Freycinet seine Erzählung beendet, kehren die Bomber von ihrem Angriff auf Frankreich zurück. Renaults Flugzeug hat Verspätung, weil er Erlaubnis hat, einen Umweg zu machen, damit Matrac einen Brief an seine Frau und an seinen Sohn, den er noch nie gesehen hat, abwerfen kann. Der Bomber landet schwer angeschlagen, Matrac ist tot.

Dieser eher verunglückte Propagandafilm, in dem wiederum unter der Regie von Curtiz vier Stars aus *Casablanca* auftraten, leidet zum einen unter seiner

Michele Morgan, Humphrey Bogart und Partnerin

Humphrey Bogart und Michele Morgan

George Tobias, Peter Lorre
und Humphrey Bogart

Peter Lorre, Helmut Dantine, Humphrey Bogart, George Tobias, Philip Dorn, Billy Roy; Offiziere: Konstantin Shane, Monte Blue, Victor Francen, Eduardo Cianelli und Partner

Vladimir Sokoloff, George Tobias, Peter Lorre, Humphrey Bogart, Helmut Dantine und Philip Dorn

komplizierten Struktur (mehrfach ineinander verschachtelte Rückblenden), und zum anderen daran, daß die von Bogart dargestellte Figur verwirrend und uneinheitlich ist. Einerseits ermordet Matrac ohne Zögern einen Mitgefangenen, der seinen Fluchtplan entdeckt, andererseits gibt er sich sehr moralisch und patriotisch. »Der Film ist als Huldigung an Frankreich gedacht, was aber nicht ganz funktioniert. Er verzettelt sich zu sehr, um die Aufmerksamkeit wachzuhalten ... Humphrey Bogart ist düster-eintönig als Matrac.« *(Monthly Film Bulletin)*

1944

Report From The Front

(Bericht von der Front)

Herstellung Red Cross Drive Committee of the Motion Picture Industry. *Verleih* National Schreen Service. *Länge* 3 Minuten.

Bogart traf in Begleitung seiner (dritten) Frau Mayo Methot am 11. Dezember 1943 in Nordafrika ein, um auf einer drei Monate langen Tournee amerikanische Truppen zu unterhalten. Die beiden besuchten Lager, Stützpunkte, Krankenhäuser und Kampfeinheiten, wobei sie eine kurze Varieté-Show darboten. Als Ergebnis dieser Tournee wurde *Report From The Front* in der Woche vom 23. bis 29. März 1944 im Rahmen der »Motion Picture Theatres Red Cross Week« gezeigt. Der Kurzfilm wurde den Kinos kostenlos zur Verfügung gestellt. Bogart erschien mit seiner Frau in Ausschnitten aus ihrer Show, erläuterte als Erzähler die gezeigten Kampfszenen und bat am Ende um Spenden für das Rote Kreuz, die nach dem Film in den Kinos gesammelt wurden.

1945

To Have And Have Not

Haben und Nichthaben

Regie Howard Hawks. *Buch* Jules Furthman und William Faulkner, nach dem gleichnamigen Roman von Ernest Hemingway. *Kamera* Sid Hickox. *Musik* Franz Waxman. *Schnitt* Christian Nyby. *Regie-Assistenz* Jack Sullivan. *Art Director* Charles Novi. *Bauten* Casey Roberts. *Kostüme* Milo Anderson. *Maske* Perc Westmore. *Special Effects* E. Roy Davidson und Rex Wimpy. *Ton* Oliver S. Garretson. *Orchestrierung* Leonid Raab. *Songs* »How Little We Know« von Hoagy Carmichael und Johnny Mercer; »Hong Kong Blues« von Hoagy Carmichael und Stanley Adams; »Am I Blue?« von Harry Akst und Grant Clarke. *Technische Beratung* Louis Comien. *Darsteller* Humphrey Bogart (Harry Morgan), Walter Brennan (Eddie), Lauren Bacall (Marie), Dolores Moran (Helene de Brusac), Hoagy Carmichael (Cricket), Walter Molnar (Paul de Brusac), Sheldon Leonard (Lieutenant Coyo), Marcel Dario (Gerard), Walter Sande (Johnson), Dan Seymour (Captain Renard), Aldo Nadi (Renards Leibwächter), Paul Marion (Beauclerc), Patricia Shay (Mrs. Beauclerc), Emmett Smith (Barmann), Sir Lancelot (Horatio). *Produktion* Warner Bros./First National (Howard Hawks). *Länge* 100 Minuten.

Lauren Bacall und Humphrey Bogart

Humphrey Bogart und Walter Brennan

Die Insel Martinique in den Tagen nach der Kapitulation Frankreichs: Harry Morgan, Besitzer eines kleinen Kabinenbootes, das er an Touristen vermietet, wird von dem Gaullisten Gerard, in dessen Hotel er wohnt, darum gebeten, einen französischen Untergrundkämpfer einzuschmuggeln. Morgan weigert sich, weil er mit Politik nichts zu tun haben will. Auf dem Weg von Trinidad in die Staaten trifft die junge Amerikanerin Marie im Hotel ein, und zwischen Morgan und ihr entwickelt sich ein heftiger Flirt. Weil er pleite ist, und um Marie ein Flugzeugticket kaufen zu können, holt Morgan zusammen mit dem Trinker Eddie, um den er sich kümmert, auf einer nahegelegenen, kleinen Insel den Untergrundkämpfer Brusac und dessen Frau ab. Bei der Begegnung mit einem Vichy-Patrouillenboot wird Brusac verwundet. Im Hotel findet Morgan Marie, die sich ent-

Walter Sande, Walter Brennan und Humphrey Bogart

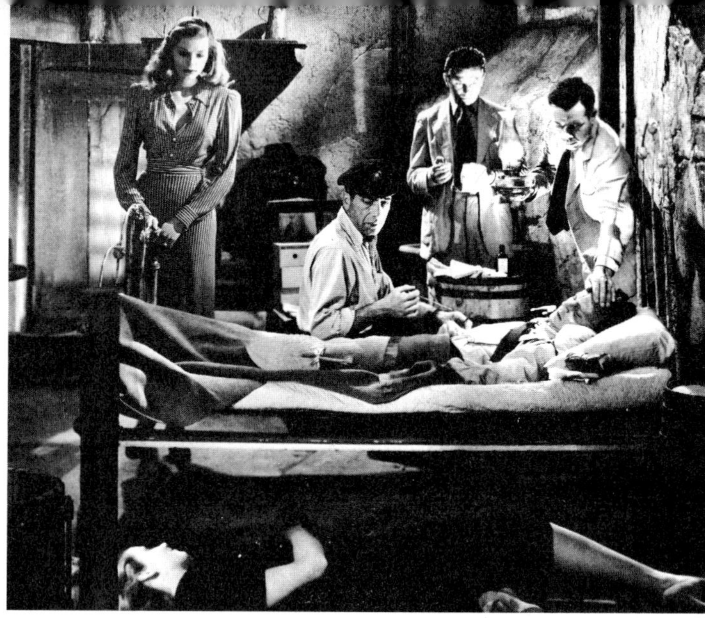

Lauren Bacall, Humphrey Bogart,
Marcel Dalio, Walter Molnar, Dolores Moran und Partner

Humphrey Bogart und Lauren Bacall

Walter Brennan, Dan Seymour und Humphrey Bogart

Eugene Borden und Humphrey Bogart

Humphrey Bogart, Dan Seymour und Louis Mercier

Humphrey Bogart, Lauren Bacall, Dan Seymour und Partner

Walter Sande, Humphrey Bogart und Lauren Bacall

schlossen hat zu bleiben. Weil er Ärger mit der Polizei erwartet, drängt er sie, ihre Sachen zu packen. Morgan bekommt Besuch von den Vichy-Polizisten Renard und Coyo, die Eddie festhalten; sie wissen, daß er plaudern wird, wenn er nichts zu trinken bekommt. Morgan erschießt Renards Leibwächter und zwingt Renard und Coyo, telefonisch für Eddies Freilassung zu sorgen. Nachdem er die Polizisten den Gaullisten übergeben hat, verläßt Morgan mit Marie und Eddie die Insel.

Bogarts romantischer Held Harry Morgan, der anfangs noch auf die Frage nach seinen Sympathien antwortet »Minding my own business – Mich um meine eigenen Angelegenheiten kümmern«, wandelt sich vom zynischen Beobachter zum aktiven Kämpfer – allerdings eher einer Frau wegen als aus politischen Motiven. Die erotischen Spannungen zwischen Bogart und Bacall, die sich während der Dreharbeiten kennen und lieben lernten, veranlaßten Regisseur Howard Hawks, das Drehbuch entsprechend zu ändern. Von der Hemingwayschen Vorlage war ohnehin nicht allzu viel übrig geblieben. »Das ganze Getue um diesen Film scheint sich auf das Debüt von Lauren Bacall, einer streng aussehenden Zänkerin, konzentriert zu haben ... Ein peinlicheres Porträt einer *femme fatale* habe ich nie gesehen ... Wie *Casablanca,* der hier bis zur letzten verzweifelten Zurschaustellung von Männlichkeit dupliziert wird, wird auch dieser Film zweifellos ein Vermögen einspielen.« Derart harsche kritische Worte der Filmzeitschrift *Sight and Sound* konnten die Bogart-Fans freilich nicht davon abhalten, *To Have And Have Not* in die Reihe ihrer Kultfilme aufzunehmen. Schließlich ging es hier (unter anderem) um »die Geburt einer der größten Liebesaffären des 20. Jahrhunderts«, wie Bogart-Biograf Pettigrew schreibt.

Lauren Bacall und Humphrey Bogart

Dolores Moran, Humphrey Bogart, Marcel Dalio, Lauren Bacall und Dan Seymour

1945

CONFLICT

Konflikt

Humphrey Bogart, Rose Hobart, Sydney Greenstreet, Charles Drake und Alexis Smith

Regie Curtis Bernhardt. *Buch* Arthur T. Horman und Dwight Taylor, nach einer Originalgeschichte von Robert Siodmak und Alfred Neumann. *Kamera* Merritt Gerstad. *Musik* Frederick Hollander. *Schnitt* David Weisbart. *Dialogregie* James Vincent. *Regie-Assistenz* Elmer Decker. *Art Director* Ted Smith. *Bauten* Clarence I. Steensen. *Kostüme* Milo Anderson. *Maske* Perc Westmore. *Ton* Oliver S. Garretson. *Orchestrierung* Jerome Moross. *Darsteller* Humphrey Bogart (Richard Mason), Alexis Smith (Evelyn Turner), Sydney Greenstreet (Dr. Mark Hamilton), Rose Hobart (Kathryn Mason), Charles Drake (Professor Norman Holdsworth), Grant Mitchell (Dr. Grant), Patrick O'Moore (Detective Lieutenant Egan), Ann Shoemaker (Nora Grant), Frank Wilcox (Robert Freston), Edwin Stanley (Phillips), James Flavin (Detective Lieutenant Workman), Mary Servoss (Mrs. Allman). *Produktion* Warner Bros./First National (William Jacobs). *Länge* 86 Minuten. *Alternativer deutscher Titel* Tatort Springfield.

Richard und Kathryn Mason, von denen ihre Freunde glauben, sie seien glücklich verheiratet, streiten sich am Abend ihres fünften Hochzeitstages. Mason gesteht, daß er Kathryns jüngere Schwester Evelyn liebt, aber Kathryn will ihn nicht freigeben. Eines Abends wird Mason bei einem Autounfall am

Knie verletzt und spielt den Invaliden, obwohl er in Wirklichkeit gehen kann. Als Kathryn zur Erholung in die Berge fährt, folgt er ihr, tötet sie, und schiebt ihren Wagen über eine Klippe. Ungesehen kehrt er nach Hause zurück. Eine Serie merkwürdiger Umstände aber läßt ihn an ihrem Tod zweifeln: Morgan riecht Kathryns Parfüm, sieht Juwelen, die sie trug, als sie starb, und findet einen Briefumschlag mit ihrer Handschrift. Evelyn weist derweil seine Annäherungsversuche zurück. Nachdem er glaubt, Kathryn auf der Straße gesehen zu haben, kehrt er an den Ort des Verbrechens zurück. Dort warten bereits die Polizei und der Psychiater Dr. Hamilton auf ihn, der das Ganze inszeniert hat. Kathryn hatte Hamilton kurz vor ihrem Tod besucht, und er hatte ihr eine Rose gegeben, von der Morgan behauptete, sie habe sie schon vorher bei sich gehabt.

Conflict war bereits 1943 gedreht worden, noch vor *Passage To Marseille,* wurde aber erst zwischen den Bogart-Bacall-Filmen *To Have And Have Not* und *The Big Sleep* herausgebracht. Bogart hatte nun oft genug gezeigt, daß er töten konnte. Er hatte auch gezeigt, daß er lieben konnte. Hier tötet er aus Liebe – und genau das funktioniert nicht. Als Gattenmörder ist der »Bogartian Man«, der Bogartsche Typ, wenig glaubhaft, obwohl er zwei Jahre später schon wieder eine ähnliche Rolle spielen muß in *The Two Mrs. Carrolls. Time Magazine* schrieb über *Conflict*: »Bogart spielt den unglücklichen Mörder mit seiner üblichen Meisterschaft ... Der Film ist zu geziert, um von echtem, psychologischem Interesse zu sein, und zu langsam, um wirklich aufregend zu sein.«

Alexis Smith und Humphrey Bogart

1945

Hollywood Victory Caravan

(Hollywoods Siegeswagen)

Regie William Russell. *Buch* Melville Shavelson. *Song* »We've Got Another Bond To Buy« von Jimmy McHugh und Harold Adamson. *Darsteller* Robert Benchley, Humphrey Bogart, Joe Carioca, Carmen Cavallero und sein Orchester, Bing Crosby, William Demarest, Dona Drake, Bob Hope, Betty Hutton, Alan Ladd, Diana Lynn, Noreen Nash, Franklin Pangborn, Olga San Juan, Barbara Stanwyck, Charles Victor, Marjorie Weaver, Virginia Welles, der U. S. Maritime Service Training Station Chor. *Produktion* Paramount Pictures für das War Activities Committee und das Treasury Department (Louis Harris). *Oberleitung* Bernard Luber. *Länge* 20 Minuten.

Die Handlung dieser Produktion für das War Activies Committee mit der Nummer 136 handelt von den Abenteuern der Schwester eines Kriegshelden beim Versuch, ihn in Washington zu treffen. Dabei begegnet sie einer Waggonladung von Filmstars, die zu einer Versammlung nach Washington reisen. Bogart preist Siegesanleihen (Victory Loan Bonds) an.

1946

Two Guys From Milwaukee

(Zwei Typen aus Milwaukee)

Regie David Butler. *Buch* Charles Hoffman und I. A. L. Diamond. *Kamera* Arthur Edeson. *Musik* Frederick Hollander. *Schnitt* Irene Morra. *Dialogregie* Felix Jacoves. *Regie-Assistenz* Jesse Hibbs. *Art Director* Leo K. Kuter. *Bauten* Jack McConaghy. *Kostüme* Leah Rhodes. *Maske* Perc Westmore. *Special Effects* Harry Barndollar und Edwin B. DuPar. *Montage* James Leicester. *Ton* Stanley Jones. *Orchestrierung* Leonid Raab. *Song* »And Her Tears Flowed Like Wine« von Charles Lawrence, Joe Greene und Stan Kenton. *Darsteller* Dennis Morgan (Prinz Henry), Jack Carson (Buzz Williams), Joan Leslie (Connie Reed), Janis Paige (Polly), S. Z. Sakall (Graf Oswald), Patti Brady (Peggy), Tom D'Andrea (Happy), Rosemary De Camp (Nan), John Ridgely (Mike Collins), Pat McVey (Johnson), Franklin Pangborn (Theatermanager), Francis Pierlot (Dr. Bauer), Lauren Bacall (Sie selbst), Humphrey Bogart (Er selbst). *Produktion* Warner Bros./First National (Alex Gottlieb). *Länge* 90 Minuten.

Henry, ein Balkan-Prinz zu Besuch in den Vereinigten Staaten, verbirgt bei einem offiziellen Empfang in New York seine wahre Identität und geht auf eigene Faust los, um das »wirkliche« Amerika zu sehen. Zwei Wünsche treiben ihn – Lauren Bacall, der Frau seiner Träume, zu begegnen, und den »Mann von der Straße« zu treffen. Er freundet sich an mit dem ersten »gewöhnlichen« Mann, den er trifft – einem Taxifahrer namens Buzz Williams. Prinz Henry bleiben nur noch zwei Tage, bevor er eine Rundfunkrede an seine Untertanen halten muß, die zu einer Volksabstimmung aufgerufen sind. In dieser Zeit läßt ihm Buzz eine liberale Schulung in Sachen Amerika und amerikanischer Lebensart angedeihen. Die Polizei macht Prinz Henry ausfindig und bringt ihn rechtzeitig für seine Radiobotschaft ins Studio. Als Henry und Buzz gerade die Vorteile einer Demokratie gegenüber einer Monarchie diskutieren, wird versehentlich das Mikrofon eingeschaltet. Buzzs Plädoyer für die Demokratie wird von Prinz Henrys Untertanen mitgehört, die daraufhin für eine Republik stimmen und den Prinz um seinen Job bringen. Henry nimmt eine Arbeit als Vertreter für eine Brauerei an und besteigt ein Flugzeug nach Milwaukee. Er setzt sich neben eine attraktive junge Dame, die sich zu seinem großen Erstaunen als seine Traumfrau Lauren Bacall entpuppt. Henrys Hochgefühl nimmt ein schnelles Ende, als ihm ein grimmig blickender Humphrey Bogart auf die Schulter klopft und seinen Sitz beansprucht.

1946

THE BIG SLEEP

Tote schlafen fest

Lauren Bacall und Humphrey Bogart

Regie Howard Hawks. *Buch* William Faulkner, Leigh Brackett und Jules Furthman, nach dem gleichnamigen Roman von Raymond Chandler. *Kamera* Sid Hickox. *Musik* Max Steiner. *Schnitt* Christian Nyby. *Regie-Assistenz* Robert Vreeland. *Art Director* Carl Jules Weyl. *Bauten* Fred M. MacLean. *Kostüme* Leah Rhodes. *Special Effects* E. Roy Davidson, Warren E. Lynch, William McGann, Robert Burks und Willard Van Enger. *Ton* Robert B. Lee. *Orchestrierung* Simon Bucharoff. *Darsteller* Humphrey Bogart (Philip Marlowe), Lauren Bacall (Vivian Rutledge), John Ridgely (Eddie Mars), Martha Vickers (Carmen Sternwood), Dorothy Malone (Buchhandlungs-Besitzerin), Peggy Knudsen (Mrs. Eddie Mars), Regis Toomey (Bernie Ohls), Charles Waldron (General Sternwood), Charles D. Brown (Norris), Bob Steele (Canino), Elisha Cook jr. (Harry Jones), Louis Jean Heydt (Joe Brody), Sonia Darrin (Agnes), James Flavin (Captain Cronjager), Thomas Jackson (District Attorney Wilde), Dan Wallace (Carol Lundgren), Theodore von Eltz (Arthur Gwynn Geiger), Joy Barlowe (Taxifahrer), Tom Fadden (Sidney), Ben Welden (Pete), Trevor Bardette (Art Huck), Joseph Crehan (Arzt). *Produktion* Warner Bros./First National (Howard Hawks). *Länge* 114 Minuten.

Privatdetektiv Philip Marlowe bekommt von General Sternwood den Auftrag, ihm den Erpresser Arthur Gwynn Geiger vom Hals zu schaffen. Geiger treibt Unfug mit Nacktfotos von Sternwoods nymphomanischer Tochter Carmen. Noch ehe Marlowe etwas unternehmen kann, wird Geiger von Sternwoods Chauffeur ermordet. Auf der Spur der fatalen Fotos findet Marlowe zu Joe Brody, dem Freund von Geigers Angestellter Agnes. Brody versucht, die Fotos an Carmens Schwester Vivian zu verkaufen, wird aber von Geigers Freund Carol Lundgren erschossen, der Brody fälschlich für Geigers Mörder hält. Marlowe fängt Lundgren und übergibt ihn der Polizei. Während Vivian ihn zu überreden versucht, den Fall fallenzulassen, interessiert sich Marlowe für den Spieler Eddie Mars. Er erfährt, daß Mars' Frau angeblich mit einem früheren Freund von General Sternwood durchgebrannt ist. Agnes' neuer Freund Harry Jones bietet Marlowe an, ihn zu Mrs. Mars zu bringen, wird aber von Eddies Revolvermann Canino getötet. Daraufhin schickt Agnes Marlowe zu einer Garage, in der er von Canino überwältigt wird, der sich dort mit Mrs. Mars versteckt hat. Vivian, die ebenfalls dort ist, befreit Marlowe in Caninos Abwesenheit. Als Canino zurückkehrt, erschießt ihn Marlowe. Vivian mit sich nehmend, verabredet sich Marlowe mit Eddie in Geigers Villa. Eddie postiert seine Männer draußen vor dem Haus, bevor er entdeckt, daß Marlowe drinnen bereits auf ihn wartet. Marlowe entlarvt Eddie als den Drahtzieher der ganzen Geschichte. Eddie gibt alles zu, weil er weiß, daß Marlowe keine Beweise hat und daß ihn seine Männer erschießen werden, sobald er das Haus verläßt. Das weiß auch Marlowe. Er zwingt Eddie mit gezogener Pistole herauszugehen, wo Eddie von seinen eigenen Leuten mit Maschinenpistolen niedergemäht wird. Marlowe ruft die Polizei und wartet mit Vivian auf ihre Ankunft.

Humphrey Bogart und Martha Vickers

Trevor Bardette, Humphrey Bogart
und Bob Steele

Lauren Bacall, Bob Steele und
Humphrey Bogart

Lauren Bacall und Humphrey Bogart

Humphrey Bogart, Lauren Bacall, Sonia Darrin
und Louis Jean Heydt

Humphrey Bogart, Lauren Bacall und Martha Vickers

Humphrey Bogart und Bob Steele

The Big Sleep ist bis heute die beste Verfilmung eines Chandler-Stoffes geblieben. Für Chandler selbst war Bogart der ideale Philip Marlowe. »Wenn Sie sich *The Big Sleep* ansehen«, schrieb er einmal an Hamish Hamilton, »dann wird Ihnen klarwerden, was ein Regisseur mit Sinn für Atmosphäre und einem Gefühl für unterschwelligen Sadismus aus so einer Geschichte machen kann. Bogart ist zweifellos allen anderen harten Mackern des Films überlegen. Wie man bei uns so sagt: Bogart braucht keinen Revolver, um Härte zu zeigen. Obendrein besitzt er diese Art von Humor mit dem Unterton grinsender Verachtung.« Regisseur Howard Hawks hat stets behauptet, zuletzt noch kurz vor seinem Tod, im Gespräch mit Hans C. Blumenberg, sowohl während als auch nach den Dreharbeiten habe nie jemand die Story des Films so ganz begriffen. In der Tat nimmt sich *Der Malteserfalke* daneben vergleichsweise einfach aus. Dem riesigen Erfolg von *The Big Sleep*, der mit seinen rasiermesserscharfen Dialogen und seiner düster-melancholisch-pessimistischen Stimmung mit zu den besten »schwarzen« Filmen Hollywoods zählt, hat dies freilich nie Abbruch getan. Und Bogart blieb bis heute der beste Philip Marlowe, den es je gab, obwohl sich nach ihm eine ganze Reihe von Schauspielern an dieser Rolle versucht haben, unter anderem Dick Powell, James Garner, Elliot Gould und Robert Mitchum.

Charles D. Brown, Humphrey Bogart und Charles Waldron

Dorothy Malone und Humphrey Bogart

Lauren Bacall, Paul Webber und Humphrey Bogart

James Flavin, Regis Toomey, Humphrey Bogart und Thomas Jackson

1947
DEAD RECKONING
Späte Sühne

Morris Carnovsky, Humphrey Bogart und Marvin Miller

Regie John Cromwell. *Buch* Oliver H. P. Garrett und Steve Fisher, adaptiert von Allen Rivkin nach einer Originalgeschichte von Gerald Adams und Sidney Biddell. *Kamera* Leo Tover. *Musik* Marlin Skiles. *Regie-Assistenz* Seymour Friedman. *Art Directors* Stephen Goosson und Rudolph Sternad. *Bauten* Louis Diage. *Kostüme* Jean Louis. *Maske* Clay Campbell. *Frisuren* Helen Hunt. *Ton* Jack Goodrich. *Song* »Either It's Love Or It Isn't« von Allan Roberts und Doris Fisher. *Musikalische Leitung* Morris Stoloff. *Darsteller* Humphrey Bogart (Rip Murdock), Lizabeth Scott (Carol Chandler), Morris Carnovsky (Martinelli), Charles Cane (Lieutenant Kincaid), William Prince (Johnny Drake), Marvin Miller (Krause), Wallace Ford (McGee), James Bell (Pater Logan), George Chandler (Louis Ord), William Forrest (Lieutenant Colonel Simpson), Ruby Dandridge (Hyacinth). *Produktion* Columbia (Sidney Biddell). *Länge* 100 Minuten.

Die beiden ehemaligen Fallschirmjäger Rip Murdock und Johnny Drake befinden sich auf einer Reise nach Washington, als Johnny verschwindet und später ermordet aufgefunden wird. Bei seinen Nachforschungen trifft Rip in Martinellis Nachtclub Carol Chandler, deren Ehemann Johnny aus Liebe zu ihr ermordet haben soll. Rip verliebt sich in Carol. Als ein früherer Zeuge ermordet wird, verdächtigt Rip Martinelli und durchsucht dessen Safe nach Beweisen. Er wird entdeckt und von Martinellis sadistischem Handlanger Krause zusammengeschlagen, kann aber entkommen. Rip beschuldigt Carol, ihren Ehemann getötet zu haben. Carol gesteht, behauptet aber, in Notwehr gehandelt zu haben. Während Johnny darauf bestanden habe, die Schuld auf sich zu nehmen, habe sie sich Martinelli anvertraut, der sie jetzt erpresse. Rip, der sie immer noch liebt und ihr

Humphrey Bogart und Lizabeth Scott

Lizabeth Scott und Humphrey Bogart

Marvin Miller, Humphrey Bogart, Lizabeth Scott
und Morris Carnovsky

glaubt, zwingt Martinelli, die Mordwaffe herauszugeben. Als Martinelli zu fliehen versucht, erschießt ihn Carol. Rip hat gemerkt, daß Carol in Wirklichkeit ihn töten wollte, und will sie der Polizei ausliefern. Carol verlangt die Mordwaffe und schießt auf Rip, als er sich weigert. Dadurch verunglücken sie mit ihrem Auto. Rip überlebt; Carol aber, die wie ein verschrecktes Kind seine Hand hält, stirbt im Krankenhaus an ihren Verletzungen.

Bogart, der diesmal als Gegenleistung für frühere Gefälligkeiten von Jack L. Warner an *Columbia*-Chef Harry Cohn ausgeliehen wurde, hatte vertraglich das Recht, bei der Wahl des Regisseurs mitzureden. Er entschied sich für John Cromwell, den er aus seiner Broadway-Zeit kannte. Die weibliche Hauptrolle sollte *Columbia*-Star Rita Hayworth spielen. Weil Cohn sich vertraglich nicht mit ihr einigen konnte, lieh er sich Lizabeth Scott von *Paramount* aus. Die Kritik lehnte den billig und schnell produzierten Film, der in Stil und Story den *Malteserfalken* zu imitieren versucht, vor allem deswegen ab, weil das Team Bogart-Scott nicht »funktioniere«. In der Tat ist Lizabeth Scott im Vergleich zu Mary Astor die weitaus schlechtere Schauspielerin. *Time Magazine* lobte immerhin »den enorm befähigten Mr. Bogart, der ein Ferngespräch vor Spannung knistern lassen kann«.

Lizabeth Scott und Humphrey Bogart

1947
THE TWO MRS. CARROLLS
Die zwei Mrs. Carrolls

Barbara Stanwyck und Humphrey Bogart

Regie Peter Godfrey. *Buch* Thomas Job, nach dem gleichnamigen Theaterstück von Martin Vale. *Kamera* Peverell Marley. *Musik* Franz Waxmann. *Schnitt* Frederick Richards. *Regie-Assistenz* Claude Archer. *Art Director* Anton Grot. *Bauten* Budd Friend. *Kostüme* Edith Head und Milo Anderson. *Maske* Perc Westmore. *Special Effects* Roberts Burks. *Ton* C. A. Riggs. *Orchestrierung* Leonid Raab. *Darsteller* Humphrey Bogart (Geoffrey Carroll), Barbara Stanwyck (Sally Carroll), Alexis Smith (Cecily Latham), Nigel Bruce (Dr. Tuttle), Isobel Elson (Mrs. Latham), Patrick O'Moore (Charles Pennington), Ann Carter (Beatrice Carroll), Anita Bolster (Christine), Barry Bernard (Mr. Blagdon), Colin Campbell (MacGregor), Peter Godfrey (Tipgeber beim Pferderennen). *Produktion* Warner Bros./First National (Mark Hellinger). *Länge* 99 Minuten.

Der in London lebende amerikanische Künstler Geoffrey Carroll malt ein Porträt seiner Frau als »Todesengel«. Nachdem sie als Modell nicht mehr gebraucht wird, ermordet er sie langsam mit vergifteter Milch. Mit seiner zweiten Frau Sally und seiner kleinen Tochter Beatrice zieht Geoffrey aufs Land und beginnt, Sallys Porträt zu malen. Inspiration für ein drittes Porträt findet er, als er sich in die Nachbarin Cecily Latham verliebt. Er fängt an, Sally langsam zu vergiften. Sallys Verdacht wird durch Erzählungen der kleinen Beatrice über die erste Mrs. Carroll erweckt. Ihre Angst nimmt zu, als sie in Geoffreys Studio ihr eigenes Porträt als »Todesengel« entdeckt. Geoffrey ermordet den Drogisten Blagdon, der ihn erpreßt. Er teilt Cecily mit, daß er bereit

Barbara Stanwyck und Humphrey Bogart

Humphrey Bogart und Alexis Smith

Humphrey Bogart und Barbara Stanwyck

sei, mit ihr wegzugehen, und schickt Beatrice nach London in die Schule. Er unternimmt einen letzten Versuch, Sally mit vergifteter Milch umzubringen, aber es gelingt ihr, die Milch aus dem Fenster zu schütten. Als Geoffrey dies bemerkt, bricht er in ihr Zimmer ein und versucht, sie zu erwürgen. Sally hält ihn mit einer Pistole in Schach und telefoniert um Hilfe. Die Polizei trifft ein und nimmt Geoffrey fest.

Der Film entstand unmittelbar nach *The Big Sleep*, wurde aber fast zwei Jahre lang im Regal liegen gelassen – wahrscheinlich, weil Bogart genau wie in dem kurz vorher gedrehten *Conflict* wegen Alexis Smith zum Ehefrauenmörder wird. Was das erste Mal schon nicht sonderlich gut funktioniert hatte, ging beim zweiten Mal erst recht schief. »Bogart scheint sich unwohl zu fühlen«, schrieb dann auch *Time Magazine*, »Gewalt und Mord sind zwar alte Hüte für ihn, aber Wahnsinn und Malpinsel liegen nicht ganz auf seiner Linie.« Die Londoner *Times* war ähnlicher Ansicht: »Die Charaktere, die Mr. Humphrey Bogart normalerweise spielt, fühlen sich wohler dabei, Mädchen herumzuboxen als sie zu vergiften und dazwischen über Kunst zu reden.« Hans C. Blumenberg hält *The Two Mrs. Carrolls* schlicht für »einen der schlechtesten Filme seiner Karriere«.

Ann Carter und Humphrey Bogart

Patrick O'Moore, Barbara Stanwyck, Humphrey Bogart und Nigel Bruce

1947
Dark Passage
Die schwarze Natter

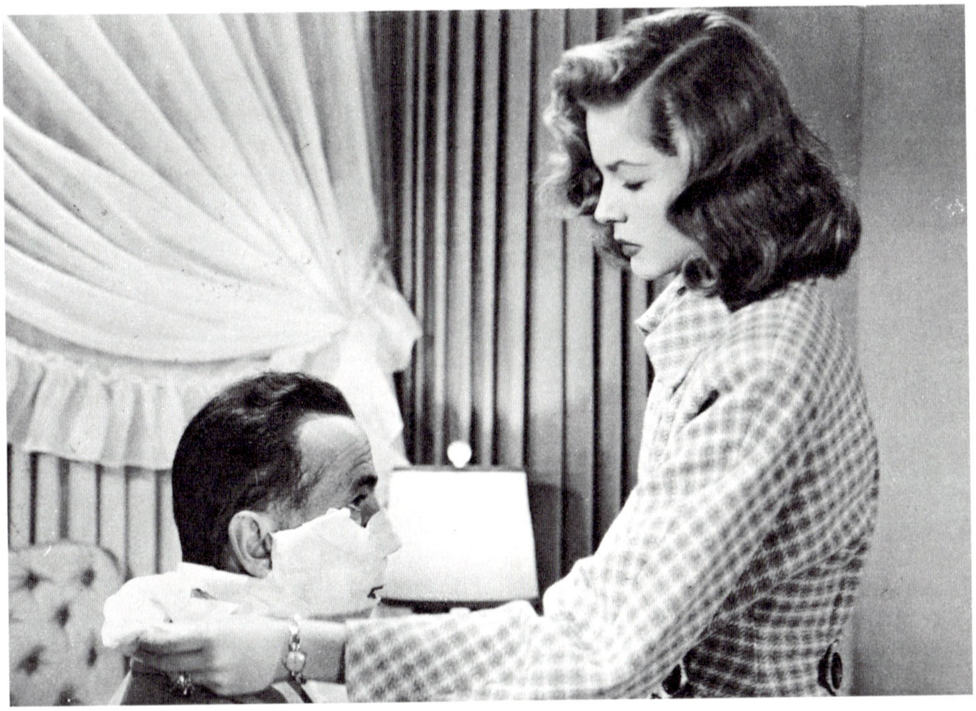

Humphrey Bogart und Lauren Bacall

Regie Delmer Daves. *Buch* Delmer Daves, nach dem gleichnamigen Roman von David Goodis. *Kamera* Sid Hickox. *Musik* Franz Waxman. *Schnitt* David Weisbart. *Regie-Assistenz* Dick Mayberry. *Art Director* Charles H. Clarke. *Bauten* William Kuehl. *Kostüme* Bernard Newman. *Maske* Perc Westmore. *Special Effects* H. F. Koenekamp. *Ton* Dolph Thomas. *Orchestrierung* Leonid Raab. *Darsteller* Humphrey Bogart (Vincent Parry), Lauren Bacall (Irene Jansen), Bruce Bennett (Bob Rapf), Agnes Moorehead (Madge Rapf), Tom D'Andrea (Sam), Clifton Young (Baker), Douglas Kennedy (Detective), Rory Mallinson (George Fellsinger), Houseley Stevenson (Dr. Walter Coley). *Produktion* Warner Bros./First National (Jerry Wald). *Länge* 106 Minuten. *Alternativer deutscher Titel* Das unbekannte Gesicht.

Bei seiner Flucht aus dem Zuchthaus San Quentin wird der wegen Totschlags an seiner Frau verurteilte Vincent Parry von Irene Jansen aufgegriffen, die seinen Fall kennt und an seine Unschuld glaubt. Sie schmuggelt ihn durch eine Polizeisperre und versteckt ihn in ihrem Apartment. Dort wird er beinahe entdeckt, als Irenes Verehrer Bob Rapf und dessen verschrobene Frau Madge auftauchen, die eine Freundin von Parrys Frau war und deren Zeugenaussage Parry hinter Gitter gebracht hat. Von einem plastischen Chirurgen läßt Parry sein Aussehen verändern. Nach der Operation entdeckt er, daß sein Freund George Fellsinger, den er um Hilfe gebeten hatte, ermordet worden ist. Parry bleibt bei Irene, bis sein Gesicht verheilt ist. Dann macht er sich auf, die

Lauren Bacall und Humphrey Bogart

Mörder seiner Frau und seines Freundes zu finden. In einem billigen Hotelzimmer wird er von dem kleinen Ganoven Baker entdeckt, der ihn zu erpressen versucht. Bei einem Kampf tötet er Baker unbeabsichtigt, bekommt von Baker aber vorher noch einen Hinweis auf Madge Rapf. Parry sucht sie in ihrem Apartment auf und beschuldigt sie, sowohl seine Frau als auch seinen Freund getötet zu haben. Madge gesteht, stürzt aber versehentlich aus einem Fenster und stirbt. Jeder Hoffnung beraubt, seine Unschuld beweisen zu können, bittet Parry Irene, mit ihm zusammen das Land zu verlassen. Sie treffen sich in Südamerika wieder und beginnen ein neues Leben.

Bogarts dritter Film mit Ehefrau Lauren Bacall ist durch den Wirbel, der um *To Have And Have Not* und *The Big Sleep* gemacht wurde, oft übersehen worden. Zu Unrecht: Denn dieser düstere und doch romantische Thriller zeigt die reifeste Beziehung zwischen den beiden. Bogart/Parry, der hier stets auf die Hilfe anderer angewiesen ist, investiert eine Menge Vertrauen in Lauren/Irene und schafft damit einen Ausgleich für ihr Bedürfnis, in ihm eine Art Ersatzvater zu sehen (Irenes Vater starb im Gefängnis, nachdem er genau wie Parry wegen Totschlags an seiner Frau verurteilt worden war). Als nachteilig empfanden es allerdings manche Kritiker, daß nahezu die Hälfte des Films verstreicht, ehe man Bogart mit seinem neuen/alten Gesicht zu sehen bekommt.

Douglas Kennedy und Humphrey Bogart

Humphrey Bogart und Agnes Moorehead

1948

Always Together

(Immer zusammen)

Regie Frederick de Cordova. *Buch* Phoebe Ephron, Henry Ephron und I. A. L. Diamond. *Kamera* Carl Guthrie. *Musik* Werner Heymann. *Schnitt* Folmer Blangsted. *Dialogregie* John Maxwell. *Regie-Assistenz* James McMahon. *Art Director* Leo K. Kuter. *Bauten* Jack McConaghy. *Kostüme* Travilla. *Maske* Perc Westmore. *Special Effects* William McGann und Edwin B. DuPar. *Montage* James Leicester. *Ton* C. A. Riggs. *Orchestrierung* Leonid Raab. *Darsteller* Robert Hutton (Donn Masters), Joyce Reynolds (Jane Barker), Cecil Kellaway (Jonathan Turner), Ernest Truex (Mr. Bull), Don McGuire (McIntyre), Ransom Sherman (Richter), Douglas Kennedy (Doberman). *Produktion* Warner Bros./First National (Alex Gottlieb). *Länge* 78 Minuten.

Auf seinem (vermeintlichen) Sterbebett vermacht der Multimillionär Jonathan Turner seiner jungen Sekretärin Jane Barker eine Million Dollar. Jane, eine fanatische Filmsüchtige, die glaubt, das Leben sei genauso wie im Kino, ist mit dem aufstrebenden jungen Schriftsteller Donn Masters verlobt. Nachdem sie in Filmen gesehen hat, was reichen Mädchen passiert, die arme, aber ehrenwerte junge Männer zu halten versuchen, heiratet sie Donn, ohne ihm von dem Vermächtnis zu erzählen. Turner erholt sich jedoch und verlangt sein Geld zurück. Er schleicht sich ein in das Leben des jungen Paares und versucht, Jane zu überzeugen, daß Geld nicht alles bedeutet. Donn aber erfährt von dem Geschenk und ist hocherfreut von der Aussicht, durch diesen unerwarteten Glücksfall gut leben zu können. Als Jane merkt, daß ihr Ehemann nicht ganz dem Filmhelden entspricht, den sie sich vorgestellt hat, geht sie nach Reno, um sich scheiden zu lassen. Donn wird zur Sensation der Nation, weil er Unterhaltszahlungen verlangt. Die beiden versöhnen sich aber, als sich herausstellt, daß Turners Geschenk auf seinem schlechten Gewissen beruht. Er hatte Janes Vater vor langen Jahren beschwindelt.

In diesem Film wandte man eine Technik an, bei der die Figur der Jane sich persönliche Erfahrungen so vorstellte, als würden sie in Filmen passieren. Ohne im Titelvorspann genannt zu werden, traten in diesen Filmen-im-Film Humphrey Bogart, Jack Carson, Errol Flynn, Dennis Morgan, Janis Paige, Eleanor Parker und Alexis Smith auf. Die Sequenz mit Bogart, eine Karikatur des Films *Stella Dallas*, wurde vom *Time* Magazin so kommentiert: »Das Beste an der ganzen Show: Humphrey Bogart – er erscheint kurz in einem Film, den sich das Mädchen ansieht – als ausgestoßener Pater, der an einer regennassen Fensterscheibe weint.«

1948

The Treasure Of The Sierra Madre

Der Schatz der Sierra Madre

Humphrey Bogart, Barton MacLane und Partner

Humphrey Bogart, Barton MacLane, Jaqueline Dalya und Tim Holt

Regie John Huston. *Buch* John Huston, nach dem gleichnamigen Roman von B. Traven. *Kamera* Ted McCord. *Musik* Max Steiner. *Schnitt* Owen Marks. *Regie-Assistenz* Dick Mayberry. *Art Director* John Hughes. *Bauten* Fred M. MacLean. *Maske* Perc Westmore. *Special Effects* William McGann und H. F. Koenekamp. *Ton* Robert B. Lee. *Orchestrierung* Murray Cutter. *Darsteller* Humphrey Bogart (Dobbs), Walter Huston (Howard), Tim Holt (Curtin), Bruce Bennett (Cody), Barton MacLane (McCormick), Alfonso Bedoya (Gold Hat), A. Soto Rangel (Presidente), Manuel Donde (El Jefe), Jose Torvay (Pablo), Margarito Luna (Pancho), Jacqueline Dalya (Aufgedonnertes Mädchen), Bobby Blake (Mexikanischer Junge), John Huston (Weißer Anzug), Jack Holt (Herumtreiber). *Produktion* Warner Bros./First National (Henry Blanke). *Länge* 126 Minuten.

Die beiden amerikanischen Herumtreiber Dobbs und Curtin begegnen sich auf der Plaza im mexikanischen Tampico. Angeekelt von ihrem Schnorrerdasein nehmen sie Jobs als Bauarbeiter an, aber der Unternehmer McCormick macht sich aus dem Staub, ohne sie zu bezahlen. In einer miesen Herberge treffen sie den alten Goldsucher Howard, dessen Erzählungen ihre Fantasie entflammen. Nachdem es ihnen gelungen ist, ihren Lohn bei McCormick einzutreiben, und Dobbs außerdem in einer Lotterie gewonnen hat, entschließen sie sich, auf Goldsuche zu gehen. Howard erklärt sich damit einverstanden, sie zu begleiten, warnt aber vor den Gefahren der Expedition und vor der Gier, dem Mißtrauen und dem Haß, den das Gold verursachen kann. Auf dem Weg nach Durango wird ihr Zug von Banditen angegriffen, deren Anführer einen goldfarbenen Hut trägt. Im Zug versteckte Soldaten schlagen die Banditen in die Flucht. Nachdem sie sich in Furango mit Eseln und Ausrüstung versorgt haben, ziehen die Goldsucher in die Berglandschaft der Sierra Madre, wobei sich der alte Howard als der zäheste der drei Männer erweist. Dobbs läßt erste An-

Humphrey Bogart, Harry Vejar und Tim Holt

Humphrey Bogart und Bobby Blake

Walter Huston und Humphrey Bogart

Walter Huston, Humphrey Bogart und Bruce Bennett

Humphrey Bogart, Tim Holt und Walter Huston

Tim Holt, Humphrey Bogart und Walter Huston

Humphrey Bogart und Tim Holt

Humphrey Bogart, Walter Huston und Tim Holt

zeichen von Bitterkeit erkennen. Sie erreichen eine von Howard ausgesuchte Stelle, beginnen mit den Schürfarbeiten und finden auch bald Gold. Durch ihren Fund wieder geeint, arbeiten sie Seite an Seite, um ihre Reichtümer zu vermehren. Doch je mehr Goldstaub sich ansammelt, umso größer werden die Reibereien. Dobbs muß mehrmals von seinen Partnern beruhigt werden, weil er sie ohne jeden Grund verdächtigt und sie beschuldigt, sich nach seinen »Sachen« zu gelüsten. Nach Vorratskäufen in der Stadt bringt Curtin den Texaner Cody mit, der bei den drei Goldsuchern als Partner einsteigen möchte. Aufgehetzt durch den habgierigen Dodds, entschließen sich die drei, den Eindringling zu töten. Die Exekution wird unterbrochen durch die Ankunft des Banditen mit dem goldfarbenen Hut und seiner Männer. Beim darauffolgenden Kampf kommt Cody um. Die Banditen werden von plötzlich auftauchenden Polizisten verjagt. Die drei Goldsucher entschließen sich dazu, in die Zivilisation zurückzukehren. Unterwegs werden sie von freundlichen Indianern aufgehalten, die von einem im Sterben liegenden Kind erzählen. Howard bringt den Jungen wieder ins Leben zurück, und die Indianer machen ihn zum Medizinmann. Dobbs und Curtin ziehen alleine weiter; Dobbs Verfolgungswahn nimmt so heftig zu,

Drehbuch und Regie), sein Vater Walter Huston einen dritten als bester Nebendarsteller für die Rolle des Howard. Bogart ging leer aus – nicht von ungefähr, denn manche Kritiker fanden ihn in der Rolle des goldgierigen Fred C. Dobbs nicht sonderlich überzeugend. So beliebt dieser Film auch heute ist, so sicher er Bestandteil des Bogart-Kults ist, so wenig lassen sich seine Mängel übersehen. »Zu lang, zu linear, zu monoton« findet der britische Kritiker Allen Eyles den Film; er hält den *Malteserfalken* für die weitaus bessere psychologische Studie zum Thema Gier. Hans C. Blumenberg ist der Ansicht, daß *Der Schatz der Sierra Madre* »wahrscheinlich der am meisten überschätzte Film Bogarts« sei und bemängelt vor allem John Hustons »pompösen« Inszenierungsstil. In der Tat wird die Botschaft über die verderbliche Macht des Goldes schon am Anfang des Films von Walter Huston als Howard verkündet, und dann langatmig und mit dem Holzhammer an den Mann gebracht. Wohl wissend warum, »verbarg Bogart sein Gesicht für die längste Zeit des Films hinter einer Fassade aus Barthaaren und Schmutz«, bemerkte damals ein Kritiker.

Alfonso Bedoya, Humphrey Bogart und Partner

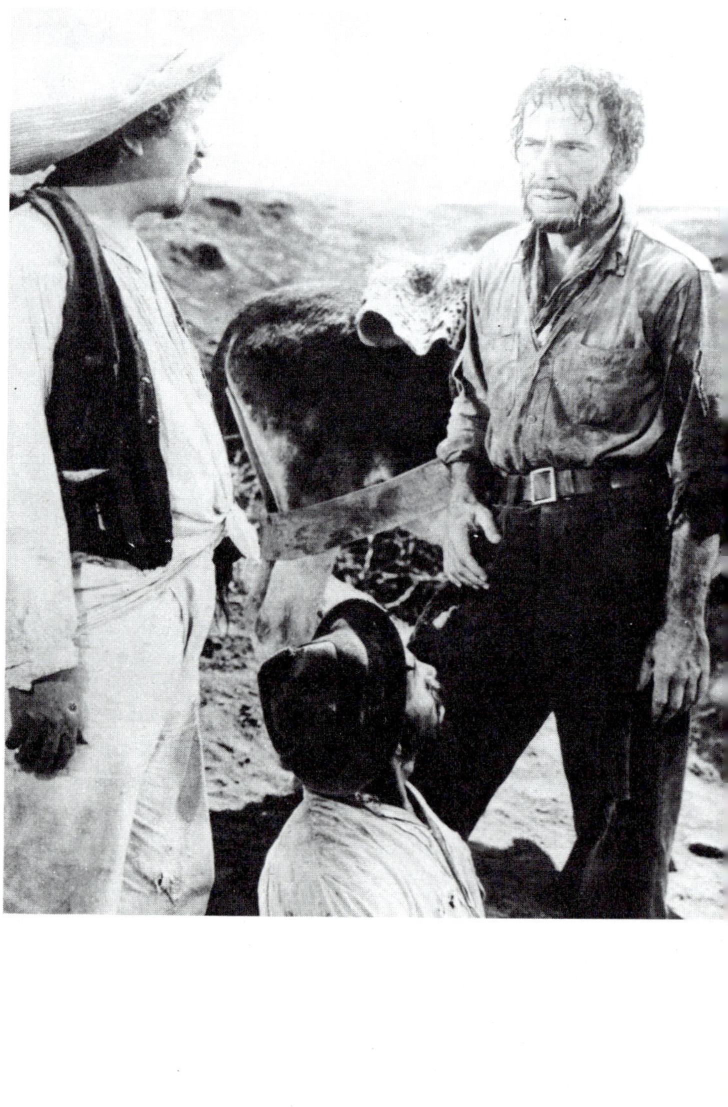

daß er Curtin schließlich erschießt und alleine mit dem Schatz weiterzieht. Die Indianer finden den noch lebenden Curtin und bringen ihn zu Howard. Dobbs wird an einer Wasserstelle von drei Banditen überfallen – darunter der bekannte Goldhut. Die Banditen bringen Dobbs um, nehmen die Esel und seine Sachen mit. Den Goldstaub schütten sie auf die Erde, weil sie glauben, die Säcke dienten nur dazu, die Esel schwerer und damit wertvoller zu machen. Als die Banditen in Durango ihre Beute verkaufen wollen, werden Dobbs Kleider erkannt und die Banditen flugs hingerichtet. Als Howard und Curtin von Dobbs Schicksal erfahren, eilen sie an die Stätte des Verbrechens, nur um herauszufinden, daß der Wüstenwind ihren Schatz dahin zurückgeweht hat, wo sie ihn hergeholt haben. Sie brechen in hysterisches Gelächter aus.

The Treasure Of The Sierra Madre war der zweite von insgesamt sechs Filmen, die Bogart mit John Huston drehte. Huston gewann zwei »Oscars« (für

1948

Key Largo

Hafen des Lasters

Dan Seymour, Harry Lewis, Humphrey Bogart und Lionel Barrymore

Regie John Huston. *Buch* Richard Brooks und John Huston, nach dem gleichnamigen Theaterstück von Maxwell Anderson. *Kamera* Karl Freund. *Musik* Max Steiner. *Schnitt* Rudi Fehr. *Regie-Assistenz* Art Lueker. *Art Director* Leo K. Kuter. *Bauten* Fred M. MacLean. *Kostüme* Leah Rhodes. *Maske* Perc Westmore. *Special Effects* William McGann und Robert Burks. *Ton* Dolph Thomas. *Orchestrierung* Murray Cutter. *Song* »Moanin' Low« von Ralph Rainger und Howard Dietz. *Darsteller* Humphrey Bogart (Frank McCloud), Edward G. Robinson (Johnny Rocco), Lauren Bacall (Nora Temple), Lionel Barrymore (James Temple), Claire Trevor (Gaye Dawn), Thomas Gomez (Curley Hoff), Harry Lewis (Toots Bass), John Rodney (Deputy Clyde Sawyer), Marc Lawrence (Ziggy), Dan Seymour (Angel Garcia), Monte Blue (Sheriff Ben Wade), William Haade (Ralph Feeney), Jay Silverheels (Tom Osceola), Rodric Redwing (John Osceola). *Produktion* Warner Bros./First National (Jerry Wald). *Länge* 101 Minuten. *Alternativer deutscher Titel* Gangster in Key Largo.

Der Ex-Armeemajor Frank McCloud steigt auf der Insel Key Largo vor der Küste Floridas in einem Hotel ab, das von James Temple und seiner Schwiegertochter Nora, der Witwe eines Kriegskameraden, geführt wird. Das Regiment im Hotel übernommen aber hat der berüchtigte Gangster Johnny Rocco, zusammen mit seinen vier Handlangern Curley, Toots, Angel und Ralph sowie seiner Freundin Gaye Dawn,

Lauren Bacall und Humphrey Bogart

Humphrey Bogart, Thomas Gomez und
Edward G. Robinson

Humphrey Bogart, Lauren Bacall und
Lionel Barrymore

Humphrey Bogart,
Claire Trevor und Lauren Bacall

einer alternden Alkoholikerin. Desillusioniert durch die Nachwirkungen des Krieges, widerstrebt es McCloud, noch für irgendeine Sache zu kämpfen. So läßt er eine Chance verstreichen, Rocco zu töten, wobei er allerdings selber auch hätte umkommen können. Als ein Sturm über die Insel peitscht, bekommt Rocco Angst und verbietet Temple, einer Gruppe schutzsuchender Indianer im Hotel Zuflucht zu gewähren. Nachdem sich der Sturm gelegt hat, wird Rocco von seinem alten Kumpel Ziggy besucht, der eine Ladung Falschgeld kauft. Nach Ziggys Abreise taucht Sheriff Ben Wade auf und sucht seinen Hilfsheriff Clyde Sawyer, der hinter zwei betrunkenen Indianern her war. Als Wade Sawyers Leiche findet, lenkt Rocco den Verdacht auf die Indianer, obwohl er selber Sawyer umgebracht hat. Wade fin-

Humphrey Bogart, Thomas Gomez
und Dan Seymour

Thomas Gomez, Edward G. Robinson,
Humphrey Bogart und William Haade

Lionel Barrymore, Thomas Gomez,
Lauren Bacall und Humphrey Bogart

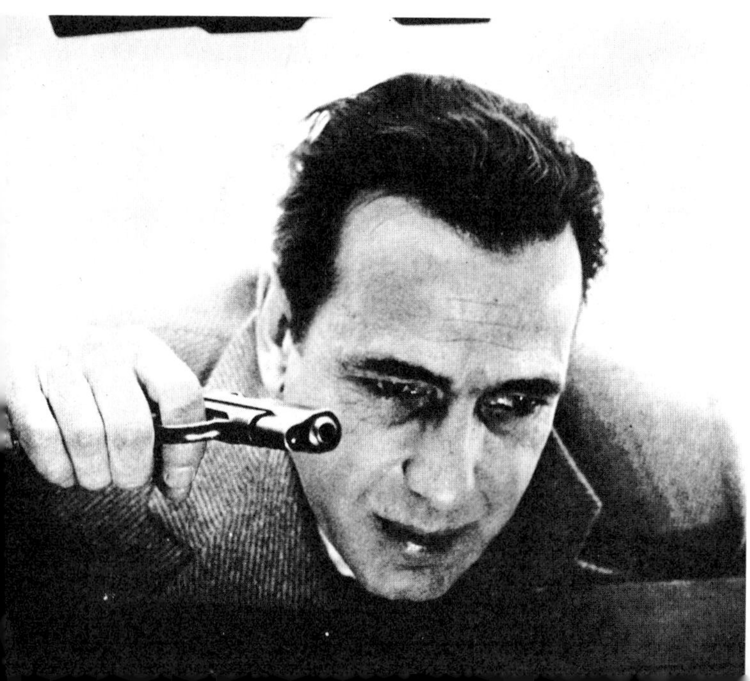

det die beiden Indianer und erschießt sie, als sie zu fliehen versuchen. Angeekelt durch Roccos Machenschaften, erkennt McCloud, daß man mit dem Bösen keine Kompromisse schließen kann. Überraschend erklärt er sich bereit, die Gangster mit einem Boot nach Kuba zu bringen. Auf offener See schaltet McCloud erst Roccos Männer der Reihe nach aus und erschießt schließlich auch Rocco. Er wendet das Boot und fährt zu Nora zurück.

Key Largo war der vierte und letzte Film, in dem Bogart zusammen mit Lauren Bacall auftrat, die hier sehr wenig zu tun hat und außerdem von Claire Trevor in der Rolle der trunksüchtigen Gangsterbraut an die Wand gespielt wird. In einer wunderbaren Szene singt sie ein Lied, nur um von Rocco einen Drink zu bekommen – aber so erbärmlich, daß alle peinlich berührt sind. Rocco gibt ihr den Drink dann doch nicht, so daß Bogart eingreifen muß und dafür zusammengeschlagen wird. Bogart spielt wieder den romantischen Helden, der sich vom Zyniker (»Für einen Rocco mehr oder weniger zu sterben, lohnt sich nicht«) zum Kämpfer gegen das Böse wandelt. Die ganze Story des Films erinnert sehr an *The Petrified Forest* – nur spielt diesmal Edward G. Robinson Bogarts damalige Rolle. »Bogarts negative Haltung reflektiert das stille Unbehagen des Nachkriegs-Amerika, überdrüssig der Heuchelei und der Oberflächlichkeit, verwirrt durch Gefahren aus dem Innern. Das Largo-Hotel ist ein Mikrokosmos amerikanischen Verrats und amerikanischer Rache ...« Die Meinungen über *Key Largo* gehen weit auseinander«, schreibt Terence Pettigrew. Sein Kollege Allen Eyles meint, der Film sei »ein Beispiel für glänzend ausgeführtes Studiohandwerk ... das aber nicht verbergen kann, daß es ihm fatal an Substanz mangelt.«

Lauren Bacall und Humphrey Bogart

1949

KNOCK ON ANY DOOR

Vor verschlossenen Türen

Humphrey Bogart, Dewey Martin und Robert A. Davis

Regie Nicholas Ray. *Buch* Daniel Taradash und John Monks jr., nach dem gleichnamigen Roman von Willard Motley. *Kamera* Burnett Guffey. *Musik* George Antheil. *Schnitt* Viola Lawrence. *Regie-Assistenz* Arthur S. Black. *Art Director* Robert Peterson. *Bauten* William Kiernan. *Kostüme* Jean Louis. *Maske* Clay Campbell. *Frisuren* Helen Hunt. *Ton* Frank Goodwin. *Musikalische Leitung* Morris Stoloff. *Technische Beratung* National Probation and Parole Association. *Darsteller* Humphrey Bogart (Andrew Morton), John Derek (Nick Romano), George Macready (Kerman), Allene Roberts (Emma), Susan Perry (Adele Morton), Mickey Knox (Vito), Barry Kelley (Richter Drake), Cara Williams (Nelly), Jimmy Conlin (Kid Fingers), Sumner Williams (Jimmy), Sid Melton (Squint), Pepe Hern (Juan), Dewey Martin (Butch), Robert A. Davis (Sunshine), Houseley Stevenson (Junior), Vince Barnett (Barmann), Thomas Sully (Officer Hawkins), Florence Auer (Tante Lena), Pierre Watkin (Purcell), Gordon Nelson (Corey), Argentina Brunetti (Ma Romano), Dick Sinatra (Julian Romano), Carol Coombs (Ang Romano), Joan Baxter (Maria Romano). *Produktion* Santana/Columbia (Robert Lord und Henry S. Kesler). *Länge* 100 Minuten.

Des Mordes an einem Polizisten angeklagt, wird der in den Slums großgewordene, junge Kriminelle Nick Romano verteidigt von dem Anwalt Andrew Morton, der selber in den Slums aufgewachsen ist. Nicks kurzer Werdegang erscheint wie eine unun-

Humphrey Bogart und Susan Perry

Humphrey Bogart, John Derek und Partner

Humphrey Bogart, Barry Kelley und Vince Barnett

terbrochene Serie von Verbrechen. Einmal hat er sogar Morton bestohlen, der ihn auf Bitten seiner Frau Adele zum Angeln mitgenommen hatte. Nachdem Nick Emma geheiratet hatte, schien er sich zum Besseren zu wandeln. Er versuchte sich in mehreren Jobs, konnte aber nie einen halten. Als ihm Emma mitteilte, sie wäre schwanger, war er völlig verblüfft; seinen Lohn hatte er gerade beim Spielen verloren, weil er ihr Juwelen kaufen wollte. Als er eines Nachts von einem Überfall zurückkam, fand er Emma tot – Selbstmord. Verrückt vor Schmerz, beging Nick einen weiteren Raub, bei dem er von Officer Hawkins ertappt wurde – und in den er dann das ganze Magazin seiner Pistole hineinpumpte. Morton gegenüber behauptet Nick frech, daß er unschuldig sei, was Morton vor Gericht beinahe auch beweist. Staatsanwalt Kerman gelingt es nicht, Nicks Aussagen zu erschüttern – bis er plötzlich, scheinbar abwesend, einen neuen Versuch unternimmt. Was, so sagt Kerman, war der Grund für Emmas Tod? Nick bricht zusammen, und Kerman hämmert so lange mit Fragen auf ihn ein, bis er ein Eingeständnis seiner Schuld herausschreit. Morton, der an Nicks Unschuld glaubte, ist durch das Geständnis verblüfft. In einem beredten Plädoyer weist er darauf hin, daß Nick ebenso schuldig sei, mitangesehen haben zu müssen, wie ein Freund in einer sadistischen Besserungsanstalt umkam; daß er schuldig sei, seinen Weg durchs Leben ohne Vater gegangen zu sein; daß er schuldig sei, in einem der schlimmsten Slums des Landes aufgewachsen zu sein. Er bezeichnet die Slums als Brutstätte des Verbrechens und behauptet,

Humphrey Bogart und Susan Perry

Humphrey Bogart und Partner

Humphrey Bogart und John Derek

man könne hinter jeder Tür, an die man klopfe, einen Nick Romano finden. Nick wird zum Tode auf dem Elektrischen Stuhl verurteilt und von Morton kurz vor der Exekution ein letztes Mal besucht.

Knock On Any Door war der erste Film, der von Bogarts eigener Produktionsfirma *Santana* hergestellt wurde. Der noch junge Regisseur Nicholas Ray hatte im selben Jahr mit *They Live By Night (Sie leben bei Nacht)* ein eindrucksvolles Regiedebüt gegeben – einem sozial engagierten Film über die Repressionszeit nach dem Roman *Thieves Like Us (Diebe wie wir)*, den Robert Altman 1974 unter diesem Titel neu verfilmte. Obwohl *Knock On Any Door* ein kommerzieller Erfolg wurde, gingen die Kritikermeinungen weit auseinander. Paul Holt, zum Beispiel, beurteilte den Film als »großen Langweiler«, andere bemängelten den erhobenen moralischen Zeigefinger. Bogart, der über weite Strecken dem Debütanten John Derek in der Rolle des Nick das Feld überließ, wurde immerhin gelobt: »Er ist hier eindrucksvoller als in seinen üblichen Bösewicht-Rollen«, schrieb *Monthly Film Bulletin*. Auch Allen Eyles ist der Ansicht, daß der von Bogart dargestellte Charakter komplexer ist, als man auf den ersten Blick meinen könne.

1949

Tokyo Joe

Tokio-Joe

Regie Stuart Heisler. *Buch* Cyril Hume und Bertram Millhauser, adaptiert von Walter Doniger nach einer Geschichte von Steve Fisher. *Kamera* Charles Lawton jr. *Musik* George Antheil. *Schnitt* Viola Lawrance. *Dialogregie* Jason Lindsey. *Regie-Assistenz* Wilbur McGaugh. *Art Director* Robert Peterson. *Bauten* James Crowe. *Kostüme* Jean Louis. *Maske* Clay Campbell. *Frisuren* Helen Hunt. *Ton* Russell Malmgren. *Orchestrierung* Ernest Gold. *Musikalische Leitung* Morris Stoloff. *Darsteller* Humphrey Bogart (Joe Barrett), Alexander Knox (Mark Landis), Florence Marly (Trina), Sessue Hayakawa (Baron Kimura), Jerome Courtland (Danny), Gordon Jones (Idaho), Teru Shimada (Ito), Hideo Mori (Kanda), Charles Meredith (General Ireton), Rhys Williams (Colonel Dahlgren), Lora Lee Michael (Anya), Kyoko Kamo (Nani-San), Gene Gondo (Kamikaze), Harold Goodwin (Major Loomis), James Cardwell (M. P.-Captain), Frank Kumagai (LKW-Fahrer), Tetsu Komai (Takenobu), Otto Han (Hara), Yosan Tsuruta (Goro). *Produktion* Santana/Columbia (Robert Lord und Henry S. Kesler). *Länge* 88 Minuten.

Der Ex-Air-Force-Pilot Joe Barrett kehrt nach dem Ende des Zweiten Weltkrieges nach Tokio zurück, wo er vor dem Krieg den Nachtklub »Tokyo Joe's« besaß. Seine Frau Trina, die er 1941 verlassen hatte, hat sich von ihm scheiden lassen und ist jetzt mit dem amerikanischen Offizier Mark Landis verheiratet. Die beiden haben eine siebenjährige Tochter namens Anya. Joe trifft den Baron Kimura, der eine kleine Luftfahrtgesellschaft finanzieren möchte, um Delikatessen zu exportieren. Als Joe Bedenken äußert, zeigt ihm Kimura Beweise, daß Trina Kriegspropaganda gemacht hat – ein strafbares Delikt, da sie mit einem amerikanischen Staatsangehörigen verheiratet war. Trina erklärt, sie habe die Rundfunksendungen nur gemacht, weil die Japaner gedroht hätten, ihr Baby wegzunehmen. Sie enthüllt ihm, daß Anya Joes Tochter ist. Um Trina zu retten, nimmt Joe Kimuras Vorschlag an, entdeckt aber bald, daß er drei japanische Kriegsverbrecher einschmuggeln soll. Er benachrichtigt die amerikanischen Besatzungstruppen. Vor seinem Abflug informiert ihn Kimura, daß er Anya gekidnappt habe und sie töten werde, falls die Japaner nicht bis zu einem bestimmten Zeitpunkt abgeliefert würden. Joe holt seine Passagiere ab, wird von ihnen aber mit Waffengewalt gezwungen, auf einem anderen als dem vorgesehenen Flugfeld zu landen. Dort wartet

Florence Marly und Humphrey Bogart

Humphrey Bogart, Teru Shimada und Sessue Hayakawa

Lora Lee Michael, Humphrey Bogart und Florence Marly

Hideo Mori und Humphrey Bogart

Lora Lee Michael und Humphrey Bogart

allerdings auch die Militärpolizei und verhaftet die Japaner. Von seinem früheren Partner Ito erfährt Joe, der nur noch eine Stunde Zeit hat, daß Anya in einer nahegelegenen Höhle versteckt gehalten wird. Joe findet Anya dort, wird aber von Kimura erschossen, als er das kleine Mädchen in Sicherheit bringen will. Kimura wird von eintreffenden amerikanischen Soldaten erschossen, und Anya ist gerettet.

Bogarts zweite *Santana*-Produktion spielte kaum Geld ein. Der Film, so bemängelte die Londoner *Times*, »ist durchgängig zu kindisch, um von einer wirklich politischen Bedeutung zu sein; man betrachtet ihn besser als einen harten Kampf von Mr. Humphrey Bogart gegen (a) einige verruchte Japaner und (b) gegen eine böse, unbarmherzige Ader in Joe selber. Unnötig zu sagen, daß Joe beide Schlachten gewinnt.« Terence Pettigrew geht mit dem Film, in dem Bogart in Erinnerung an *Casablanca* eine Art Rick des Orients spielt, noch härter ins Gericht: »Eine der abgeschmacktesten, sentimentalsten und klischeehaftesten Produktionen des ganzen Jahres.« Bemerkenswert ist übrigens, daß es für Bogart in allen vier *Santana*-Filmen (*Knock On Any Door, Tokyo Joe, In A Lonely Place* und *Sirocco*) kein Happy End gibt und er jedesmal den Verlierer spielt.

1950
CHAIN LIGHTNING
Des Teufels Pilot

Eleanor Parker und Humphrey Bogart

Eleanor Parker, Humphrey Bogart und Morris Ankrum

Regie Stuart Heisler. *Buch* Liam O'Brien und Vincent Evans, nach einer Originalgeschichte von J. Redmond Prior. *Kamera* Ernest Haller. *Musik* David Buttolph. *Schnitt* Thomas Reilly. *Regie-Assistenz* Don Page. *Art Director* Leo K. Kuter. *Bauten* William Wallace. *Kostüme* Leah Rhodes. *Maske* Perc Westmore. *Special Effects* William McGann, Harry Barndollar, H. F. Koenekamp und Edwin B. DuPar. *Ton* Francis J. Scheid. *Orchestrierung* Maurice de Packh. *Song* »Bless 'Em All« von J. Hughes, Frank Lake und Al Stillman. *Darsteller* Humphrey Bogart (Matt Brennan), Eleanor Parker (Jo Holloway), Raymond Massey (Leland Willis), Richard Whorf (Carl Troxell), James Brown (Major Hinkle), Roy Roberts (General Hewitt), Morris Ankrum (Ed Bostwick), Fay Baker (Mrs. Willis), Fred Sherman (Jeb Farley). *Produktion* Warner Bros./First National (Anthony Veiller). *Länge* 94 Minuten.

Während seiner Stationierung in Europa 1943 lernt der Bomberpilot Matt Brennan die Rotkreuz-Helferin Jo Holloway kennen. Nach dem Krieg trifft Matt auf einer Party den Düsenflugzeug-Fabrikanten Leland Willis. Hier begegnet er auch Jo wieder, die jetzt für Willis als Sekretärin arbeitet. Willis engagiert ihn als Testpilot für einen neuen Jet, den er an die Air Force zu verkaufen hofft. Willis' Konstrukteur Troxell bittet Matt, das Flugzeug nicht zu fliegen, da sein neuer Schleudersitz-Mechanismus noch nicht perfekt sei. Willis aber bietet Matt 30000 Dollar, um den unsicheren Jet aus Publicitygründen über den Pol nach Washington zu fliegen. Der Flug verläuft erfolgreich, Troxell aber kommt bei einem Test seines Sicherheits-Mechanismus' ums Leben. Matt gibt sich selber die Schuld für Troxells Tod und wird außerdem noch von Jo verantwortlich gemacht. Beim letzten Test für die Air Force fliegt Matt einen mit dem Ausstiegs-Mechanismus ausgerüsteten Jet und erprobt den Schleudersitz auf eigene Faust – mit Erfolg. Die Air Force bekommt ein sicheres Flugzeug, und Matt bekommt Jo.

»Humphrey Bogart, der mittlerweile fast alle Formen von Bodenkämpfen bestanden hat, hebt in *Chain Lightning* in die Stratosphäre ab. Solange er dort oben bleibt und alles fliegt vom B-17-Bomber im Krieg bis zum Düsenflugzeug hinterher, ist der Film ganz schön fix. Er wird ziemlich müde, sobald er den Erdboden berührt«, schrieb der Kritiker der Zeitschrift *New Yorker*. Sein Kollege vom *Time Magazine* nannte den Film, den Bogart wohl nur drehte, um seinen vertraglichen Pflichten bei *Warner Brothers* nachzukommen, »einen großen Schub heißer Luft im Überschalltempo«.

Richard Whorf, James Brown, Humphrey Bogart, Eleanor Parker und Jack Reynolds

Eleanor Parker, Richard Whorf und Humphrey Bogart

1950

IN A LONELY PLACE

Ein einsamer Ort

Humphrey Bogart und Martha Stewart

Regie Nicholas Ray. *Buch* Andrew Solt, adaptiert von Edmund H. North nach dem gleichnamigen Roman von Dorothy B. Hughes. *Kamera* Burnett Guffey. *Musik* George Antheil. *Schnitt* Viola Lawrence. *Regie-Assistenz* Earl Bellamy. *Art Director* Robert Peterson. *Bauten* William Kiernan. *Kostüme* Jean Louis. *Maske* Clay Campbell. *Frisuren* Helen Hunt. *Ton* Howard Fogetti. *Orchestrierung* Ernest Gold. *Musikalische Leitung* Morris Stoloff. *Technische Beratung* Rodney Amateau. *Darsteller* Humphrey Bogart (Dixon Steele), Gloria Grahame (Laurel Gray), Frank Lovejoy (Brub Nicolai), Carl Benton Reid (Captain Lochner), Art Smith (Mel Lippman), Jeff Donnell (Sylvia Nicolai), Martha Stewart (Mildred Atkinson), Robert Warwick (Charlie Waterman), Morris Ankrum (Lloyd Barnes), William Ching (Ted Barton), Steven Geray (Paul), Hadda Brooks (Sängerin), Alice Talton (Frances Randolph), Jack Reynolds (Henry Kesler), Ruth Warren (Effie), Ruth Gillette (Martha), Guy Beach (Swan), Lewis Howard (Junior). *Produktion* Santana/Columbia (Robert Lord und Henry S. Kesler). *Länge* 94 Minuten.

Drehbuchautor Dixon Steele soll einen Groschenroman bearbeiten, kann sich aber nicht entschließen, das Buch zu lesen. Er läßt sich die Geschichte von dem Garderobenmädchen Mildred Atkinson, die das Buch kennt, in seinem Apartment erzählen. Mildred wird später ermordet aufgefunden; Dix gerät unter Verdacht, wird aber von seiner Nachbarin Laurel Gray entlastet. Sie hat gesehen, wie er das Mädchen mit einem Taxi nach Hause geschickt hat. Dix beginnt heftig mit der Arbeit an dem Drehbuch, Laurel tippt das Manuskript, sorgt für Mahlzeiten, wimmelt Eindringlinge ab. Dix' Agent Mel ist begei-

Frank Lovejoy, Carl Benton Reid, Gloria Grahame und Humphrey Bogart

Humphrey Bogart, Art Smith, Robert Warwick und Gloria Grahame

Gloria Grahame und Humphrey Bogart

stert, weil Dix seit Jahren nicht mehr so gut gearbeitet hat. Der Atkinson-Mord bleibt ungeklärt; Mildreds Freund und Dix stehen nach wie vor unter Verdacht. Dix' Kriegskamerad Detective Brub Nicolai, der den Fall bearbeitet, erzählt Laurel von Dix' berüchtigter Neigung zu Gewalt. Eines Abends fährt sie Dix nach einer Strandparty bei den Nicolais nach Hause und stößt mit einem Jungen in einem alten Auto zusammen. Dix schlägt den Jugendlichen bewußtlos, schickt ihm später aber anonym Geld. Alarmiert konsultiert Laurel Brubs Frau Sylvia, die ihr rät, Dix zu verlassen. Aber das Schreiben und das Tippen geht weiter, und Laurel muß sich schließlich entscheiden, als Dix ihr einen Heiratsantrag macht. Sie sagt ja, obwohl der ungelöste Mordfall, das unsichere Alibi und Dix' Hang zu Gewalttätigkeiten sie dazu gebracht haben, Schlaftabletten zu nehmen. Bei einer Feier in einem Restaurant erfährt Dix, daß Mel das unfertige Drehbuch an sich genommen hat. Dix schlägt ihn nieder, die Party löst sich auf, Laurel geht weg. Dix folgt ihr nach Hause und bittet sie um Verzeihung, als er den Anruf eines Reisebüros annimmt, das eine Flugreservierung für Laurel bestätigt. Außer sich vor Wut beginnt er, sie zu würgen, als das Telefon erneut klingelt. Die Polizei teilt ihm mit, daß Mildreds Freund den Mord gestanden hat. Aber es ist zu spät. Laurel und Dix wissen, daß zwischen ihnen alles aus ist.

Bogart wollte ursprünglich für diese *Santana*-Produktion seine Ehefrau Lauren Bacall in der weiblichen Hauptrolle haben, aber Jack L. Warner war nicht bereit, sie »auszuleihen«. So übernahm Gloria Grahame, damals verheiratet mit Regisseur Nick Ray, den Part – keineswegs zum Nachteil dieses düsteren, bedrückenden und überzeugenden Films. Bogart zeigt sich hier auf dem Höhepunkt seiner schauspielerischen Fähigkeiten und liefert eine der besten darstellerischen Leistungen seiner Karriere, die den Film von Anfang bis Ende beherrscht. »Bewundernswert erfaßt er die emotionalen Hochs und Tiefs eines zutiefst verstörten Individuums, das nach jedem Strohhalm greift, um zur Normalität zurückzukehren«, begeistert sich Terence Pettigrew. »Gewalt als rationale Waffe des professionellen Kriminellen und als wertvolle Waffe für einen Helden in einer Zwangslage wird hier zu einer irrationalen, unwiderstehlichen Macht, die einen gewöhnlichen Menschen zerstören kann«, bemerkt Allen Eyles.

Humphrey Bogart und Gloria Grahame

1951

THE ENFORCER

Der Tiger

Regie Bretaigne Windust. *Buch* Martin Rackin. *Kamera* Robert Burks. *Musik* David Buttolph. *Schnitt* Fred Allen. *Regie-Assistenz* Chuck Hansen. *Art Director* Charles H. Clarke. *Bauten* William Kuehl. *Ton* Dolph Thomas. *Orchestrierung* Maurice de Packh. *Darsteller* Humphrey Bogart (Martin Ferguson), Zero Mostel (Big Babe Lazich), Ted De Corsia (Joseph Rico), Everett Sloane (Albert Mendoza), Roy Roberts (Captain Frank Nelson), Lawrence Tolan (Duke Malloy), King Donovan (Seargent Whitlow), Bob Steele (Herman), Adelaide Klein (Olga Kirshen), Don Beddoe (Thomas O'Hara), Tito Vuolo (Tony Vetto), John Kellogg (Vince), Jack Lambert (Philadelphia Tom Zaca), Patricia Joiner (Angela Vetto), Susan Cabot (Nina Lombardo), Mario Siletti (Louis der Frieseur). *Produktion* United States Pictures/Warner Bros. (Milton Sperling). *Länge* 87 Minuten.

Zero Mostel und Humphrey Bogart

Nach langen Jahren ist es Staatsanwalt Ferguson gelungen, eine Anklage gegen Albert Mendoza, den Kopf der »Mord-GmbH«, aufzubauen. Die Polizei hat Mendozas rechte Hand Joseph Rico verhaftet, der gegen ihn als Zeuge aussagen will. Obwohl Mendoza selber im Gefängnis sitzt, unternimmt Rico aus Angst, umgebracht zu werden, einen Ausbruchsversuch, bei dem er zu Tode stürzt. Ferguson wühlt die ganze Nacht in den umfangreichen Akten herum, um eine möglicherweise übersehene Spur zu finden. Der Fall begann, als sich der Mietkiller Duke Malloy der Polizei stellte und gestand, das Mädchen Nina Lombardo umgebracht zu haben. Ferguson befragte Ninas Wohnungsgenossin Teresa Davis, die aber nichts über Ninas Vergangenheit wußte – außer daß ihr wirklicher Name Angela Vetto war. Dukes Aussage führt Ferguson erst zu einer ganzen Reihe von Bandenmitgliedern und dann zu den Opfern der Gangster, die in einem Sumpf vergraben worden waren. Nachdem die Presse den Fall veröffentlicht hatte, bekam Ferguson einen Anruf von Rico, der einen Handel anbot: Als Gegenleistung für Gnade würde er gegen Mendoza aussagen. Rico berichtete Ferguson von seinem ersten Treffen mit Mendoza in einem Café, wo Mendoza seinen Plan entwickelt hatte, Mord als Ware anzubieten. Mendoza hatte argumentiert, daß die Polizei keine Chance hätte, die Identität des Killers herauszufinden, wenn dieser kein Motiv habe. Zum Beweis habe Mendoza in aller Ruhe den Cafébesitzer umgebracht. Beim Verlassen des Cafés aber seien er und Rico von Tony Vetto und seiner Tochter Angela gesehen worden. Jahre später habe Mendoza Vetto gefunden und umgebracht. Vettos Tochter habe er auch aufgespürt und sie von Duke Malloy töten lassen. Während Ferguson dem Tonband mit Ricos Aussage zuhört, stößt er plötzlich auf die Spur, die er braucht. Rico sagt, Vettos Tochter habe blaue Augen; die ermordete Nina Lombardo aber hatte braune Augen. Ferguson erkennt, daß Ninas Mitbewohnerin Teresa Davis in Wirklichkeit Angela ist. Er findet sie rechtzeitig, be-

Roy Roberts und Humphrey Bogart

Roy Roberts und Humphrey Bogart

vor der gemietete Gangster Herman Angela umbringen kann. Ferguson schießt Herman nieder und rettet so die einzige Zeugin, die Mendoza auf den Elektrischen Stuhl bringen kann.

The Enforcer, der in England mit dem Titel *Murder Inc.* erschien, war Bogarts letzter Film für die Firma *Warner Brothers.* Allen Eyles schreibt zu dem spannend und sorgfältig inszenierten Thriller: »Ein clever konstruierter, packender Entwurf einer Organisation im Mordgeschäft, der die Terminologie von *Hits* (Treffern) und *Contracts* (Verträgen) erklärte und Bogart als einzigen Star aufzuweisen hatte, in einer Rolle, die nicht wirklich einen Star verlangte.« Die Londoner *Times* äußerte die Ansicht, daß Bogarts frühere Arbeit als Gangster »mehr Herz« gehabt hätte.

Ted DeCorsia und Humphrey Bogart

1951

SIROCCO

Sirocco — Zwischen Kairo und Damaskus

Humphrey Bogart und Marta Toren

Marta Toren und Humphrey Bogart

Regie Curtis Bernhardt. *Buch* A. I. Bezzerides und Hans Jacoby, nach dem Roman *Coup de Grâce* von Joseph Kessel. *Kamera* Burnett Guffey. *Musik* George Antheil. *Schnitt* Viola Lawrence. *Regie-Assistenz* Earl Bellamy. *Art Director* Robert Peterson. *Bauten* Robert Priestley. *Maske* Clay Campbell. *Frisuren* Helen Hunt. *Ton* Lodge Cunningham. *Orchestrierung* Ernest Gold. *Musikalische Leitung* Morris Stoloff. *Darsteller* Humphrey Bogart (Harry Smith), Marta Toren (Violette), Lee J. Cobb (Colonel Feroud), Everett Sloane (General LaSalle), Gerald Mohr (Major Leon), Zero Mostel (Balukjian), Nick Dennis (Nasir Aboud), Onslow Stevens (Emir Hassan), Ludwig Donath (Besitzer einer Absteige), David Bond (Achmet), Vincent Renno (Arthur), Martin Wilkins (Omar), Peter Ortiz (Major Robbinet), Edward Colmans (Colonel Corville), Al Eben (Sergeant), Peter Brocco (Friseur), Jay Novello (Hamal), Leonard Penn (Rifat), Harry Guardino (Lieutenant Collet). *Produktion* Santana/Columbia (Robert Lord und Henry S. Kesler). *Länge* 98 Minuten.

Im 1925 von den Franzosen besetzten Damaskus betreibt Harry Smith einen profitablen Waffenhandel mit der Rebellenarmee des Emirs Hassan. Colonel Feroud, Chef der französischen Abwehr, treibt eine Gruppe von Verdächtigen zusammen, zu der auch Harry gehört, und zwingt sie, ihre Waffen an die Franzosen zu verkaufen. Harry gibt nach, rächt sich aber teilweise dadurch, daß er sich mit Erfolg an Ferouds Freundin Violette heranmacht. Violette teilt Feroud mit, daß sie mit ihm fertig sei, und verlangt einen Paß für Kairo, den Feroud ihr aber nicht gibt. In den Katakomben von Damaskus kassiert Harry seine letzte Zahlung von den Syriern. Da man ihn verraten hat, ist er nicht länger nützlich, und Hassan warnt ihn davor, jemals wieder die Katakomben zu betreten. Harry versucht, mit Violette Damaskus zu verlassen, aber sie werden von Ferouds Polizei am Busdepot entdeckt. Harry entkommt, Violette wird verhaftet; Feroud aber, der sie immer noch liebt,

Humphrey Bogart und Partner

schickt sie bloß in ihr Apartment zurück. Ohne Erlaubnis von General LaSalle plant Feroud, persönlich mit Hassan einen Waffenstillstand auszuhandeln. Er bietet Harry einen Paß für Kairo an als Gegenleistung für die Vermittlung eines Treffens mit Hassan. Harry erklärt sich einverstanden und übergibt Feroud an einen Abgesandten Hassans. Als er seinen Paß abholen will, wird er zu General LaSalle geführt, der ihn zu überreden versucht, den Franzosen bei der Rettung Ferouds zu helfen. Hassan hat schon einmal einen Unterhändler als Leiche zurückgeschickt. Obwohl Harry sich weigert, händigt ihm LaSalle den Paß dennoch aus, ebenso einen weiteren für Violette, den Feroud großzügig bereitgelegt hatte, bevor er in den nahezu sicheren Tod ging. Irgendetwas veranlaßt Harry, seine Meinung zu ändern. Er erklärt LaSalle, daß er versuchen werde, Feroud freizukaufen, da die Syrier dringend Geld brauchen. Harry bringt das Lösegeld in die verbotenen Katakomben. Hassan, der die Situation als makabren Scherz betrachtet, nimmt das Geld an, läßt Feroud voller Bewunderung für seine Tapferkeit frei und befiehlt seinen Leuten, Harry – den Mann, der nur für Geld arbeitet – mit einer Handgranate zu töten.

»Die Geschichte folgt dem seit *Casablanca* vertrauten Muster. Die Entwicklung der Handlung aber ist langsam und genauso wenig überzeugend wie die Damaskus-Atmosphäre. Bogart selber, der in einem Regenmantel in den Katakomben herumläuft, liefert eine Darstellung, die die Vermutung nahelegt, er parodiere seine eigene Technik«, schrieb *Monthly Film Bulletin* über diese wenig erfolgreiche (und letzte) *Santana*-Produktion. Bogart behauptete, der Film sei ihm von den *Columbia*-Leuten aufgezwungen worden.

Humphrey Bogart und Partner

Humphrey Bogart und Lee J. Cobb

1951

The African Queen

African Queen

Regie John Huston. *Buch* James Agee und John Huston, nach dem gleichnamigen Roman von C. S. Forester. *Kamera* (Technicolor) Jack Cardiff. *Musik* Alan Gray, gespielt vom *Royal Philharmonic Orchestra,* dirigiert von Norman Del Mar. *Schnitt* Ralph Kemplen. *Regie-Assistenz* Guy Hamilton. *Art Directors* Wilfred Shingleton und John Hoesli. *Produktionsleitung* Leigh Aman und T. S. Lyndon-Haynes. *Miss Hepburns Kostüme* Doris Langley. *Andere Kostüme* Connie De Pinna. *Maske* George Frost. *Second Unit Kamera* Ted Scaife. *Special Effects* Cliff Richardson. *Ton* John Mitchell. *Tonschnitt* Eric Wood. *Kamera-Assistenz* Ted Moore. *Frisuren* Eileen Bates. *Garderobe* Vi Murray. *Script* Angela Allen. *Darsteller* Humphrey Bogart (Charlie Allnut), Katharine Hepburn (Rose Sayer), Robert Morley (Reverend Samuel Sayer), Peter Bull (Kapitän der *Louisa*), Theodore Bikel (Erster Offizier der *Louisa*), Walter Gotell (Zweiter Offizier der *Louisa*), Gerald Onn (Deckoffizier der *Louisa*), Peter Swanwick (Erster Offizier der *Shona*), Richard Marner (Zweiter Offizier der *Shona*). *Produktion* Horizon-Romulus/United Artists (S. P. Eagle = Sam Spiegel). *Länge* 105 Minuten.

Katharine Hepburn und Humphrey Bogart

Beim Ausbruch des Ersten Weltkriegs brennen deutsche Truppen ein zentralafrikanisches Dorf nieder und vertreiben die Eingeborenen. Der Schock tötet den Dorfmissionar, Reverend Samuel Sayer. Seine Tochter Rose wird von dem verkommenen kanadischen Käpten Charlie Allnut an Bord seiner verrotteten 10-Meter-Barkasse *African Queen* genommen. Allnut besitzt große Vorräte an Zigaretten und Gin und möchte den Ausgang des Krieges am liebsten in einem ruhigen Flußarm abwarten. Rose aber ersinnt den verwegenen Plan, mit der *African Queen* flußabwärts zu einem See zu fahren und dort ein deutsches Kanonenboot zu zerstören, das die einzige Invasionsroute der Briten blockiert. Allnut ist skeptisch, aber Rose bleibt so hartnäckig, daß er sich widerwillig fügen muß. Als sie die ersten Stromschnellen passieren, erlebt Rose die erste wirkliche Aufregung ihres Lebens. Allnut allerdings weigert sich weiterzufahren und zieht es vor, sich zu betrinken. Als er am nächsten Morgen aufwacht, kippt Rose gerade seinen gesamten Ginvorrat über Bord. Bei der Weiterfahrt geraten sie unter Beschuß von einer deutschen Festung und in weitere gefährliche Stromschnellen. Schließlich erreichen sie eine fried-

Katharine Hepburn und Humphrey Bogart

Allnut und Rose werden ins Wasser geschleudert und paddeln fröhlich in Richtung Ufer davon.

Bogart bekam für diese im Rahmen seiner Karriere eher untypische Rolle endlich den redlich verdienten »Oscar«. Den Anlaß für die Auszeichnung erfaßte Bogart selber wohl am besten: »Ich hänge schon eine lange Zeit hier herum. Vielleicht mögen die Leute mich«, sagte er. »Keine große Kunst, aber ein großer Spaß«, klassifizierte das *Time Magazine* die etwas abwegige Abenteuer- und Liebesgeschichte. Es gab allerdings auch kritischere Stimmen: »Hustons Film schwankt verwirrend und ein wenig ziellos zwischen Leben und Märchen hin und her. Sowohl Hepburn als auch Bogart liefern brillante Darstellungen von solcher Subtilität, daß es wie ein Schock wirkt, wenn man in der Mitte bemerkt, wie weit sie sich von der Realität entfernt haben«, bemängelte *Sight and Sound*. Allen Eyles ereifert sich über etwas ganz anderes: »Bogarts Schwächen sind (entsprechend der Tradition) sympathisch; Hepburns Akt des Wegschüttens seines Alkohols, während ein Kater ihn zu sehr außer Gefecht gesetzt hat, als daß er wirkungsvoll protestieren könnte, ist einer der sadistischsten, die man je auf der Leinwand sah.«

Theodore Bikel, Humphrey Bogart und Partner

liche Bucht und fallen sich vor Erleichterung über die bestandenen Abenteuer in die Arme. Nachdem sie Malaria, Insekten, Blutegel und Wasserfälle überlebt haben, die das Boot beschädigen und sie eine Woche lang zu Reparaturen an Land zwingen, erreichen sie endlich den See, auf dem das deutsche Kanonenboot *Louisa* unangefochten kreuzt. Aus Sauerstofflaschen und Sprengstoff bastelt Allnut zwei Torpedos, die er an der *African Queen* befestigt in der Absicht, den Feind zu rammen. Als sie auf ihr Ziel lossteuern, gerät die *African Queen* in einen Sturm und kentert. Allnut und Rose werden an Bord der *Louisa* genommen und als feindliche Agenten zum Tod am Galgen verurteilt. Allnut bittet den Kapitän, sie noch zu verheiraten, bevor sie sterben. Gerade als die Zeremonie beendet ist, rammt die *Louisa* das Wrack der *African Queen* und explodiert.

1950

DEADLINE – U.S.A.

Die Maske runter

Regie Richard Brooks. *Buch* Richard Brooks. *Kamera* Milton Krasner. *Musik* Cyril Mockridge und Sol Kaplan. *Schnitt* William B. Murphy. *Regie-Assistenz* Dick Mayberry. *Art Directors* Lyle Wheeler und George Patrick. *Bauten* Thomas Little und Walter M. Scott. *Garderobe* Charles Le Maire. *Kostüme* Eloise Jenssen. *Maske* Ben Nye. *Special Effects* Ray Kellogg. *Ton* E. Clayton Ward und Harry M. Leonard. *Orchestrierung* Edward Powell und Bernard Mayers. *Musikalische Leitung* Lionel Newman. *Darsteller* Humphrey Bogart (Ed Hutchinson), Ethel Barrymore (Mrs. Garrison), Kim Hunter (Nora), Ed Begley (Frank Allen), Warren Stevens (George Burrows), Paul Stewart (Harry Thompson), Martin Gabel (Tomas Rienzi), Joe De Santis (Herman Schmidt), Joyce MacKenzie (Kitty Garrison Geary), Audrey Christie (Mrs. Willebrandt), Fay Baker (Alice Garrison Courtney), Jim Backus (Jim Cleary), Carleton Young (Crane), Selmer Jackson (Williams), Fay Roope (Richter), Parley Baer (Oberkellner), John Douchette (Hal), Florence Shirley (Miss Barndollar), Kasia Orzazewski (Mrs. Schmidt), Raymond Greenleaf (Lawrence White), Tom Powers (Wharton), Thomas Browne Henry (Fenway), Philip Terry (Lewis Schaefer), Joseph Sawyer (Whitey), Lawrence Dobkin (Larry Hansen), Alex Gerry (Prentiss), Clancy Cooper (Captain Finlay), Willis Bouchey (Henry), Joseph Crehan (Redakteur). *Produktion* 20th Century Fox (Sol C. Siegel). *Länge* 87 Minuten.

Humphrey Bogart und Kim Hunter

Nachdem eine Senats-Untersuchung der Aktivitäten des mutmaßlichen Unterwelt-Königs Tomas Rienzi ergebnislos verlaufen ist, bittet George Burrows, Reporter der Zeitung *The Day,* die Geschichte weiter verfolgen zu dürfen. Er ist sicher, Beweise für Rienzis kriminelle Verstrickungen zu finden. Burrows Chefredakteur Ed Hutchinson gibt seine Zustimmung, hat aber im Moment ganz andere Sorgen; die Zeitung soll verkauft werden. Hutchinson wird zu einem Treffen mit Mrs. Garrison und ihren beiden Töchtern gerufen, die *The Day* an Lawrence White verkaufen wollen, den Bestizer der Konkurrenz-Zeitung *Standard. The Day* soll noch zwei weitere Tage erscheinen, bis das Nachlaßgericht den Verkauf genehmigt. Nachdem er sich auf einer Abschiedsfeier für die geliebte Zeitung betrunken hat, besucht Hutchinson seine geschiedene Frau Nora und schlägt ihr vor, noch einmal zu heiraten. Nora aber erklärt, daß sie mit einem anderen Mann verlobt sei. Am nächsten Morgen erfährt Hutchinson, daß Burrows von Rienzis Ganoven übel zusammengeschlagen worden ist und daß man die Leiche eines Mädchens namens Bessie Schmidt gefunden hat. Von ihrem Bruder Herman erfährt man, daß Bessie von Rienzis Leuten umgebracht worden ist, weil sie 200000 Dollar nicht herausgeben wollte, die sie für Rienzi aufbewahrt hat. Bevor Herman seine Aus-

Joe DeSantis, Paul Stewart und Humphrey Bogart

Ethel Barrymore und Humphrey Bogart

Humphrey Bogart und Kim Hunter

sage unterzeichnen kann, wird er von zwei als Polizisten verkleideten Gangstern abgeholt und umgebracht. Das Nachlaßgericht genehmigt den Verkauf der Zeitung. Als Hutchinson dies seinem Lokalchef Frank Allen mitteilt, sagt Allen ihm, er solle sofort in sein Büro zurückgehen. Dort findet Hutchinson Mrs. Schmidt, die nicht nur die 200000 Dollar hat, sondern auch Bessies Tagebuch, das Rienzi schwer belastet. Während Hutchinson die Geschichte zur Veröffentlichung vorbereitet, betritt Nora sein Büro; sie hat sich entschlossen, zu ihm zurückzukommen. Rienzi ruft Hutchinson an und warnt ihn davor, die Geschichte zu drucken. Doch das einzige, was er am Telefon hört, ist das Rattern der Rotationsmaschinen mit der letzten, mutigen Ausgabe von *The Day*.

Regisseur Brooks' stets seriös-trockener Inszenierungsstil erschöpft sich in diesem Film weitgehend in endlosen Mono- und Dialogen. Außerdem stehen sich die drei Handlungsstränge – Zeitungs-Verkauf, Gangster-Aktivitäten, Ehe-Probleme – gegenseitig im Weg. Bogart unterstützte Brooks mit Erfolg in einer Auseinandersetzung mit der Produktionsfirma Fox, die eine Szene herausschneiden wollte, in der Bogart dafür plädierte, daß nicht nicht nur die Besitzer, sondern auch die Angestellten und die Leser Rechte an einer Zeitung haben. *Monthly Film Bulletin* schrieb über *Deadline-U.S.A.*: »Irgendwo unterwegs verliert der Film sich selbst; das Melodrama gerät ebenso außer Kontrolle wie das wiederholte Pochen auf den Tugenden einer freien Presse.«

1952

U.S. Savings Bonds Trailer

Bogart präsentierte die E-Serie amerikanischer Sparbriefe in einem kurzen Werbefilm, der von *Metro-Goldwyn-Mayer* hergestellt worden war und der Wochenschau-Ausgabe vom 25./26. Juli beigefügt wurde.

1953

BATTLE CIRCUS

Arzt im Zwielicht

Humphrey Bogart und June Allyson

Robert Keith, Humphrey Bogart und June Allyson

Regie Richard Brooks. *Buch* Richard Brooks, nach einer Originalgeschichte von Allen Rivkin und Laura Kerr. *Kamera* John Alton. *Musik* Lennie Hayton. *Schnitt* George Boemler. *Regie-Assistenz* Al Jennings. *Art Directors* Cedric Gibbons und James Basevi. *Bauten* Edwin B. Willis und Alfred E. Spencer. *Maske* William Tuttle. *Special Effects* A.Arnold Gillespie. *Ton* Douglas Shearer. *Orchestrierung* Robert Franklyn. *Technische Beratung* Lieutenant Colonel K. E. Van Buskirk und Lieutenant Mary Couch. *Darsteller* Humphrey Bogart (Major Jed Webbe), June Allyson (Lieutenant Ruth McCara), Keenan Wynn (Sergeant Orvil Statt), Robert Keith (Lieutenant Colonel Hillary Whalters), William Campbell (Captain John Rustford), Perry Sheehan (Lieutenant Laurence), Patricia Tiernan (Lieutenant Rose Ahland), Jonathan Cott (Adjutant), Adele Longmire (Lieutenant Jane Franklin), Ann Morrison (Lieutenant Edith Edwards), Helen Winston (Lieutenant Graciano), Sarah Selby (Captain Dobbs), Danny Chang (Danny), Philip Ahn (Koreanischer Gefangener), Steve Forrest (Sergeant), Jeff Richards (Lieutenant), Dick Simmons (Captain Norson). *Produktion* Metro-Goldwyn-Mayer (Pandro S. Berman). *Länge* 90 Minuten.

Eine Gruppe von Armee-Krankenschwestern trifft in Major Jed Webbes mobilem Feldlazarett hinter den Frontlinien in Korea ein. Die übereifrige Ruth McCara fällt Webbe sofort auf, weil sie unnötige Risiken auf sich nimmt. Er unternimmt eine Reihe von Annäherungsversuchen, um sich von der Härte seiner medizinischen Arbeit abzulenken. Webbe nimmt an einem riskanten Hubschrauber-Einsatz zur Rettung verwundeter Frontsoldaten teil; er ist außerdem beunruhigt durch die ständigen Verlegungen des Lazaretts, die auf Grund der sich ändernden Kampflinien nötig sind. Unter Webbes Anleitung beginnt sich Ruth zu bewähren. Sie stellt ihren Mut unter Beweis, indem sie einen durchgedrehten koreanischen Gefangenen entwaffnet, der seine Feinde mit einer Handgranate bedroht. Nicht weniger gefährlich ist ihre Affäre mit Webbe, dessen

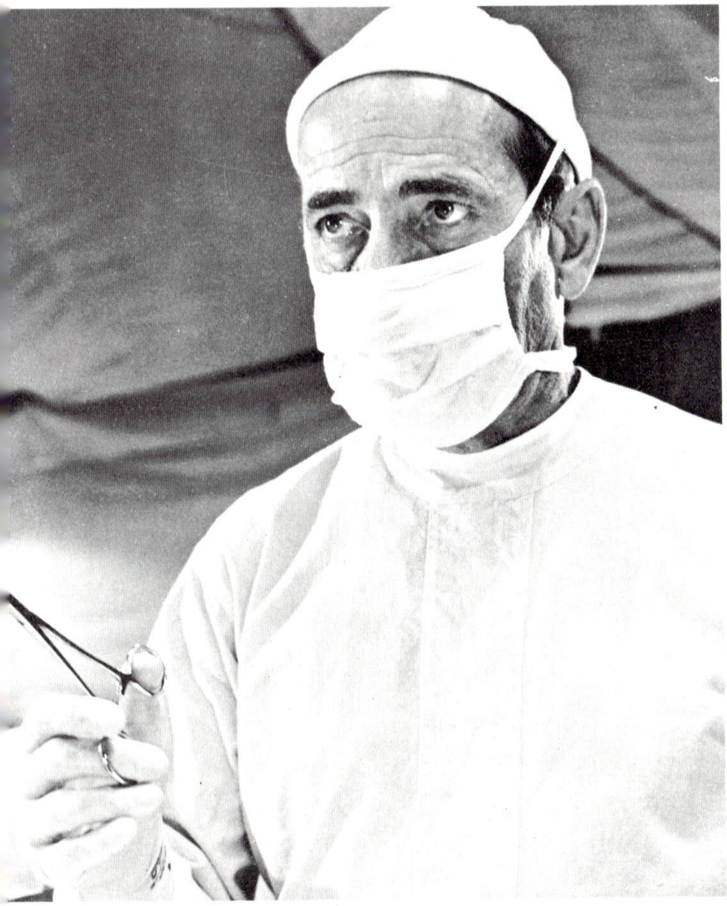

June Allyson und Humphrey Bogart

Schwäche für Frauen genauso stark ist wie sein Widerstand gegen die Ehe. Webbe besitzt außerdem eine Schwäche für Alkohol in Streßsituationen: »Drei Weltkriege in einem Leben – vielleicht ist Whisky so sehr ein Teil unseres Daseins wie Krieg.« Als sein Vorgesetzter wegen seiner Trinkerei mit Versetzung droht, hört er allerdings allmählich auf. Webbes Abneigung gegen die Ehe bringt die beiden Liebenden beinahe auseinander, aber schließlich finden sie doch zusammen.

»Wirklich widerwärtig ist die amerikanische Formel, Kriegsgeschehen und romantische Liebesgeschichten zu mischen, Schlachtfeld und Lazarett als Hintergrund zu benutzen für die amourösen Manöver von herkömmlichen Helden und Heldinnen, hier in der Verkleidung von Chirurg und Krankenschwester. In ein oder zwei halb-dokumentarischen Szenen ... erweckt der Film Interesse und erreicht er Würde, aber von solchen Szenen gibt es viel zu wenige«, ereiferte sich die ehrwürdige britische *Times*. Wobei man ihr im Grunde nur zustimmen kann.

Humphrey Bogart und Keenan Wynn

1954
BEAT THE DEVIL
Schach dem Teufel

Robert Morley, Ivor Barnard, Peter Lorre, Marco Tulli, Jennifer Jones, Humphrey Bogart und Gina Lollobrigida

Regie John Huston. *Buch* John Huston und Truman Capote, nach dem gleichnamigen Roman von James Helvick. *Kamera* Oswald Morris. *Musik* Franco Mannino. *Schnitt* Ralph Kemplen. *Art Director* Wilfred Shingleton. *Ton* George Stephenson und E. Law. *Musikalische Leitung* Lambert Williamson. *Darsteller* Humphrey Bogart (Billy Dannreuther), Jennifer Jones (Gwendolen Chelm), Gina Lollobrigida (Maria Dannreuther), Robert Morley (Petersen), Peter Lorre (O'Hara), Edward Underdown (Harry Chelm), Ivor Barnard (Major Ross), Bernard Lee (Inspektor), Marco Tulli (Ravello), Mario Perroni (Zahlmeister), Alex Pochet (Hotelmanager), Aldo Silvani (Charles), Guilio Donnini (Verwalter), Saro Urzi (Kapitän), Juan de Landa (Fahrer des Hispano-Suiza), Manuel Serano (Arabischer Offizier), Mimo Poli (Barmann). *Produktion* Santana-Romulus/United Artists (Jack Clayton). *Länge* 93 Minuten.

Sechs Abenteurer sitzen in einem kleinen italienischen Hafen fest, weil ihr Dampfer repariert werden muß. Es handelt sich um die vier internationalen Gauner Petersen, O'Hara, Ross und Ravello sowie um den amerikanischen Glücksritter Billy Dann-

Jennifer Jones, Gina Lollobrigida und Humphrey Bogart

Humphrey Bogart, Gina Lollobrigida und Edward Underdown

reuther und seine Frau Maria, die die vier Schurken stets als ihre »Geschäftsfreunde« vorstellen. Sie wollen nach Britisch-Ostafrika, angeblich um in Kenia Staubsauger zu verkaufen, in Wirklichkeit aber um Land aufzukaufen, auf dem, einem privaten Tip zufolge, Uran zu finden sein soll. Während sie auf ihre Abreise warten, lernen Billy und Maria das Ehepaar Chelm kennen. Harry Chelm ist ein geistig unterbemittelter – und falscher – britischer Adliger, seine Frau Gwendolen eine eingefleischte Lügnerin. Als sie Gwendolens fantasiereichem Geschwätz über Uranvorkommen lauschen, kommen die Verschwörer zu dem Schluß, ihr Projekt sei in Gefahr, verraten zu werden. Daraufhin macht sich Billy an Gwendolen heran, während Maria sich hinter Harry klemmt. Die vier Ganoven beobachten alarmiert diese amourösen Spiele, in denen sie einen Gegenanschlag auf ihr Uran-Geschäft vermuten. Auf der Reise nach Afrika entdeckt Harry den Plan des Quartetts, das ihn daraufhin zu ermorden versucht. Glücklicherweise explodiert das Schiff und beginnt zu sinken; Harry geht über Bord. Die sieben Überlebenden erreichen mit einem Rettungsboot die Küste – nur um von arabischer Polizei beschossen zu werden, weil sie

Gina Lollobrigida, Peter Lorre,
Robert Morley, Jennifer Jones,
Marco Tulli und Humphrey Bogart

Jennifer Jones und Humphrey Bogart

Peter Lorre, Robert Morley, Humphrey Bogart, Marco Tulli, Gina Lollobrigida und Jennifer Jones

illegal an Land gegangen sind. Sie werden als Spione verhaftet und von einem arabischen Offizier verhört, dessen Lebensziel es ist, Rita Hayworth zu begegnen. Nachdem Billy ihm verspricht, ein Treffen mit dem Objekt seiner Bewunderung zu arrangieren, kommen alle frei. Wieder zurück in Italien, werden die vier Halsabschneider von der Polizei verhaftet, nachdem Gwendolen zum ersten Mal in ihrem Leben die Wahrheit gesagt hat. Sie erhält von ihrem vermeintlich ertrunkenen Ehemann ein Telegramm, in dem er sie bittet, zu ihm zurückzukommen. Nach Gwendolens Abreise lesen Billy und Maria das Telegramm und erfahren daraus, daß Harry das Land mit dem Uran gekauft hat.

Bogart hatte fast ein Jahr lang untätig herumgesessen, als ihm sein Freund John Huston diesen Stoff anbot und vorschlug, das Ganze vor Ort in Italien zu drehen. Weil Produzent David O. Selznick darauf bestand, daß seine damalige Freundin Jennifer Jones eine Rolle bekam, mußte das Drehbuch geändert werden. Huston ließ Truman Capote nach Italien kommen, der das Buch umschrieb, während gleichzeitig gedreht wurde. Dabei wandelte sich der ursprünglich ernste Stoff zu einer Komödie. Kommerziell wurde *Beat The Devil* zu einer großen Pleite, während die Meinungen der Kritiker weit auseinandergingen. Die einen lobten den Film als eine der besten Satiren, die je gedreht wurden, die anderen verdammten ihn als langweilig und unverständlich.

Gina Lollobrigida, Edward Underdown, Humphrey Bogart, Alex Pochet und Jennifer Jones

1954

The Caine Mutiny

Die Caine war ihr Schicksal

Humphrey Bogart, E. G. Marshall, Robert Bray, Paul McGuire, Kenneth MacDonald, Warner Anderson, Tyler McVey, Gaylord Pendleton, Van Johnson und Jose Ferrer

Regie Edward Dmytryk. *Buch* Stanley Roberts, mit zusätzlichen Dialogen von Michael Blankfort, nach dem gleichnamigen Roman von Herman Wouk. *Kamera* (Technicolor) Franz Planer. *Musik* Max Steiner. *Design* Rudolf Sternad. *Schnitt* William Lyon und Henry Batista. *Regie-Assistenz* Carter DeHaven jr. *Art Director* Cary Odell. *Bauten* Frank Tuttle. *Kostüme* Jean Louis. *Maske* Clay Campbell. *Frisuren* Helen Hunt. *Second Unit Kamera* Ray Cory. *Special Effects* Lawrence Butler. *Ton* Lambert Day. *Songs* »I Can't Believe That You're In Love With Me« von Jimmy McHugh und Clarence Gaskill; »Yellowstain Blues« von Fred Karger und Herman Wouk. *Farbberatung* Francis Cugat. *Technische Beratung* Commander James C. Shaw, U.S. Navy. *Darsteller* Humphrey Bogart (Kapitän Queeg), Jose Ferrer (Lieutenant Barney Greenwald), Van Johnson (Lieutenant Steve Maryk), Fred MacMurray (Lieutenant Tom Keefer), Robert Francis (Ensign Willie Keith), May Wynn (May Wynn), Tom Tully (Captain DeVriess), E. G. Marshall (Lieutenant Commander Challee), Arthur Franz (Lieutenant Paynter), Lee Marvin (Meatball), Warner Anderson (Captain Blakely), Claude Akins (Horrible), Katharine Warren (Mrs. Keith), Jerry Paris (Ensign Harding), Steve Brodie (Chief Budge), Todd Karns (Stilwell), Whit Bissell (Lieutenant Commander Dickson), James Best (Lieutenant Jorgensen), Joe Haworth (Ensign Carmody), Guy Anderson (Ensign Rabbit), James Edwards (Whittaker), Don Dubbins (Urban), David Alpert (Engstrand). *Produktion* Stanley Kramer Company/Columbia (Stanley Kramer). *Länge* 125 Minuten.

1943 wird Fähnrich Willie Keith nach Pearl Harbor auf den Zerstörer *Caine* abkommandiert. Dort trifft er Lieutenant Maryk, den leitenden Offizier, und Lieutenant Keefer, der von Beruf Schriftsteller ist. Entsetzt über die allgemeine Unordnung an Bord, freut sich Willie, als Kapitän DeVriess durch Lieutenant Commander Philip Francis Queeg abgelöst wird. Queeg aber ist kein gewöhnlicher Offizier. Während die *Caine* ein Zielgerät schleppt, beschäftigt sich Queeg so intensiv damit, einen unordentlichen Matrosen zusammenzustauchen, daß er das Schiff im Kreis fahren und die eigene Schleppleine durchtrennen läßt. Später, während die *Caine* den Angriff auf eine Insel anführt, prescht Queeg zu schnell vor und gerät unter Beschuß von der Küste. Anstatt darauf zu warten, daß die Landungsboote aufschließen, befiehlt Queeg den Abwurf einer gelben Rauchmarkierung an jener Stelle, an der er hinter den Landungsbooten zurückbleiben sollte, und bringt die *Caine* so schnell wie möglich außer Schußweite. Als Ergebnis dieser offensichtlichen Feigheit geben die Männer Queeg den Spitznamen »Old Yellowstain« (Alter Gelbfleck) und dichten sogar den »Yellowstain Blues«. Auf umständliche Art bittet Queeg seine Offiziere um Sympathie und Verständnis, aber sein Verlangen wird nur mit Schweigen beantwortet. Keefer deutet an, daß Queeg paranoid sei und beeinflußt Maryk dadurch, heimlich ein medizinisches Tagebuch über Queeg zu führen. Weitere Ereignisse, die auf Queegs Unaus-

Tom Tully, Jerry Paris, Fred MacMurray, Humphrey Bogart, Arthur Franz, Robert Francis und Van Johnson

Humphrey Bogart und Van Johnson

geglichenheit hindeuten, gipfeln in Queegs Entdekkung, daß einige Erdbeeren abhanden gekommen sind. Obwohl ihm erklärt wird, daß sie von den Schiffsjungen gegessen worden sind, besteht Queeg auf einer Durchsuchung des Schiffs nach einem imaginären zweiten Eisschrankschlüssel. Während eines Taifuns, bei dem die *Caine* zu sinken droht, wendet Maryk einen Artikel des Marinegesetzes an, der die Ablösung eines Kapitäns durch den leitenden Offizier in bestimmten Notsituationen vorsieht. Willie unterstützt Maryk, Queeg aber droht damit, sie der Meuterei anzuklagen. Zurück in San Francisco, muß sich Maryk vor einem Kriegsgericht verantworten. Er wird verteidigt von Lieutenant Barney Greenwald. Commander Challee, der Ankläger, bringt eine ganze Reihe von Beweisen für Queegs Erfahrungen und Fähigkeiten vor, so daß sogar Keefer seinen Standpunkt ändert und die ganze Schuld auf Maryk abwälzt. Als Queeg jedoch in den Zeugenstand tritt, windet er sich verwirrt und verwandelt sich unter Greenwalds scharfer Befragung in ein armseliges, stammelndes Wrack. Maryk wird freigesprochen. Bei einer anschließenden Feier beschimpft Greenwald die Offiziere der *Caine* für das, was sie Queeg angetan haben, der viel mehr für sein Land getan habe als sie. Er bringt einen Trinkspruch aus auf »den wahren Urheber der Meuterei auf der *Caine*« und schüttet Keefer seinen Champagner ins Gesicht.

Bogart war sehr interessiert daran gewesen, in der Verfilmung des mit dem Pulitzer-Preis ausgezeichneten Romans mitzuspielen, ärgerte sich dann aber hinterher, weil das Drehbuch um eine (völlig überflüssige) Liebesgeschichte und einige (ebenfalls deplazierte) komische Szenen erweitert worden war. Für seine Darstellung des Kapitän Queeg erntete Bogart nur Lob: »Er gibt den Leiden des Kapitäns die Qualität fast vornehmer Verzweiflung«, schrieb das *Time Magazine*. Bogarts große Gerichtsszene, in der er hektisch mit drei Silberkugeln herumzuhantieren beginnt, wurde zu Recht als darstellerische Meisterleistung gewürdigt. Im dramaturgischen Rahmen des Films freilich steht sie eher an der falschen Stelle; Bogart hatte den seelischen Zusammenbruch des Kapitäns schon lange vorher auf dem Schiff nuanciert deutlich gemacht. So nannte die *Times* das von Produzent Kramer und Regisseur Dmytryk steril, umständlich und überlang gestaltete Werk einen »eher ehrwürdigen als denkwürdigen Film«. Bogart wurde für seine Rolle zum dritten Mal für den »Oscar« nominiert, aber die Auszeichnung ging diesmal an Marlon Brando.

1954

SABRINA

Sabrina

Audrey Hepburn und Humphrey Bogart

Regie Billy Wilder. *Buch* Billy Wilder, Samuel Taylor und Ernest Lehman, nach dem Theaterstück *Sabrina Fair* von Samuel Taylor. *Kamera* Charles Lang jr. *Musik* Frederick Hollander. *Schnitt* Arthur Schmidt. *Regie-Assistenz* C. C. Coleman jr. *Art Directors* Hal Pereira und Walter Tyler. *Bauten* Sam Comer und Ray Moyer. *Kostüme* Edith Head. *Maske* Wally Westmore. *Special Effects* John P. Fulton und Farciot Edouart. *Ton* Harold Lewis und John Cope. *Darsteller* Humphrey Bogart (Linus Larrabee), Audrey Hepburn (Sabrina Fairchild), William Holden (David Larrabee), Walter Hampden (Oliver Larrabee), John Williams (Thomas Fairchild), Martha Hyer (Elizabeth Tyson), Joan Vohs (Gretchen Van Horn), Marcel Dalio (Baron), Marcel Hillaire (Professor), Nella Walker (Maude Larrabee), Francis X. Bushman (Mr. Tyson), Ellen Corby (Miss McCardle). *Produktion* Paramount (Billy Wilder). *Länge* 113 Minuten.

Sabrina Fairchild, Tochter des Chauffeurs der wohlhabenden Larrabees, verliebt sich in David, den

Humphrey Bogart, Audrey Hepburn und William Holden

jüngsten Sohn der Familie. Er aber sieht in ihr nur einen träumerischen Teenager. Nach einem Selbstmordversuch mit Auspuffgasen in der Larrabee-Garage wird Sabrina von ihrem Vater nach Paris geschickt, um sich auf ihren Beruf als Köchin vorzubereiten. Nach zwei Jahren kehrt Sabrina mit französischer Garderobe und einer Unzufriedenheit über ihren Status als Chauffeurstochter zurück. Sie macht sich daran, David zur Heirat zu bewegen, der in ihr jetzt die schöne und weltläufige junge Dame erkennt. David ist jedoch mit Elizabeth Tyson verlobt, deren Verbindungen für die Larrabee-Unternehmen von Nutzen sein werden. Die Familie ist fest entschlossen, allem entgegenzutreten, was diese Heirat gefährdet. Deshalb entschließt sich Davids ernster älterer Bruder Linus, ein penibler und steifer Geschäftsmann, Sabrina von ihrer Vorliebe für David abzulenken, indem er ihr selber den Hof macht. Der alte Oliver Larrabee, ansonsten hauptsächlich damit beschäftigt, die letzte Olive aus der Flasche in seinen Martini-Cocktail zu bekommen, bezweifelt, ob Linus überhaupt noch weiß, wie man mit einem Mädchen umgehen müsse. Linus beruhigt ihn mit dem Argument, daß man auch Fahrradfahren nicht verlerne. In einem mittlerweile zu engen Universitäts-Pullover, ausgerüstet mit einem Plattenspieler und nur einer einzigen Platte (»Yes, We Have No Bananas« – Ja, wir haben keine Bananen), macht er sich an die Arbeit. Linus' Ablenkungsmanöver enden in einem unerwarteten Triumph. Er verliebt sich in die charmante Sabrina und heiratet sie selber.

Humphrey Bogart und Audrey Hepburn

Wenn man bedenkt, daß ursprünglich Cary Grant für die Rolle vorgesehen war, verwundert es nicht, daß Bogart den Eindruck macht, als sei er in den falschen Film geraten – obwohl Billy Wilder das Drehbuch extra für ihn umgeschrieben hatte. Hinzu kam, daß Bogart bei den Dreharbeiten in England mit niemandem zurechtkam: William Holden konnte er auf den Tod nicht leiden, mit Billy Wilder gab es dauernd Streit, und über die unerfahrene Audrey Hepburn sagte Bogart, als er gefragt wurde, wie er das »Traummädchen« fände: »Nett – wenn man eine Szene gerne 36mal hintereinander spielt.« Ganz richtig bemerkte ein englischer Kritiker: »Bogart besitzt weder die Jugend noch die Eleganz für Linus Larrabee, ist einen ganzen Kopf kleiner als Audrey Hepburn und spielt die Rolle so, als ob er dies alles nur zu gut wisse.«

Humphrey Bogart, Walter Hampden, Nella Walker und William Holden

1954

THE BAREFOOT CONTESSA

Die barfüßige Gräfin

Edmond O'Brien, Humphrey Bogart, Mari Alden, Warren Stevens

Regie Joseph L. Mankiewicz. *Buch* Joseph L. Mankiewicz. *Kamera* (Technicolor) Jack Cardiff. *Musik* Mario Nascimbene. *Schnitt* William Hornbeck. *Regie-Assistenz* Pietro Mussetta. *Art Director* Arrigo Equini. *Kostüme* Fontana. *Ton* Charles Knott. *Darsteller* Humphrey Bogart (Harry Dawes), Ava Gardner (Maria Vargas), Edmond O'Brien (Oscar Muldoon), Marius Goring (Alberto Bravano), Valentina Cortesa (Eleanora Torlato-Favrini), Rossano Brazzi (Vincenzo Torlato-Favrini), Elizabeth Sellars (Jerry), Warren Stevens (Kirk Edwards), Franco Interlenghi (Pedro), Mari Aldon (Myrna), Bessie Love (Mrs. Eubanks), Diana Decker (Betrunkene Blondine), Bill Fraser (J. Montague Brown), Alberto Rabagliati (Nachtklubbesitzer), Enzo Staiola (Botenjunge), Haria Zanoli (Marias Mutter), Renato Chiantoni (Marias Vater), John Parrish (Mr. Black), Jim Gerald (Mr. Blue), Riccardo Rioli (Tanzender Zigeuner), Tonio Selwart (Der Thronbewerber), Margaret Anderson (Frau des Thronbewerbers), Gertrude Flynn (Lulu McGee), John Horne (Hector Eubanks), Robert Christopher (Eddie Blake), Anna Maria Paduan (Zimmermädchen), Carlo Dale (Chauffeur). *Produktion* Figaro Incorporated/United Artists (Forrest E. Johnston, Franco Magli und Michael Waszynski). *Länge* 128 Minuten.

Der heruntergekommene Filmregisseur Harry Dawes wird von dem reichen Grobian Kirk Edwards beauftragt, einen Film für eine bezaubernde Frau zu schreiben und zu inszenieren. Bei ihrer Talentsuche

Humphrey Bogart und Edmond O'Brien

Humphrey Bogart und Elizabeth Sellars

in Europa begegnen sie in Madrid der Tänzerin Maria Vargas, von der Kirk schon gehört hat. Sie ist einverstanden, den Film in Rom zu drehen, und wird über Nacht zum Star. Auch Harrys Karriere erhält neuen Glanz, und zwischen ihm und Maria entsteht eine enge Freundschaft. Zusammen mit seinem Scriptgirl Jerry, in das er verliebt ist, besucht Harry eine Party, die Kirk für den Millionär Bravano gibt. Bravano bewundert ganz offen Maria, die er für Kirks Geliebte hält, und lädt sie auf seine Jacht an der Riviera ein. Dort erfährt Bravano, wie vor ihm schon Kirk, daß Maria sich Männern seiner Art verweigert, genießt es aber, die Leute in dem Glauben zu lassen, sie sei die Seine. Eines Abends, als Bravano im Casino spielt, wechselt Maria einige seiner Chips ein und wirft das Geld aus einem Fenster – für ihren Liebhaber, einen Zigeuner. Bravano verliert und beschuldigt Maria, ihm Unglück zu bringen. Graf Vincenzo Torlato-Favrini, der die Szene am Fenster beobachtet hat, ohrfeigt Bravano und begleitet Maria zu seinem Palast. Maria verliebt sich in Vincenzo und heiratet ihn. Einige Monate später kommt Maria in einer Regennacht zu Harry ins Hotel und berichtet ihm, wie sie in der Hochzeitsnacht herausfand, daß ihr geliebter Ehemann auf Grund einer Kriegsverletzung impotent ist. Sie will Vincenzo aber glücklich machen, indem sie ein Baby bekommt und so den Familiennamen fortführe. Denn das, so glaubt sie, wolle Vincenzo wirklich. Harry weist sie daraufhin, daß das Gegenteil der Fall sei; Maria aber besteht darauf, es besser zu wissen. Als

Humphrey Bogart und Ava Gardner

Warren Stevens, Humphrey Bogart und Partner

sie geht, bemerkt Harry, daß Vincenzos Wagen ihr folgt. Er fährt ihnen nach zum Palast und hört bei seiner Ankunft zwei Schüsse aus der Richtung der Dienstboten-Unterkünfte. Vincenzo erscheint, Marias leblosen Körper in den Armen. Sie und der Mann seien tot, erklärt er Harry. Sie gehen ins Haus. In aller Ruhe benachrichtigt Vincenzo die Polizei.

»Es war ein Geniestreich im Hinblick auf die Kassen und die Charaktere, Ava Gardner und Humphrey Bogart zusammen zu besetzen, denn ihre Anziehungskraft ist genauso stark wie ihre darstellerischen Leistungen ... Mankiewicz' Dialoge funkeln wie kostbarer Burgunder«, begeisterte sich *Hollywood Reporter*. In der Tat hatte Autor/Regisseur Mankiewicz einmal mehr hervorragende Dialoge geschrieben, aber die Geschichte war zu flach, um den Film zu einem der besseren dieses talentierten Filmers zu machen. »Eine Seifenoper mit internationalem Rahmen«, urteilte das *Time Magazine*. *Sight and Sound* schrieb: »Der Film besitzt eine Vulgarität, die ihn seiner beträchtlichen Ansprüche auf Größe ganz beraubt ... Bogart spielt mit unnachgiebiger Entschlossenheit durch einen alkoholischen Nebel.« Unvergeßlich freilich bleibt die Schlußszene des in einer großen Rückblende erzählten Films: Da steht Bogart als der inzwischen von seiner Trunksucht kurierte Regisseur beim Begräbnis der Gräfin im Trenchcoat im strömenden Regen und sagt: »Morgen scheint die Sonne und wir werden drehen können.«

Rossano Brazzi, Valentina Cortesa und Humphrey Bogart

Humphrey Bogart, Rossano Brazzi und Ava Gardner

1955

We're No Angels

Wir sind keine Engel

Regie Michael Curtiz. *Buch* Ranald MacDougall, nach dem Theaterstück *La Cuisine des Anges* (Die Küche der Engel) von Albert Husson. *Kamera* (Technicolor/Vista Vision) Loyal Griggs. *Musik* Frederick Hollander. *Schnitt* Arthur Schmidt. *Regie-Assistenz* John Coonan. *Dialogregie-Assistenz* Norman Stuart. *Art Directors* Hal Pereira und Roland Anderson. *Bauten* Sam Comer und Grace Gregory. *Kostüme* Mary Grant. *Maske* Wally Westmore. *Special Effects* John P. Fulton. *Ton* Hugo Grenzbach und John Cope. *Songs* »Sentimental Moments« von Frederick Hollander und Ralph Freed; »Ma France Bien-Aimée« von G. Martini und Roger Wagner. *Farbberatung* Richard Mueller. *Darsteller* Humphrey Bogart (Joseph), Aldo Ray (Albert), Peter Ustinov (Jules), Joan Bennett (Amelie Ducotel), Basil Rathbone (André Trochard), Leo G. Carroll (Felix Ducotel), John Baer (Paul Trochard), Gloria Talbott (Isabelle Ducotel), Lea Penman (Madame Parole), John Smith (Arnaud). *Produktion* Paramount (Pat Duggan). *Länge* 103 Minuten.

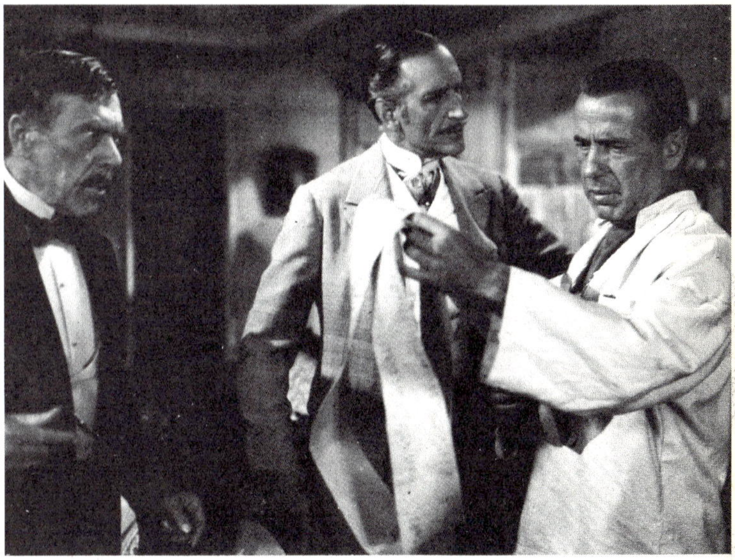

Leo G. Carroll, Basil Rathbone und Humphrey Bogart

Joseph, der Fälscher und Betrüger, Albert, der beschränkte Mörder, und Jules, der Geldschrankknakker mit einer Schwäche für Totschlag, entfliehen am Heiligen Abend von der Teufelsinsel. Um ihre Gefängniskleidung gegen etwas Unauffälligeres einzutauschen, brechen sie in einen Laden ein, werden aber von dem Besitzer Felix Ducotel, dessen Frau Amelie und ihrer Tochter Isabelle überrascht. Weil die Familie, die die Sträflinge für Zimmerleute hält, so freundlich zu ihnen ist, entschließen sich die Ganoven, sie nicht auszurauben und umzubringen, denn »ihnen die Kehlen durchzuschneiden, könnte ihr Weihnachtsfest verderben«. Sie entdecken, daß die Familie von dem aus Paris angereisten Ladenbesitzer, dem tyrannischen und habgierigen Verwandten André Trochard, unter Druck gesetzt wird, weil die Bücher nicht ordentlich geführt worden sind. Isabelle glaubt außerdem, in Andrés Neffen Paul verliebt zu sein, einem gezierten Gecken, dessen Herz auch voller Liebe ist – aber nur für sich selbst.

Humphrey Bogart und Leo G. Carroll

Humphrey Bogart, Peter Ustinov und Aldo Ray

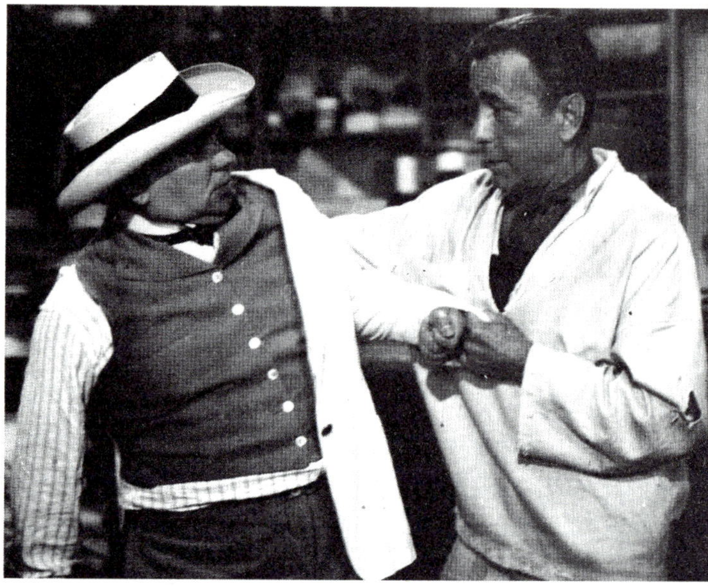

Humphrey Bogart und Partner

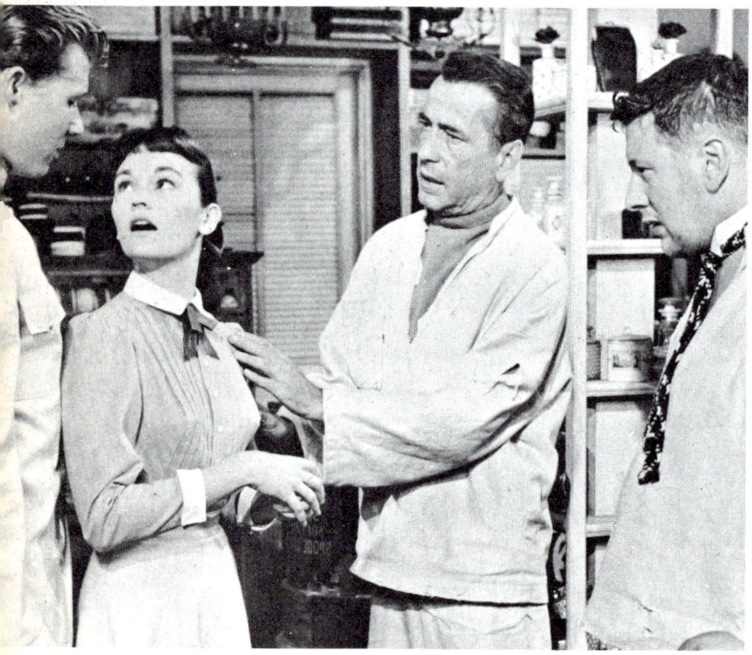

John Smith, Gloria Talbott, Humphrey Bogart und Peter Ustinov

Gerührt durch die bemitleidenswerte Unfähigkeit der ehrlichen Ducotels, spielen die Sträflinge Sankt Nikolaus. Das trickreiche Trio richtet die sinkende Stimmung der Familie unter anderem mit einem Truthahn und einem Tannenbaum – beide natürlich gestohlen – wieder auf. Das schönste Weihnachtsgeschenk aber kommt, als der gierige Trochard darauf besteht, den Korb mit Alberts Liebling – einer Giftschlange – zu untersuchen. Deren Biß bringt ihm die verdiente Belohnung. Ein ähnliches Schicksal erleidet Paul, als er die Taschen seines Onkels durchsucht. Nachdem die drei Sträflinge auch noch Isabelle mit dem gutaussehenden jungen Schiffsarzt Arnaud verkuppelt haben, kehren sie aus Heimweh nach ihrem Gefängnis auf die Teufelsinsel zurück.

Zum zweiten Mal – wie schon in *Passage To Marseille* – spielt Bogart unter der Regie von Curtiz hier einen von der Teufelsinsel entflohenen Sträfling. Zum zweiten Mal auch – nach *Beat The Devil* – stellt er hier seine Künste als Komödiant unter Beweis, dieses Mal allerdings mit mehr Erfolg. In der Verfilmung des erfolgreichen französischen Theaterstücks, die Hans C. Blumenberg anläßlich der deutschen Fernsehausstrahlung als »halbwegs amüsante Unterhaltung« klassifizierte, parodiert Bogart mit viel Selbstironie seine früheren Gangsterrollen. »Die Herren Bogart, Ustinov und Ray geben das einnehmendste Schurkentrio ab, das jemals Verbrechen als zivilisierten und komischen Lebensstil erscheinen ließ«, schrieb damals ein englischer Kritiker.

1955

THE LEFT HAND OF GOD

Die linke Hand Gottes

Regie Edward Dmytryk. *Buch* Alfred Hayes, nach dem gleichnamigen Roman von William E. Barrett. *Kamera* (CinemaScope/De Luxe-Color) Franz Planer. *Musik* Victor Young. *Schnitt* Dorothy Spencer. *Regie-Assistenz* Ben Kadish. *Art Directors* Lyle Wheeler und Maurice Ransford. *Bauten* Walter M. Scott und Frank Wade. *Garderobe* Charles Le Maire. *Kostüme* Travilla. *Maske* Ben Nye. *Frisuren* Helen Turpin. *Special Effects* Ray Kellogg. *Ton* Eugene Grossman und Harry M. Leonard. *Orchestrierung* Leo Shuken und Sidney Cutner. *Farbberatung* Leonard Doss. *Technische Beratung* Frank Tang. *Darsteller* Humphrey Bogart (Jim Carmody), Gene Tierney (Anne Scott), Lee J. Cobb (Mieh Yang), Agnes Moorehead (Beryl Sigman), E. G. Marshall (Dr. David Sigman), Jean Porter (Mary Yin), Carl Benton Reed (Reverend Cornelius), Victor Sen Yung (John Wong), Philip Ahn (Jan Teng), Benson Fong (Chun Tien), Richard Cutting (Pater O'Shea), Leon Lontoc (Pao Ching), Don Forbes (Pater Keller), Noel Toy (Frau im Sarong), Peter Chong (Feng Tso Lin), Marie Tsien (Frau im Kimono), Stephen Wong (Der Junge), Sophie Chin (Celeste), George Chan (Li Kwan), Walter Soo Hoo (Krankenpfleger), Henry S. Quan (Krankenpfleger), Doris Chung (Krankenschwester), Moy Ming (Alter Mann), George Lee (Mi Lu), Beal Wong (Pater), Stella Lynn (Pao Chu), Robert Burton (Reverend Marvin), Soo Yong (Hebamme). *Produktion* 20th Century-Fox (Buddy Adler). *Länge* 87 Minuten.

Giene Tierney und Humphrey Bogart

Der amerikanische Flieger Jim Carmody wird während des Zweiten Weltkriegs über China abgeschossen. Er bleibt bei dem chinesischen Kriegsherrn Mieh Yang, der ihn aus seinem zerstörten Flugzeug gerettet und zu seinem »militärischen Berater« gemacht hat. Während eines Überfalls töten Yangs Männer einen Priester. Wütend über den mutwilligen Mord und ruhelos nach drei Jahren bei Yang, entflieht Carmody im Gewand des toten Priesters. Er macht sich auf den Weg zur Missionsstation St. Mary, wo der ermordete Priester einen verstorbenen Kollegen ersetzen sollte. Dort stellt er sich dem Missionsarzt David Sigman, dessen Frau Beryl und der Krankenschwester Anne Scott als der neue Priester vor. Seine priesterlichen Pflichten, die sofort auf ihn einstürmen, erledigt Carmody mit einiger Hilfe aus der Missionsbücherei und mit viel Glück. Er fühlt sich zu Anne hingezogen und sie sich zu ihm; beide aber unterdrücken ihre Gefühle – Carmody aus Notwendigkeit, Anne aus Schuldgefühlen, einen »Priester« zu lieben. Carmody vertraut sein Problem Reverend Marvin an, dem Priester eines weit entfernten Dorfes. Marvin rät ihm, dem Bischof zu schreiben, was Carmody auch macht. Bei seiner

Carl Brenton Reid, Don Forbes und Humphrey Bogart

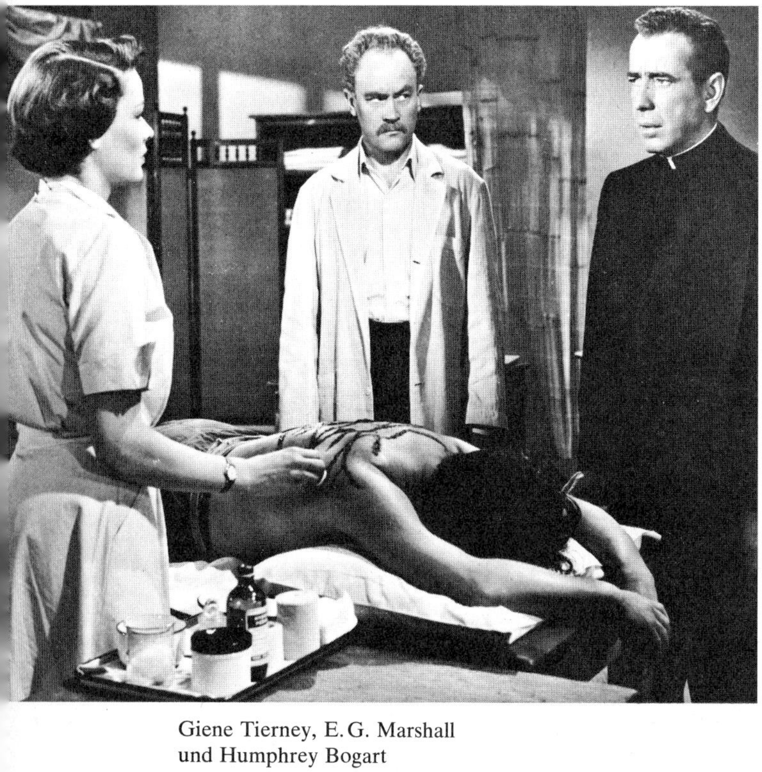

Giene Tierney, E.G. Marshall
und Humphrey Bogart

Humphrey Bogart, E.G. Marshall
und Agnes Moorehead

Humphrey Bogart und E.G. Marshall

Rückkehr findet er das Dorf in heller Aufregung vor: Yang rückt mit seinen Banditen an. Carmody beruhigt die Sigmans und Anne, die einen Verteidigungstrupp organisieren wollen, und erklärt ihnen, daß Yang nur seinetwegen kommt. Entschlossen, den Deserteur zu seinen Truppen zurückzuholen, besetzt Yang das Dorf. Carmody schlägt Yang vor, um seine Dienste gegen die Sicherheit des Dorfes zu spielen. Zweimal werfen sie die Würfel, zweimal gewinnt Carmody. Als guter Verlierer zieht sich Yang mit seinen Truppen zurück. Am folgenden Tag trifft Pater Cornelius ein, der Vertreter des Bischofs. Er schickt Carmody zum Bischof, um die Kirche für seine Maskerade um Vergebung zu bitten, und erklärt Anne, daß sie jetzt dem Mann, den sie liebt, folgen könne.

»Haben sie jemals in Ihren wildesten Träumen erwartet, Humphrey Bogart im Meßgewand eines katholischen Priesters zu sehen und ihn in einwandfreiem Chinesisch eine Predigt halten zu hören?« fragte damals die englische Zeitung *Tribune* ihre Leser. »Nicht schlecht, aber nicht sehr Bogart«, fand der *Daily Herald* den Film, während die *Daily Mail* meinte: »In *The Left Hand Of God* hat Bogart mit drei Feinden zu kämpfen: China, der Versuchung des Fleisches, und nahezu allen Klischees, die jemals in Filmen über Missionare auf fremden Boden benutzt worden sind.« Die Urteile der heutigen Kritik sind nicht weniger vernichtend: Hans C. Blumenberg hält den Film für ein »fades Erbauungsstück« und den »absoluten Tiefpunkt in der Karriere Bogarts«. Terence Pettigrew merkt verärgert an, daß »Bogart rittlings auf einem betrübt blickenden Esel ... kein schöner Anblick ist.« Allen Eyles schließlich äußert die Ansicht, daß die Rolle für »Pater« Bing Crosby entschieden besser geeignet gewesen wäre. Das alles freilich konnte und kann eingefleischte Bogart-Fans nicht daran hindern, Bogarts einzigen CinemaScope-Farbfilm auf den Altar ihrer Verehrung zu heben – nicht obwohl, sondern gerade weil *The Left Hand Of God* so exotisch, abwegig und lächerlich wirkt. »Camp« nennt man das heute.

Lee J. Cobb und Humphrey Bogart

1955
The Desperate Hours
An einem Tag wie jeder andere

Humphrey Bogart, Fredric March, Richard Eyer und Martha Scott

Fredric March, Dewey Martin und Humphrey Bogart

Regie William Wyler. *Buch* Joseph Hayes, nach seinem gleichnamigen Roman und Theaterstück. *Kamera* (Vista Vision) Lee Garmes. *Musik* Gail Kubik. *Schnitt* Robert Swink. *Regie-Assistenz* C. C. Coleman jr. *Art Directors* Hal Pereira und Joseph MacMillan Johnson. *Bauten* Sam Comer und Grace Gregory. *Kostüme* Edith Head. *Maske* Wally Westmore. *Special Effects* John P. Fulton und Farciot Edouart. *Ton* Hugo Grenzbach und Winston Leverett. *Darsteller* Humphrey Bogart (Glenn Griffin), Fredric March (Dan Hilliard), Arthur Kennedy (Jesse Bard), Martha Scott (Eleanor Hilliard), Dewey Martin (Hal Griffin), Gig Young (Chuck), Mary Murphy (Cindy Hilliard), Richard Eyer (Ralphie Hilliard), Robert Middleton (Sam Kobish), Alan Reed (Detective), Bert Freed (Winston), Ray Collins (Masters), Whit Bissell (Carson), Ray Teal (Fredericks), Michael Moore (Detective), Don Haggerty (Detective), Ric Roman (Sal), Pat Flaherty (Dutch), Beverly Garland (Miss Swift), Louis Lettieri (Bucky Walling), Ann Doran (Mrs. Walling), Walter Baldwin (Patterson). *Produktion* Paramount (William Wyler). *Länge* 112 Minuten.

Die drei entflohenen Sträflinge Glenn Griffin, sein Bruder Hal und Sam Kobish suchen mit Waffengewalt Unterschlupf im Vorstadt-Haus einer Mittelstands-Familie. Geiseln in ihrem eigenen Heim sind Dan Hilliard, seine Frau Eleanor, und ihre beiden Kinder Cindy und Ralphie. Um keinen Verdacht zu erregen, darf Cindy ihren Verlobten Chuck treffen und Dan in sein Büro gehen. Beide wagen nicht, etwas zu sagen, um das Leben der anderen nicht zu gefährden. Anfangs von seinem Sohn für einen Feigling gehalten, macht sich Dan mit Mut und Klugheit daran, die Eindringlinge außer Gefecht zu setzen. Argwöhnisch geworden durch Cindys seltsames Benehmen, hat Chuck inzwischen Sheriff Bard aufgesucht, der das Haus mit Polizei umstellt. Hal entschließt sich, sein Heil in der Flucht zu suchen. Während er und Griffin sich außerhalb des Hauses aufhalten, klemmt Dan Kobishs Arm in der Türe ein,

Dewey Martin und Humphrey Bogart

Fredric March, Humphrey Bogart
und Robert Middleton

nimmt dessen Waffe und zwingt ihn nach draußen, wo er in den Suchscheinwerfern der Polizei erschossen wird. Als Dan entdeckt, daß Griffin sich Ralphie gegriffen hat, befiehlt er seinem Sohn, einfach wegzurennen, da er weiß, daß Griffins Pistole nicht geladen ist. Dann zwingt er Griffin, das Haus zu verlassen. Als Griffin wegzurennen versucht, wird er von der Polizei niedergeschossen.

Bogart war sehr daran interessiert, die Rolle des Griffin zu übernehmen, obwohl er im Grunde zu alt für den Part war. Der junge Paul Newman hatte den Griffin gerade mit großem Erfolg am Broadway gespielt. Außerdem hätte Bogart gerne mit Spencer Tracy als Dan Hilliard zusammengespielt; aber obwohl die beiden gut befreundet waren, konnten sie sich nicht darauf einigen, wessen Name als erster im Titelvorspann und auf den Plakaten erscheinen sollte. Der Film freilich entpuppte sich als ebenso langatmiges wie reaktionäres Pamphlet für Recht und Ordnung. Das gegenüber der Theaterversion verharmloste Drehbuch gestattete Bogart nur einen sehr schwachen Abglanz jener Gangsterrollen, in denen er einst so überzeugend gewesen war.

Humphrey Bogart, Robert Middleton,
Richard Eyer und Fredric March

1956

The Harder They Fall

Schmutziger Lorbeer

Rod Steiger und Humphrey Bogart

Mike Lane, Rusty Lane, Humphrey Bogart, Josey Joe Walcott, Rod Steiger, Nehemiah Persoff und Felice Orlandi

Regie Mark Robson. *Buch* Philip Yordan, nach dem gleichnamigen Roman von Budd Schulberg. *Kamera* Burnett Guffey. *Musik* Hugo Friedhofer. *Schnitt* Jerome Thoms. *Regie-Assistenz* Milton Feldman. *Art Director* William Flannery. *Bauten* William Kiernan und Alfred E. Spencer. *Maske* Clay Campbell. *Frisuren* Helen Hunt. *Ton* Lambert Day. *Orchestrierung* Arthur Morton. *Musikalische Leitung* Lionel Newman. *Technische Beratung* John Indrisano. *Darsteller* Humphrey Bogart (Eddie Willis), Rod Steiger (Nick Benko), Jan Sterling (Beth Willis), Mike Lane (Toro Moreno), Max Baer (Buddy Brannen), Jersey Joe Walcott (George), Edward Andrews (Jim Weyerhause), Harold J. Stone (Art Leavitt), Carlos Montalban (Luis Agrandi), Nehemiah Persoff (Leo), Felice Orlandi (Vince Fawcett), Herbie Faye (Max), Rusty Lane (Danny McKeogh), Jack Albertson (Pop), Val Avery (Frank), Tommy Herman (Tommy), Vinnie DeCarlo (Joey), Pat Comiskey (Gus Dundee), Matt Murphy (Matrose Rigazzo), Abel Fernandez (Chief Firebird), Marion Carr (Alice). *Produktion* Columbia (Philip Yordan). *Länge* 109 Minuten.

Nick Benko, Kopf eines korrupten Boxkampf-Syndikats, importiert einen argentinischen Riesen namens Toro Moreno, der furchterregend aussieht, tatsächlich aber »einen Babyschlag und ein Glaskinn« hat. Um das Monster bekannt zu machen, engagiert Benko den ehemaligen Sport-Journalisten Eddie Willis, der den Job annimmt, obwohl seine Frau Beth dagegen ist. Nach etlichen getürkten Kämpfen tritt Toro gegen den Ex-Champion Gus Dundee an, der in seinem vorangegangenen Kampf mit Buddy Brannen schwer angeschlagen worden war. Als Dundee im Ring zusammenbricht und an einer Hirnblutung stirbt, glaubt Toro, ihn getötet zu haben, und weigert sich, zum Titelkampf anzutreten – bis ihm Benko enthüllt, daß seine Gegner bisher bestochen waren. Wild entschlossen, alles durchzustehen, um seinen Eltern Geld schicken zu können,

Nehemiah Persoff, Humphrey Bogart, Jan Sterling und Rod Steiger

Mike Lane, Humphrey Bogart und Partner

steigt Toro mit Brannen in den Ring und wird furchtbar zusammengeschlagen. Als Willis von Benko Toros Gewinn kassieren will, wird ihm erklärt, daß der Riese ganze 49 Dollar und sieben Cent verdient hat. Voller Wut und Ekel gibt Willis Toro seinen eigenen Anteil von 26000 Dollar und setzt ihn in ein Flugzeug nach Argentinien. Trotz Benkos Drohungen beschließt Willis, eine Artikelserie über das korrupte Boxgeschäft zu schreiben.

Zum letzten Mal spielte Bogart hier den romantischen Helden, der sich anfangs auf unsaubere Geschäfte einläßt, sich am Ende aber zum Kämpfer gegen das Unrecht wandelt – auch wenn es übertrieben erscheint, daß Willis dann gleich fordert, das Boxen ganz zu verbieten, »auch wenn dazu der Kongress in Aktion treten muß«. Von Bedeutung ist *The Harder They Fall* vor allem deswegen, weil hier nicht nur zwei Generationen, sondern zwei Auffassungen von Schauspielkunst hart aufeinandertreffen: Bogart als Vertreter der »alten Schule«, der sein Handwerk von der Pike auf in der Praxis gelernt hat, und Steiger als »Method Actor«, der sich das Schauspielen methodisch in einer Schule angeeignet hat. Allen Eyles merkt dazu an: »Heute zumindest ist klar, daß Bogart der Gewinner dieses großen Kampfes ist. Er gibt sich cool, klar, kurz und bündig, während Steiger kraftvoll, aber monoton und überhitzt ist.«

BOGIE

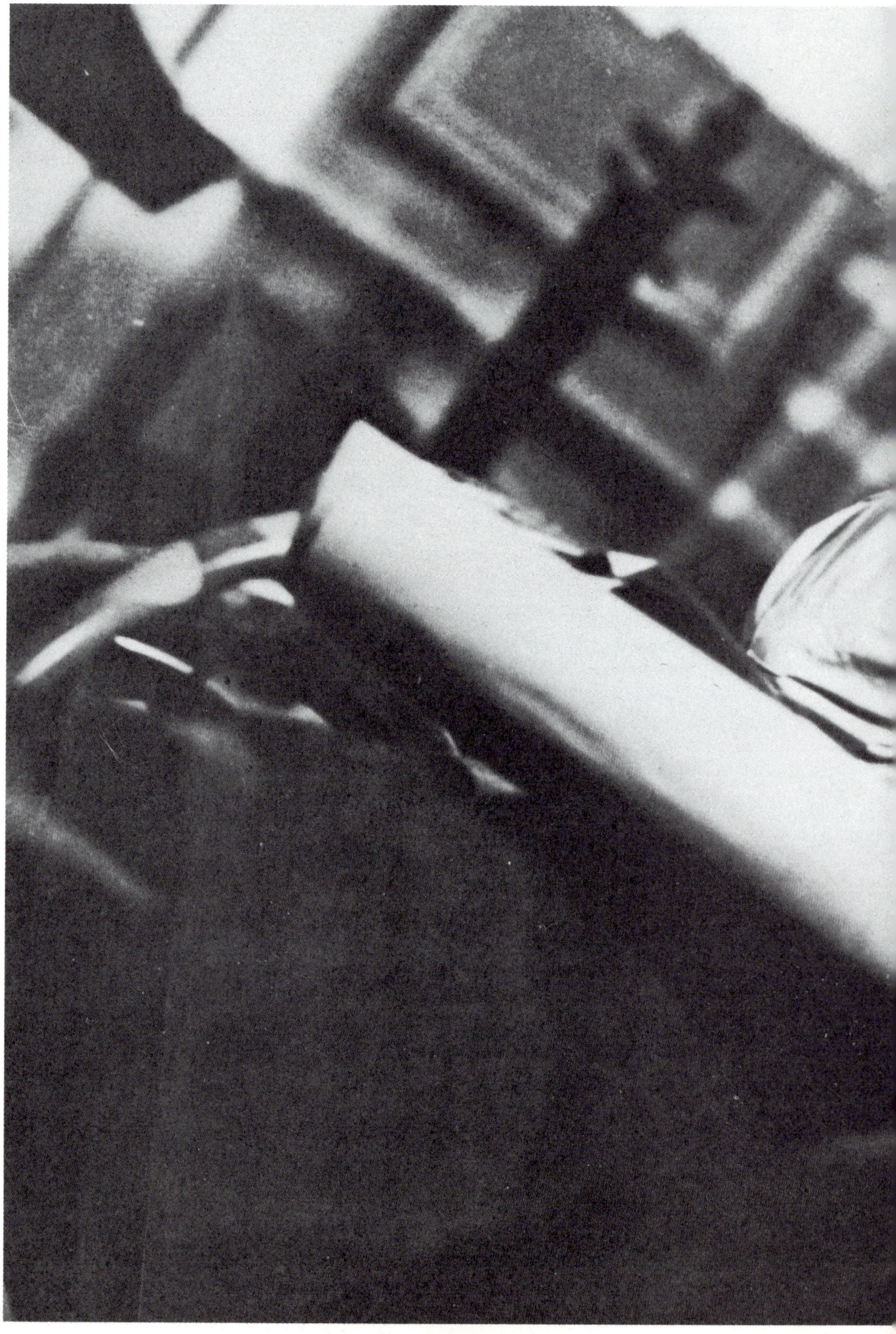

Biografie und Mythografie

Von Rolf Thissen.

1899

Humphrey DeForest Bogart wird am 23. Januar 1899 in New York geboren. Seine Mutter Maude Humphrey Bogart ist Malerin. Sie illustriert Kinderbücher und arbeitet unter anderem für das Magazin *Delineator.* Sein Vater Dr. Belmont DeForest Bogart ist Chirurg. Er betreibt in seinem Haus in einer vornehmen New Yorker Gegend eine gutgehende Praxis. Humphrey und seine beiden jüngeren Schwestern Frances und Catherine verleben eine Kindheit ohne materielle Sorgen. Sie werden konservativ erzogen. Dr. Bogart ist zum Beispiel der Ansicht, daß der Name eines Gentleman nur dreimal in der Zeitung erscheinen dürfe – bei seiner Geburt, seiner Heirat und seinem Tod. (Manche Biografen geben als Geburtsdatum auch den 25. Dezember 1899 oder den 25. Dezember 1900 an. Dabei dürfte es sich aber um spätere Erfindungen der Hollywood-Werbeleute handeln, die Bogarts Geburtstag romantisieren wollten.)

1900

Humphrey Bogart gelangt zu frühem Ruhm als »Original Maude Humphrey Baby«. Seine Mutter hatte ihn im Alter von einem Jahr gemalt. Das Bild erscheint als Werbung und auf den Packungen von »Mellins Babynahrung«.

1913

Humphrey Bogart besucht die private Trinity School in New York City. Seine Leistungen sind durchschnittlich. Gelegentlich fällt er wegen Disziplinlosigkeit auf.

1917

Dr. Bogart sorgt dafür, daß sein Sohn von der Phillips Andover Academy in Massachusetts aufgenommen wird, die er selber auch besucht hat. Er möchte, daß Humphrey später an der Yale Universität Medizin studiert.

1918

Im Mai wird Humphrey von der Academy entfernt. Seine Leistungen sind miserabel, weil er sich für das Studium nicht interessiert. Dafür, daß er wegen schlechten Benehmens entlassen wird, wie er selber später immer erzählt, gibt es keine Anhaltspunkte. Bogart meldet sich freiwillig zur Marine und gibt ein falsches Alter an, um angenommen zu werden. Seinen Dienst absolviert er unter anderem auf dem Truppentransporter »Leviathan«, dem ehemaligen deutschen Passagierdampfer »Vaterland«.

1919

Aus seiner Marinezeit stammt angeblich die Narbe an Bogarts Oberlippe, die mit für sein charakteristisches Lispeln verantwortlich war, obwohl manche glauben, er habe dies bewußt forciert. Über die Entstehung der Narbe gibt es verschiedene Geschichten: Die einen führen sie auf einen Granatsplitter zurück, die anderen auf einen Holzsplitter (beim Plankenscheuern), dritte machen einen Schlag mit einer Handschelle verantwortlich. Die plausibelste Version stammt von der Schauspielerin Louise Brooks, die Bogart gut kannte. Die Narbe, so meint sie, stamme von einer Schlägerei in einer der während der Prohibition verbotenen, »Speakeasy« genannten Kneipen, die Bogart in den zwanziger Jahren häufig aufsuchte. Nach seiner Entlassung aus der Marine arbeitet Bogart in New York unter anderem für die »Pennsylvania Tug and Lighterage Company«, wo er hauptsächlich verlorengegangene Schiffsladungen aufzuspüren hat, und als eine Art Laufjunge für die Investmentfirma »S. W. Strauss & Co.«.

1920

Ein New Yorker Nachbar der Bogarts, der Theaterproduzent William A. Brady, mit dessen Sohn Humphrey befreundet ist, besorgt ihm den Job eines Bühnenmanagers bei seinem Tournee-Theater. Dabei tritt Bogart zum ersten Mal in einer winzigen Rolle als Schauspieler auf. Nach seinen eigenen späteren Angaben war er »miserabel«.

1921

Während das Theaterstück *Drifting* in der Provinz ausprobiert wird (in den USA eine übliche Praxis vor der Premiere am Broadway), trifft Bogart den früheren Kinderstar Helen Menken. Sie ist mittlerweile eine erfahrene und bekannte Bühnenschauspielerin, außerdem eine intelligente und charmante Frau, »cool« und »sophisticated«. Bogart lernt von ihr.

•1922•

Am 2. Januar gibt Humphrey Bogart in *Drifting* sein New Yorker Theaterdebüt. Regie führt Robert Cromwell, der 25 Jahre später den Bogart-Film *Dead Reckoning* inszeniert. Wie in allen Theaterstücken in den nächsten zehn Jahren spielt Bogart den romantischen, jungen Helden – gutaussehend, elegant, blasiert. Über Bogarts Auftritt in dem Stück *Swifty,* das im gleichen Jahr herauskommt, schreibt der mächtige Theaterkritiker Alexander Woollcott in der *New York Times:* »Der junge Mann, der den erwähnten Jüngling verkörpert, war das, was man allenfalls gnädig als inadäquat beschreiben könnte.« Bogart zeigt diese Kritik später in Hollywood gerne herum. Helen Menken und Humphrey Bogart besorgen sich eine Heiratslizenz, die sie aber erst 1926 »benutzen«.

•1923•

Am 23. November hat das Stück *Meet The Wive* in New York Premiere und läuft sehr gut: 232 Vorstellungen. Es ist der erste größere Broadway-Erfolg für Bogart, der die Rolle eines jungen Zeitungsreporters spielt.

•1924•

Am 16. September wird im New Yorker Stadtteil Bronx Betty Joan Perske geboren, die ihren Namen später in Lauren Bacall umändert. Bogart tritt zusammen mit der Schauspielerin Mary Phillips in dem Stück *Nerves* auf. Sie wird später die zweite Mrs. Bogart. 1966 schreibt die Schauspielerin Louise Brooks in der englischen Filmzeitschrift *Sight and Sound:* »Mein erster Eindruck von Humphrey Bogart im Jahr 1924 war der eines dünnen Jungen mit charmanten Manieren, der außergewöhnlich still war für einen Schauspieler. Sein hübsches Gesicht wurde durch einen sehr schönen Mund geradezu außergewöhnlich.«

•1925•

Bogart verläßt seinen Förderer William A. Brady. Er tritt in dem Stück *Cradle Snatchers* auf, das mit 332 Vorstellungen zum Hit der Saison wird und Bogarts Ruf am Broadway festigt. Der Kritiker Amy Leslie nennt Bogart »so gutaussehend wie Valentino«. An New Yorker Theatern spielen zur gleichen Zeit unter anderem James Cagney, Paul Muni, Pat O'Brien, Edward G. Robinson, Spencer Tracy und Bette Davis.

•1926•

Am 20. Mai heiratet Bogart Helen Menken, die älter und erfolgreicher ist als er. Bei der Unterzeichnung der Heiratsurkunde geben beide ihr Alter mit 26 an.

•1927•

Bogart tritt in *Baby Mine* zusammen mit dem Stummfilm-Star Roscoe »Fatty« Arbuckle auf, der Hollywood wegen eines Skandals hatte verlassen müssen (bei einer wilden Orgie war ein junges Mädchen umgekommen). Das Stück wird nach zwei Wochen abgesetzt. Bogart spielt daraufhin in Chicago Theater, seine Frau Helen Menken in London. Weil sie ihrer Karriere wegen keine Zugeständnisse machen will, kommt es nach 18 Monaten Ehe zur Scheidung. »Wenn er nicht arbeitete«, schreibt Bogart-Biograf Terence Pettigrew über diese Periode, »bestand sein Leben aus einem einzigen großen Dauerkater«, denn Bogart trieb sich gerne, oft und lange in den immer noch verbotenen Kneipen herum.

•1928•

Im April heiratet Bogart die 25jährige Schauspielerin Mary Phillips, die er seit dem gemeinsamen Auftritt in *Nerves* kennt. Über Mary Phillips ist so gut wie nichts bekannt, außer daß sie später Kenneth MacKenna heiratete, der ebenfalls in *Nerves* mitgespielt hatte. Während ihrer Ehe mit Bogart hielt sie sich stets im Hintergrund. Bogart verdient 500 Dollar die Woche – viel Geld in der Zeit vor der großen Wirtschaftskrise. In New York sieht sich Bogart den ersten Tonfilm an: *The Jazz Singer* (Produktion: *Warner-Brothers*).

•1929•

Zu Beginn der Tonfilmära sucht Hollywood verzweifelt nach Leuten, die »sprechen« können und greift auf den Theaternachwuchs vom

Broadway zurück. Ein Bekannter vermittelt Bogart Probeaufnahmen für die Filmfirma *Fox*. Er fährt zum ersten Mal nach Hollywood und unterzeichnet bei der *Fox* einen Vertrag, der ihm 750 Dollar die Woche bringt. Er soll die Hauptrolle spielen in *The Man Who Came Back (Der Mann, der zurückkam),* aber schließlich erhält Charles Farrell die Rolle. Bogart wird nur dessen »dialogue coach«, muß mit ihm die Dialoge einstudieren.

1930

Bogart tritt in den *Fox*-Filmen *A Devil With Women* und *Up The River* auf. Bei letzterem führt der damals schon renommierte John Ford Regie. Bogart verärgert ihn, indem er ihn dauernd vertraulich »Jack« nennt, was nur Fords beste Freunde dürfen. Die beiden arbeiten nie wieder zusammen.

1931

Bogart spielt in drei *Fox*-Filmen und einer *Universal*-Produktion – alles nur kleine Rollen. Enttäuscht geht er nach New York zurück. Aber die Komödie *After All,* in der er auftritt, bekommt schlechte Kritiken und wird nach 20 Vorstellungen abgesetzt.

1932

Zweiter Anlauf in Hollywood: Bogart dreht zwei Filme für die *Warner Brothers* – jenem Studio, das sein Schicksal 13 Jahre lang bestimmen sollte. In dem *Columbia*-Film *Love Affair (Liebesaffäre)* spielt er die männliche Hauptrolle. Als der erhoffte Erfolg ausbleibt, fährt er wieder nach New York zurück. Hier sind die Auswirkungen der wirtschaftlichen Depression deutlich zu spüren. Viele Theater machen bankrott. Das Stück *Chrysalis* – Bogart stellt einen Partylöwen dar, ein Kritiker nennt seine Rolle die eines »öligen Insekts« – wird nach kurzer Zeit wieder abgesetzt.

1933

Zur Premiere des romantischen Stückes *Our Wifes* erscheinen ganze zehn Zuschauer. Wegen Überlastung verlagern einige Hollywood-Firmen einen Teil der Filmproduktion an die Ostküste. Bogart erhält in New York einen Part in dem Film *Midnight (Mitternacht),* weil ein anderer Schauspieler krank wird.

1934

Bogart geht es finanziell so schlecht, daß er öffentlich Schach spielt – für 50 Cent tritt er gegen jeden Gegner an. Im September stirbt Bogarts Vater in einem New Yorker Krankenhaus. Er war die letzten Jahre seines Lebens wahrscheinlich morphiumsüchtig. Er hinterläßt seiner Familie zehntausend Dollar Schulden, die Bogart später bis auf den letzten Cent zurückzahlt. Der Autor Robert Emmet Sherwood schlägt Bogart für die Rolle eines Football-Spielers in seinem Theaterstück *The Petrified Forest* vor. Der Broadway-Produzent Arthur Hopkins, ein guter Freund Bogarts, meint dagegen, er wäre besser für die Rolle des Gangsters Duke Mantee geeignet.

1935

7. Januar: Premiere von *The Petrified Forest.* Das Stück geht gut, Bogart beeindruckt Zuschauer und Kritik, Hollywood bereitet eine Verfilmung vor. Allerdings soll *Warner Brothers*-Star Edward G. Robinson die Rolle des Duke Mantee spielen. Bogart kabelt an den Hauptdarsteller Leslie Howard, der in Schottland Urlaub macht, und bittet um Hilfe. Howard schickt ein telegrafisches Ultimatum an Jack L. Warner: Er werde nur in der Verfilmung mitspielen, wenn Bogart die Rolle bekäme. Er bekommt sie.

1936

The Petrified Forest bedeutet für Bogart den Durchbruch in Hollywood. Er schließt einen Vertrag mit *Warner Brothers* und dreht für diese Firma bis 1941 insgesamt 29 Filme, davon 18 Gangster- oder Zuchthaus-Geschichten, in denen Bogart immer den kürzeren zieht: Er wird ein dutzendmal erschossen, endet achtmal auf dem Elektrischen Stuhl oder am Galgen und bekommt nie das Mädchen (die strenge Zensur gestattete Gangstern kein Liebesleben). Bei den Dreharbeiten zu *Marked Woman (Gebrandmarkte Frau)* mit Bette Davis lernt Bogart die Schauspielerin Mayo Methot kennen, die eine Nebenrolle spielt.

1937

Bogart dreht sieben Filme. Seine Schwester Catherine stirbt im Alter von 33 Jahren an Alkoholismus.

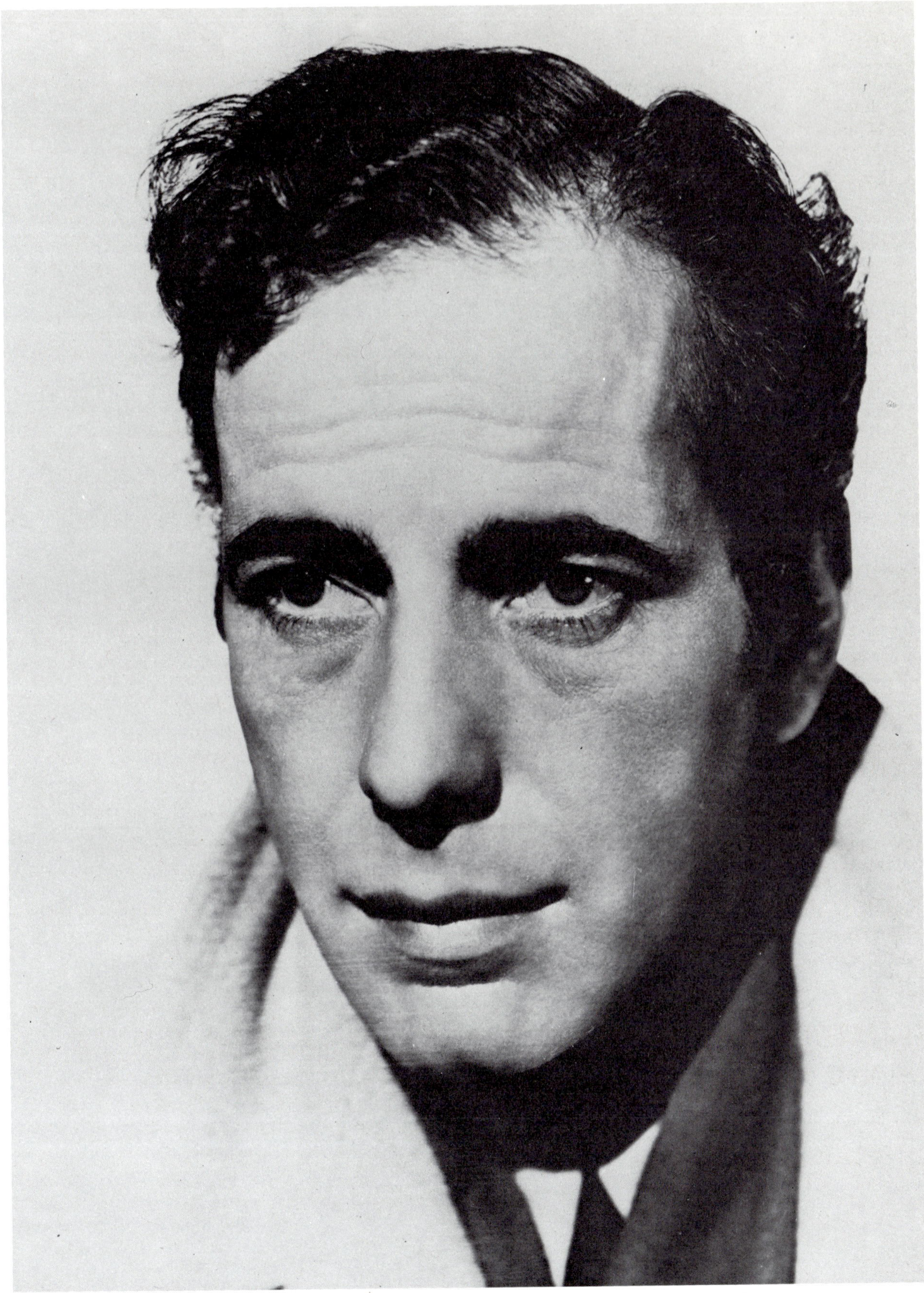

•1938•

Am 15. August lassen sich Bogart und Mary Phillips scheiden. Sie war nach New York zurückgegangen, weil sie in Hollywood keine Arbeit finden konnte. Fünf Tage später heiratet Bogart die 35jährige, ebenfalls bereits zweimal geschiedene Mayo Methot – eher widerwillig, wie seine Biografen meinen, und eigentlich nur, weil er bereits ein Verhältnis mit ihr hatte. Terence Pettigrew beschreibt Mayo als einen »Feuerwerkskörper, glamourös und impulsiv«, Joe Hyams nennt sie eine »kräftig schluckende, vollbusige Blondine«. Das Ehepaar wird bald bekannt als »The Battling Bogarts« (Die balgenden Bogarts). Allerdings übertreiben die Klatschkolumnisten oft die privat oder öffentlich mit fliegenden Flaschen ausgetragenen Streitereien, in denen Bogart seinem Leinwandimage als harter Typ gerecht zu werden versucht.

•1939•

Bogart tritt in sechs Filmen auf. Seiner dritten Ehefrau Mayo Methot gibt er den Spitznamen »Sluggy« (Faulpelz). So heißen auch sein Boot und sein schottischer Terrier. Anfangs genießt er die Kämpfe, bei denen Mayo gar nicht faul ist. Denn je heftiger der Streit, um so schöner die Versöhnung. Besonders in den letzten Jahren ihrer Ehe aber trinken beide mehr, als ihnen guttut. Bogarts Freunde behaupten allerdings, er besäße ein eingebautes »Alkohol-Thermostat«, das ihn rechtzeitig bremsen lasse.

•1940•

Der Film *High Sierra,* an dessen Drehbuch Bogarts Freund John Huston mitgearbeitet hat, wird zum Wendepunkt seiner Karriere. Zuerst sollte George Raft diesen Part übernehmen, aber er wollte keinen Kino-Tod sterben, wie es die Zensoren in dieser Geschichte verlangten. Paul Muni lehnt die Rolle ab, weil sie zuerst Raft angeboten worden war. Ebenso winken James Cagney und Edward G. Robinson ab – alles *Warner*-Stars, die damals vor Bogart rangierten. Auf *High Sierra* und den folgenden Filmen bis *The Big Sleep* aus dem Jahr 1946 basiert hauptsächlich der heutige Bogart-Kult.

•1941•

George Raft gibt Bogart erneut eine Chance, als er die Rolle des Detektivs Sam Spade in der Dashiell-Hammett-Verfilmung *The Maltese Falcon* ablehnt. Raft wollte nicht mit einem unerfahrenen Regisseur zusammenarbeiten: Drehbuchautor John Huston gab mit dem *Malteserfalken* sein Regiedebüt.

•1942•

Nach Kriegsausbruch (Überfall auf Pearl Harbor: 7. Dezember 1941) wird Bogart vom aktiven Dienst freigestellt. Statt dessen kämpft er in *All Through The Night* und *Across The Pacific* gegen Nazis und Japaner. Nach 20 Jahren erreicht Bogart endlich, was er immer wollte: als Schauspieler ernst genommen zu werden. Gleichzeitig häuft sich der Ärger mit Mayo, die ihm während der Dreharbeiten zu *Casablanca* betrunken Eifersuchtsszenen liefert, weil sie – fälschlicherweise – annimmt, Bogart habe ein Verhältnis mit Ingrid Bergman. Im übrigen hat während der Dreharbeiten niemand das Gefühl, an einem Klassiker zu arbeiten. Im Gegenteil: Da das Drehbuch noch beim Drehen geschrieben wird, sind die Darsteller eher unsicher, weil niemand weiß, wie die Story enden wird. Bogart schließt mit *Warner Brothers* einen Vertrag, der ihm 3500 Dollar pro Woche für 40 Wochen im Jahr garantiert.

•1943•

Für die Rolle des Rick in *Casablanca* wird Bogart für den »Academy Award«, den »Oscar«, nominiert. Aber den bekommt dann Paul Lukas für seinen Kampf gegen die Nazis in *Watch On The Rhine (Die Wacht am Rhein).* Bogart taucht zum ersten Mal in der Liste der »Top Ten Money-Making Stars« (der zehn kassenträchtigsten Filmstars) auf – als Nummer Sieben. Die Nummer Eins in diesem Jahr ist Betty Grable. Er bleibt bis 1949 in dieser Liste, wird allerdings nie die Nummer Eins. Von Dezember bis Februar 1944 reist Bogart zusammen mit seiner Frau Mayo als Truppenbetreuer durch Nordafrika und Italien.

•1944•

Im Büro von Regisseur Howard Hawks begegnet Bogart zum ersten Mal Lauren Bacall.

»Die coole, verschlagene, ambitionierte Betty Bacall – sie haßte ihren Studionamen und weigert sich bis heute, darauf zu hören«, schreibt Terence Pettigrew. Das New Yorker Fotomodell, das man im März 1943 auf der Titelseite von *Harpers Bazaar* bewundern konnte, war von Howard Hawks' Ehefrau nach Hollywood zu Probeaufnahmen geholt worden. Sie bekam danach gleich einen Part in dem Bogart-Film *To Have And Have Not.* Die Presse gab ihr später den Spitznamen »The Look« (Der Blick).

1945

Am 21. Mai, 11 Tage nach seiner Scheidung von Mayo Methot, die 75000 Dollar Abfindung erhält (und sechs Jahre später in einem Motel an Alkoholismus stirbt), heiraten Bogart und Bacall, die sich bei den Dreharbeiten zu *To Have And Have Not* heftig ineinander verliebt hatten. Die Trauungszeremonie, bei der Bogart weint, findet in kleinem Kreis im Haus des Schriftstellers und Bogart-Freundes Louis Bromfield in Ohio statt. Und die 22jährige Betty schafft es, etwas Ruhe und Ausgeglichenheit in das feucht-hektische Leben des Superstars von Burbank (der Heimat der *Warner*-Studios) zu bringen, des Stammgastes im feudalen Beverly-Hills-Restaurant »Romanoff's« und des Anführers einer trinkfreudigen Prominenten-Clique, zu der unter anderem John Huston, Peter Lorre, Frank Sinatra und David Niven gehören.

1946

In diesem Jahr ist Bogart der höchstbezahlteste Filmstar. Sein Jahreseinkommen beträgt 432000 Dollar. Am 29. Dezember schließt er – im Alter von 47 Jahren – einen 15-Jahres-Vertrag mit *Warner Brothers* (der dann allerdings auf Bogarts Wunsch schon 1953 wieder gelöst wird): Bogart erhält für einen Film pro Jahr 200000 Dollar, hat Mitspracherecht bei der Auswahl der Stoffe und der Regisseure, darf außerdem pro Jahr einen Film für eine andere Firma machen. Auf die Frage, ob er Bogart nicht versichern lassen wolle, soll Studio-Boß Jack L. Warner gesagt haben: »Ach was, an diesem Gesicht kann man nichts mehr kaputtmachen.« Auf Grund seines fortschreitenden Haarausfalls trägt Bogart in den meisten Filmen fortan ein Toupee. Für 50000 Dollar erwirbt er die 55-Fuß-Jacht »Santana« von seinem Schauspielerkollegen Dick Powell, auf der er seine Freizeit verbringt, so oft es möglich ist.

1947

Als erklärter Liberaler chartert Bogart ein Flugzeug zu einer Reise nach Washington, an der unter anderem Betty Bacall, Richard Conte und Danny Kaye teilnehmen. Die Gruppe protestiert gegen die rechtsradikalen Aktivitäten des »House Un-American Activities Committee« (Komitee gegen un-amerikanische Umtriebe) des Senators McCarthy. Nur dadurch, daß er dieses Unternehmen später als »dumm und überstürzt« bezeichnet und einen Artikel schreibt (»I'm No Communist« – Ich bin kein Kummunist, veröffentlicht im März 1948 in der Zeitschrift *Photoplay),* kann Bogart es verhindern, daß er auf die berüchtigte »Schwarze Liste« gesetzt und dadurch arbeitslos wird.

1948

Insgesamt 40 Filme hat Bogart für die *Warner Brothers* gedreht, zwei Drittel davon in den ersten fünf Jahren seiner Tätigkeit für das Studio. Nur in sieben Filmen durfte er Hauptrollen spielen. Am 7. April gründet Bogart zusammen mit dem Produzenten Mark Hellinger, mit dem er befreundet ist, die Produktionsgesellschaft *Santana.* Als Hellinger kurz darauf stirbt, erwirbt Bogart dessen 45prozentigen Anteil. Die *Santana* zahlt ihm 200000 bis 300000 Dollar pro Film. Man produziert vier Bogart-Filme und finanziert zwei weitere mit *(The African Queen* und *Beat The Devil).* In der ersten *Santana*-Produktion *Knock On Any Door* gibt Bogart dem jungen Regisseur Nicholas Ray eine Chance. Ein ebenfalls sehr junger John Derek, heute bekannt als der »Erfinder« von Bo Derek, dem »Sexsymbol der achtziger Jahre«, verkündet in diesem Film das Motto »Live fast, die young, and make a goodlooking corpse«, das von der amerikanischen Jugend viel zitiert wird: »Lebe schnell, sterbe jung, und gebe eine gutaussehende Leiche ab.«

1949

Am 7. Januar wird Steven Humphrey, »B's und B's« Sohn, geboren. Bogart sagt: »Sie (Betty) ist alles, was ich immer wollte, und

jetzt vollendet Steven, mein Sohn, das Bild.« Ausnahmsweise meint er, dem es stets großes Vernügen machte, Geschichten für die Werbeabteilung der *Warner* zu erfinden, wohl einmal, was er sagt. Die zweite *Santana*-Produktion *Tokyo Joe* wird ein mäßiger Erfolg, die dritte, wieder von Nicholas Ray inszenierte Produktion *In A Lonely Place* ein vielgelobter Film, aber ein finanzielles Desaster.

1950

Die letzte, vollständig eigenfinanzierte *Santana*-Produktion *Sirocco* erscheint. Dann verkauft Bogart die Firma für eine Million Dollar an Harry Cohn, Chef der *Columbia Pictures*. Eine Photokopie des Schecks hängt er über seinem Kamin auf.

1951

Zum zweiten Mal wird Bogart für den »Oscar« nominiert – diesmal für seine Rolle des Charlie Allnut in *African Queen.*

1952

Bogart erhält den »Oscar« für *African Queen,* obwohl man allgemein damit gerechnet hatte, daß ihn Marlon Brando für *Endstation Sehnsucht* bekommen würde. Am 23. August wird Bogarts und Bacalls Tochter Leslie Howard geboren, die er aus Dankbarkeit für jenen Schauspieler so nennt, der ihm zu der Filmrolle in *The Petrified Forest* verholfen hatte. Während das Hollywood-Establishment den republikanischen Präsidentschaftskandidaten Dwight D. Eisenhower favorisiert, unterstützt Bogart öffentlich den liberalen Demokraten Adlai Stevenson.

1954

In diesem Jahr dreht Bogart drei Filme. Zum dritten Mal wird er für den »Oscar« nominiert – für seine Darstellung des Kapitän Queeg in *The Caine Mutiny.* Diesmal aber bekommt Marlon Brando die Auszeichnung für seine Rolle in *On The Waterfront – Die Faust im Nacken.*

1955

Am 30. Mai wird im amerikanischen Fernsehen der von Delbert Mann inszenierte TV-Film *The Petrified Forest* gezeigt. Nach genau zwanzig Jahren spielt Bogart noch einmal die Rolle des Gangsters Duke Mantee. Seine Partner sind diesmal Betty Bacall und Henry Fonda.

1956

Bogart dreht seinen letzten Film: *The Harder They Fall.* Bei den Dreharbeiten macht er einen abgespannten Eindruck. Im März muß er sich einer achtstündigen Operation unterziehen. Ein Teil seiner Speiseröhre wird entfernt. Die Tatsache, daß er an Speiseröhren-Krebs leidet, wird geheimgehalten. Am 6. Juni macht er sein Testament. Im Oktober gibt er ein optimistisches Statement für die Presse heraus, aber ab November muß er sich einer Kobaltbestrahlungs-Behandlung unterziehen. *Columbia*-Chef Harry Cohn verschiebt den Beginn der Dreharbeiten zu *The Good Shepherd (Der gute Hirte),* in dem Bogart den US-Kommandanten eines See-Konvois darstellen soll, auf Anfang 1957. Nach Bogarts Tod läßt er das Projekt ganz fallen. Das *Brattle*-Kino in der Harvard-Universitäts-Stadt Cambridge im US-Bundesstaat Massachusetts hat großen Erfolg mit einer Wiederaufführung des zwei Jahre alten Bogart-Films *Beat The Devil.*

1957

Am 2. Januar sieht sich Bogart, der inzwischen merklich abgemagert und sehr schwach ist, mit Vergnügen einen Boxkampf im Fernsehen an, obwohl er schon seit längerem unter starken Schmerzen leidet. Am 3. Januar erklärt Betty einem Reporter am Telefon: »Ich möchte, daß seine Freunde wissen, daß er vorhat, noch eine ganze Weile dazubleiben.« Am 14. Januar stirbt Humphrey Bogart, im Schlaf, nachts gegen 2 Uhr. An der Trauerfeier, die am 17. Januar in der All Saints Episcopal Church in Beverly Hills stattfindet, nehmen unter anderem Marlene Dietrich, Katherine Hepburn, Gary Cooper, Dick Powell, Gregory Peck und Jack L. Warner teil. In der Kirche steht ein Modell der Jacht »Santana«. Die Trauerrede hält John Huston.

1959

Erstes Anzeichen eines Bogart-Kults in Europa: In Jean-Luc Godards Debütfilm *A Bout*

Du ouffle – Außer Atem kommt am Anfang eine Szene vor, in der Jean-Paul Belmondo ein Bogart-Filmplakat betrachtet, mit dem Daumen über die Unterlippe streicht und leise vor sich hin murmelt »Bogie«.

1960

Das *Brattle*-Kino in Cambridge veranstaltet von jetzt an regelmäßig zur Examenszeit Bogart-Wochen, die sich ab 1962 zu einem Bogart-Festival ausweiten.

1963

Das amerikanische Fernsehen sendet ein Porträt mit dem Titel *The Man Called Bogart* (Der Mann namens Bogart) von David L. Wolper. Bei seinen Recherchen entdeckt Wolper den ersten Bogart-Film *Broadway's Like That,* der bis dahin verschollen war.

1964

Filmjournalist und -regisseur Peter Bogdanovich schreibt über den Bogart-Kult (siehe Vorwort).

1965

Die Originalausgabe des vorliegenden Buches erscheint in den USA. Gleichzeitig kommen dort drei weitere Bogart-Bücher auf den Markt.

1966

In den USA erscheint die Bogart-Biografie des Journalisten Joe Hyams, der »Bogie« gut kannte. In England wird die Bogart-Biografie *The Man And The Legend (Der Mann und die Legende)* von Jonathan Hill und Jonah Ruddy veröffentlicht. In der Juni-Ausgabe des *Playboy* untersuchen zwei renommierte Filmjournalisten den »Bogart-Boom«: Kenneth Tynan verfaßt *Der Mann und der Mythos,* Bosley Crowther *Die Karriere und der Kult.* Das *Brattle*-Kino, Zentrum des studentischen Bogart-Kults in den USA, hat in den letzten acht Jahren zehnmal *Casablanca* und elfmal *The Big Sleep* gespielt. Im selben Gebäude wie das Kino existiert ein privater »Casablanca-Club«, dessen Wände mit Postern von Bogart, Bacall und Lorre dekoriert sind.

1967

Zehn Jahre nach Bogarts Tod kauft die Firma *United-Artists-TV* 45 Bogart-Filme an. Am 20. Mai beginnt das Dritte Programm des Westdeutschen Rundfunks eine siebenteilige Bogart-Reihe. Sechs von den Filmen sind deutsche Erstaufführungen. Zum zehnten Todestag bringt die *Neue Züricher Zeitung* einen Artikel mit der Überschrift »Die neue Bogart Legende«: »Die Jugend, ewiger Flammenträger der Rebellion, hat in ›Bogie‹ mit Recht wieder den ihren erspürt, der er schon für ihre Eltern gewesen war. Obwohl er aus begütertem Haus war, oder vielleicht gerade deswegen, fühlte sich der erwachsene Bogart immer mehr den Armen, Unterdrückten und Benachteiligten verpflichtet«, schreibt Hans Winge. Im Mai bemerkt die Schauspielerin Mary Astor, die mehrmals mit Bogart zusammen in Filmen gespielt hatte, in einem Artikel der *New York Times:* »Bogart hätte gerne eine Welt gehabt, die loyal und liebevoll, ehrlich und großzügig ist.« In Frankreich erscheint eine sachkundige Sammlung verschiedenartiger Texte über Bogart, herausgegeben von Bernard Eisenschlitz.

1970

Das ZDF startet am 6. April die Reihe »Der klassische Kriminalfilm« mit dem Bogart-Film *Tote schlafen fest* und zeigt erstmals eine deutsch synchronisierte Fassung. Die Reihe endet am 5. Oktober mit dem Bogart-Film *Der Tiger*.

1971

Terence Pettigrew berichtet: »Als das ›Classic‹-Kino in der Londoner Baker Street vierzehn Tage lang Bogart-Filme zeigte, hätte man die Eröffnung mit *Casablanca* für eine Weltpremiere halten können – mit langen Schlangen an jeder Seite des Kinos, Stunden bevor geöffnet wurde. Im West End in der Nähe liefen Filme mit heutigen Stars vor halbleeren Häusern.« Der Film *Play It Again, Sam (Mach's noch einmal, Sam)* inszeniert von Herbert Ross, wird ein großer Erfolg. Er entstand nach dem gleichnamigen Theaterstück von Woody Allan, der im Film auch die Hauptrolle spielt. Woody stellt den Filmkritiker Allan Felix dar, der sich in kritischen Situationen von einem leibhaftigen Bogart-

Traumbild Ratschläge in der Kunst des Lebens und Liebens erteilen läßt.

•1973•

Howard Koch, einer der Drehbuchautoren von *Casablanca,* bringt zum 30. Geburtstag des Films das Buch *Casablanca – Script and Legend (Casablanca – Buch und Legende)* heraus. Am 2. August sendet das Dritte Programm des WDR die 45-Minuten-Sendung *Die lange Nacht von Casablanca – Anatomie einer Kinolegende* von Hans C. Blumenberg.

•1974•

Casablanca läuft in der Bundesrepublik wieder im Kino, sowohl in der (gekürzten) synchronisierten Fassung als auch in der (vollständigen) Originalfassung. Das Deutsch-Schweizer Fernsehen beginnt im August eine Reihe mit sechs Bogart-Filmen.

•1975•

Die Londoner *Sunday Times* führt eine Umfrage nach den zwölf meistverlangten Filmen durch. Vier Bogart-Filme kommen auf folgende Plätze: 1. *African Queen,* 2. *Casablanca,* 6. *The Maltese Falcon,* 11. *The Treasure Of The Sierra Madre.* In den USA erscheinen die Anektdotensammlung *Bogart And Bacall* von Joe Hyams und die Biografie *Humphrey Bogart* von Nathaniel Benchley, in England in der Filmbuchreihe *The Movie Makers* der Band *Bogart* von Allen Eyles.

•1976•

Als achter Band der Reihe »Film« im *Hanser*-Verlag erscheint *Humphrey Bogart.* Der Film *Die Jagd nach dem Malteserfalken* von David Giler spinnt als witzige Parodie die alte Geschichte weiter. George Segal spielt die Hauptrolle des Sam Spade junior.

•1977•

In England wird *The Bogart File (Die Akte Bogart)* von Terence Pettigrew veröffentlicht. Zum 20. Todestag bringt das ZDF das Bogart-Porträt *Der furchtlose Einzelgänger – eine Filmlegende* von Marshal Flaum. Am 17. Januar schreibt Hans Georg Puttnies in der *Frankfurter Allgemeinen Zeitung:* »Die Menschen, die Bogart verkörpert, sind so widersprüchlich wie die Einflüsse, denen sie im Lebenskampf ausgesetzt waren, und seine Größe besteht darin, daß er ihre fiktive Biografie vor der Kamera nie glättet.« Martin Buchholz registriert in der März-Ausgabe von *Konkret* einen neuen Höhepunkt des Bogart-Kults unter anderem in Berlin, wo monatelang *Hafen des Lasters, African Queen* und *Der Tiger* im Kino zu sehen sind: »Die linken und liberalen Intellektuellen strömen en masse herbei. Eine Dauerdemonstration für einen Star.« In nur 23 Tagen schreibt der amerikanische Schriftsteller und Filmproduzent Andrew J. Fanady eine Krimi-Parodie mit dem Titel *The Man With Bogart's Face (Der Mann mit Bogarts Gesicht).* Das Buch wird prompt zum Bestseller.

•1978•

Die ARD zeigt eine 19 Filme umfassende Bogart-Reihe. In den USA bringt Lauren Bacall ihre Autobiografie *By Myself (Von mir selber)* heraus.

•1979•

Alan G. Barbours Buch *Humphrey Bogart* aus der amerikanischen *Pyramid*-Filmbuchreihe erscheint auf deutsch.

•1980•

Im Mai wird beim Festival in Cannes der Film *The Man With Bogart's Face* erstmals in Europa vorgestellt. Die Hauptrolle spielt Robert Sacchi, ein Schauspieler, der seinen Lebensunterhalt hauptäschlich als Bogart-Imitator verdient (und dem Star auch äußerlich etwas ähnlich sieht): 1967 machte er zum ersten Mal als »Bogart« für eine Trenchcoat-Firma TV-Werbespots. 1975 stellt er eine eigene, fünfzigminütige Bühnenshow mit dem Titel *Bogey's Back (Bogey ist wieder da)* zusammen, mit der er mehrere Jahre erfolgreich durch die US-Provinz tingelt. Der für Oktober vorgesehene Deutschland-Start von *Bogart's Face* (so der »deutsche« Titel) wird im September auf unbestimmte Zeit verschoben, nachdem der Film in anderen europäischen Ländern keine guten Einspielergebnisse erzielen konnte. – Bis zum heutigen Tag sind mehr als hundert Bücher, Aufsätze und Artikel über Humphrey Bogart erschienen. Seine Filme sind beliebter als je zuvor. Kein Zweifel: »Bogie« lebt.

Die Theater-Karriere von Humphrey Bogart

DRIFTING
Melodrama in sechs Szenen von John Colton und D. H. Andrews. Premiere am 2. Januar 1922 im Playhouse Theatre, New York. *Produktion* William A. Brady. *Regie* John Cromwell. 63 Vorstellungen.
Darsteller Alice Brady (Cassie Cook), Humphrey D. Bogart (Ernie Crockett), H. Mortimer White (Deacon Cook), Robert Warwick (Badlands McKinney), usw.

SWIFTY
Komödie in drei Akten von John Peter Toohey und W. C. Percival. Premiere am 16. Oktober 1922 im Playhouse Theatre, New York. *Produktion* William A. Brady. *Regie* John Cromwell.
Darsteller Hale Hamilton (Swifty Morgan), Frances Howard (Miriam Proctor), Humphrey Bogart (Tom Proctor), William Holden (Jefferson Proctor), Robert Ayrton (Milton), Margaret Mosier (Alice), Grace Goodhall (Mrs. Kimball), Elmer Nicholls (Chauffeur).

MEET THE WIFE
Komödie in drei Akten von Lynn Starling. Premiere am 26. November 1923 im Klaw Theatre, New York. *Produktion* Rosalie Stewart. 232 Vorstellungen.
Darsteller Mary Boland (Gertrude Lennox), Clifton Webb (Victor Staunton), Ernest Lawford (Philip Lord), Charles Dalton (Harvey Lennox), Eleanor Griffith (Doris Bellamy), Humphrey Bogart (Gregory Brown), Patricia Calvert (Alice), Charles Bloomer (William).

NERVES
Kriegsdrama von John Farrar und Stephen Vincent Benet. Premiere am 1. September 1924 im Comedy Theatre, New York. *Produktion* William A. Brady. *Regie* William A. Brady jr. 16 Vorstellungen.
Darsteller Winifred Lenihan (Peggy Thatch), Kenneth MacKenna (Jack Coates), Paul Kelly (Ted Hill), Humphrey Bogart (Bob Thatch), Mary Phillips (Jane), Walter Baldwin (Rook).

HELL'S BELLS
Komödie von Barry Connors. Premiere am 26. Januar 1925 im Wallacks Theatre, New York. *Produktion* Herman Gantvoort. *Regie* John Hayden. 120 Vorstellungen.
Darsteller Tom H. Walsh (›Jap‹ Stillson), Eddie Garvey (D. O'Donnell), Shirley Booth (Nan Winchester), Olive May (Mrs. Buck), Humphrey Bogart (Jimmy Todhunter), Camilla Crume (Mrs. Amos Todhunter), Virginia Howell (Abigail Stillson), Violet Dunn (Gladys Todhunter).

CRADLE SNATCHERS
Komödie in drei Akten von Russel Medcraft und Norma Mitchell. Premiere am 7. September 1925 im Music Box Theatre, New York. *Produktion* Sam H. Harris. *Regie* Sam Forrest. 332 Vorstellungen.
Darsteller Mary Boland (Susan Martin), Edna May Oliver (Ethel Drake), Margaret Dale (Kitty Ladd), Humphrey Bogart (Jose Vallejo), William Barton (Roy Ladd), Cecil Owen (George Ladd), Stanley Jessup (Howard Drake).

BABY MINE
Komödie in drei Akten von Margaret Mayo. Premiere am 9. Juni 1927 im 46th Street Theatre, New York. *Produktion* John Tuerk. 12 Vorstellungen
Darsteller Roscoe »Fatty« Arbuckle (Jimmy Jenks), Lee Patrick (Zoe Hardy), Humphrey Bogart (Alfred Hardy), W. J. Paul (Hardy's Sekretär), W. J. Brady (Michael O'Flaherty), usw.

SATURDAY'S CHILDREN
Komödie in drei Akten von Maxwell Anderson. Premiere am 9. April 1928 im Actors Theatre, New York. *Regie* Guthrie McClintic. 310 Vorstellungen.
Darsteller Ruth Gordon (Bobby), Humphrey Bogart (Rims O'Neil), Ruth Hammond (Florrie Sands), Richard Barbee (Willie Sands), Grace Roth Henderson (Mrs. Halevy), Frederick Perry (Mr. Halevy), Anne Tonetti (Mrs. Gorlick). (Humphrey Bogart war im ursprünglichen Ensemble nicht dabei. Er ersetzte erst später Roger Pryor.)

SKYROCKET
Komödie in drei Akten von Mark Reed. Premiere am 11. Januar 1929 im Lyceum Theatre, New York. *Produktion* Gilbert Miller und Guthrie McClintic. *Regie* Guthrie McClintic.
Darsteller Humphrey Bogart (Vic Ewing), Mary Phillips (Del Ewing), J. C. Nugent (Mr. Ewing), Howard Freeman (Homer Bemis), Ian Wolfe (Frank Greer).

IT'S A WISE CHILD
Komödie in drei Akten von Laurence E. Johnson.

Premiere am 6. August 1929 im Belasco Theatre, New York. *Produktion* und *Regie* David Belasco. 378 Vorstellungen.
Darsteller Mildred McCoy (Joyce Stanton), Humphrey Bogart (Roger Baldwin), Harlan Briggs (G. A. Appleby), Minor Watson (James Stevens), Helen Lowell (Mrs. Stanton), Sidney Toler (Cool Kelly), Porter Hall (Otho Peabody).

AFTER ALL
Komödie in drei Akten von John Van Druten. Premiere am 3. Dezember 1931 im Booth Theatre, New York. *Produktion* Dwight Deere Wiman. *Regie* Auriol Lee. 20 Vorstellungen.
Darsteller Edmund George (Ralph Thomas), Margaret Perry (Phyllis Thomas), Helen Haye (Mrs. Thomas), Walter Kingsford (Mr. Thomas), Humphrey Bogart (Duff Wilson), usw.

I LOVED YOU WEDNESDAY
Romantische Komödie in einem Prolog und drei Akten von Molly Ricardel und William Du Bois. Premiere am 11 Oktober 1932 im Harris Theatre, New York. *Produktion* Crosby Gaige. *Regie* Worthington Milner. 63 Vorstellungen.
Darsteller Frances Fuller (Victoria Meredith), Humphrey Bogart (Randall Williams), Rose Hobart (Cynthia Williams), Jane Seymour (Dr. Mary Hansen), Henry O'Neill (Philip Fletcher), Henry Fonda (Eustace), Henry Bergman (Eddie).

CHRYSALIS
Ein Melodrama in zehn Szenen von Rose Albert Porter. Premiere am 15. November 1932 im Martin Beck Theatre, New York. *Produktion* Martin Beck, Lawrence Langner und Theresa Helburn. *Regie* Theresa Helburn. 23 Vorstellungen.
Darsteller Margaret Sullivan (Lyda Cose), Osgood Perkins (Michael Averill), Humphrey Bogart (Don Ellis), Elisha Cook jr. (Honey Rogers), June Walker (Eve Haron), Lili Cahill (Elizabeth Cose), Elia Kazan (Louis), Mary Orr (Ray).

OUR WIFE
Komödie in drei Akten von Lynn Mearson und Lilian Day. Premiere am 2. März 1933 im Booth Theatre, New York. *Produktion* Thomas J. R. Brotherton und Abe H. Halle. 20 Vorstellungen.
Darsteller Rose Hobart (Margot Drake), Humphrey Bogart (Jerry Marvin), June Walker (Barbara Marvin), Edward Raquello (Antonio Di Mariano).

LA MASCHERA E IL VOLTE (THE MASK AND THE FACE)
Komödie von Luigi Ciarelli, Übersetzung von W. Somerseth Maugham. Premiere am 8. Mai 1933 im Guild Theatre, New York. *Produktion* The Theatre Guild. *Regie* Philip Moeller. 40 Vorstellungen.
Darsteller Stanley Ridges (Graf Paulo Grazia), Shirley Booth (Elisa Zanotti), Humphrey Bogart (Luciano Spina), Judith Anderson (Savina Grazia), Leo G. Carroll (Cirillo Zanotti), usw.

INVITATION TO A MURDER
Kriminalstück in drei Akten von Rufus King. Premiere am 17. Mai 1934 im Masque Theatre, New York. *Produktion* Ben Stein. *Regie* A. H. Van Buren. 37 Vorstellungen.
Darsteller Fale Sondergaard (Lorinda Channing), Walter Abel (Dr. Linton), Humphrey Bogart (Horatio Channing), Jane Seymour (Jeanette Thorn), usw.

THE PETRIFIED FOREST
Drama in zwei Akten von Robert E. Sherwood. Premiere am 7. Januar 1935 im Broadhurst Theatre, New York. *Produktion* Gilbert Miller, Arthur Hopkins und Leslie Howard. *Regie* Arthur Hopkins. 181 Vorstellungen.
Darsteller Leslie Howard (Alan Squier), Peggy Conklin (Gabrielle Maple), Charles Dow Clarke (Großvater Maple), Frank Milan (Boze Hertzlinger), Blanche Sweet (Mrs. Chisholm), Humphrey Bogart (Duke Mantee), Walter Vonnegut (Jason Maple), Tom Fadden (Ruby), Ross Hertz (Jackie), Robert Hudson (Mr. Chisholm), usw.

Verzeichnis der Originaltitel und der dazugehörigen deutschen Verleih- und Fernsehtitel.

ENGLISCH-DEUTSCH:

Across The Pacific – Abenteuer in Panama
The African Queen – African Queen
The Amazing Dr. Clitterhouse – Das Doppelleben des Dr. Clitterhouse
Angels With Dirty Faces – Chicago
The Barefoot Contessa – Die barfüssige Gräfin
Battle Circus – Arzt im Zwielicht
Beat The Devil – Schach dem Teufel
The Big Shot – Der große Gangster
The Big Sleep – Tote schlafen fest
Black Legion – Geheimbund Schwarze Legion
Bullets Or Ballots – Wer regiert die Stadt?
The Caine Mutiny – Die Caine war ihr Schicksal
Casablanca – Casablanca
Chain Lightning – Des Teufels Pilot
Conflict – Konflikt, *auch* Tatort Springfield
Crime School – Schule des Verbrechens
Dark Passage – Die schwarze Natter, *auch* Das unbekannte Gesicht
Dark Victory – Opfer einer großen Liebe
Dead End – Sackgasse
Deadline-U.S.A. – Die Maske runter
Dead Reckoning – Späte Sühne
The Desperate Hours – An einem Tag wie jeder andere
The Enforcer – Der Tiger
The Great O'Malley – Ordnung ist das halbe Leben
High Sierra – Entscheidung in der Sierra
In A Lonely Place – Ein einsamer Ort
Invisible Stripes – Zwölf Monate Bewährungsfrist
Key Largo – Hafen des Lasters, *auch* Gangster in Key Largo
Kid Galahad – Kid Galahad
Knock On Any Door – Vor verschlossenen Türen
The Left Hand Of God – Die linke Hand Gottes
The Maltese Falcon – Die Spur des Falken, *auch* Der Malteserfalke
The Oklahoma Kid – Oklahoma Kid
The Petrified Forest – Der versteinerte Wald
The Return Of Doctor X – Das zweite Leben des Dr. X
The Roaring Twenties – Die goldenen Zwanziger
Sabrina – Sabrina
Sahara – Sahara

Sirocco – Sirocco – Zwischen Kairo und Damaskus
The Harder They Fall – Schmutziger Lorbeer
They Drive By Night – Nachts unterwegs
To Have And Have Not – Haben und Nichthaben
Tokyo Joe – Tokio-Joe
The Treasure Of The Sierra Madre – Der Schatz der Sierra Madre
Two Against The World – Zwei gegen die Welt
The Two Mrs. Carrolls – Die zwei Mrs. Carrolls
Virginia City – Goldschmuggel nach Virginia
The Wagons Roll At Night – Von Stadt zu Stadt
We're No Angels – Wir sind keine Engel

DEUTSCH-ENGLISCH:

Abenteuer in Panama – Across The Pacific
African Queen – The African Queen
An einem Tag wie jeder andere – The Desperate Hours
Arzt im Zwielicht – Battle Circus
Die barfüssige Gräfin – The Barefoot Contessa
Die Caine war ihr Schicksal – The Caine Mutiny
Casablanca – Casablanca
Chicago – Angels With Dirty Faces
Das Doppelleben des Dr. Clitterhouse – The Amazing Dr. Clitterhouse
Ein einsamer Ort – In A Lonely Place
Entscheidung in der Sierra – High Sierra
Gangster in Key Largo – Key Largo
Geheimbund Schwarze Legion – Black Legion
Die goldenen Zwanziger – The Roaring Twenties
Goldschmuggel nach Virginia – Virginia City
Der große Gangster – The Big Shot
Haben und Nichthaben – To Have And Have Not
Hafen des Lasters – Key Largo
Kid Galahad – Kid Galahad
Konflikt – Conflict
Die linke Hand Gottes – The Left Hand Of God
Der Malteserfalke – The Maltese Falcon
Die Maske runter – Deadline-U.S.A.
Nachts unterwegs – They Drive By Night
Oklahoma Kid – The Oklahoma Kid
Opfer einer großen Liebe – Dark Victory
Ordnung ist das halbe Leben – The Great O'Malley
Sabrina – Sabrina
Sackgasse – Dead End
Sahara – Sahara
Schach dem Teufel – Beat The Devil
Der Schatz der Sierra Madre – The Treasure Of The Sierra Madre
Schmutziger Lorbeer – The Harder They Fall
Schule des Verbrechens – Crime School
Die schwarze Natter – Dark Passage
Sirocco – Zwischen Kairo und Damaskus – Sirocco
Späte Sühne – Dead Reckoning
Die Spur des Falken – The Maltese Falcon
Tatort Springfield – Conflict
Des Teufels Pilot – Chain Lightning

Der Tiger – The Enforcer
Tokio-Joe – Tokyo Joe
Tote schlafen fest – The Big Sleep
Das unbekannte Gesicht – Dark Passage
Der versteinerte Wald – The Petrified Forest
Von Stadt zu Stadt – The Wagons Roll At Night
Vor verschlossenen Türen – Knock On Any Door
Wer regiert die Stadt? – Bullets Or Ballots
Wir sind keine Engel – We're No Angels
Zwei gegen die Welt – Two Against The World
Die zwei Mrs. Carrolls – The Two Mrs. Carrolls
Das zweite Leben des Dr. X – The Return Of Doctor X
Zwölf Monate Bewährungsfrist – Invisible Stripes

BOGIES GESICHT

»Er war mit dem größten Geschenk ausgestattet, das ein Mensch haben kann – Talent. Die ganze Welt hat dies erkannt ... Sein Leben, obwohl nicht lang an Jahren, war ein reiches, volles Leben ... Wir haben keinen Grund, Bedauern für ihn zu empfinden – nur für uns selber, weil wir ihn verloren haben. Er ist ganz und gar unersetzlich. Es wird nie wieder jemanden wie ihn geben.«

John Huston

TAKE
Progr
Freizeit
Club
Erotik
Sehen was ich will,
wann ich will,
so oft ich will!
VPS
VIDEO
Geschichte
der O
TERENCE HILL
BUD SPENCER
FREIBEUTER
DER MEERE

atlas videothek
große Kino in der kleinen Kassette
Griechische Feigen
Mit Betty Vergès
Olivia Pascal
Claus Richt
Regie: Siggi Götz
95 Minuten
Emanuela
Superstar Sylvia Kristel
Der Erotik-Klassiker
MANUELA
Liebling - Du beisst so gut
HORROR-EROTICAL FÜR KENNER
Die Strandflitzer
Erotik und Abenteuer unter südlicher Sonne
Die Insel der tausend Freuden
Sylvia Kristel
Die Nichte der O
Josefine Mutzenbacher
Sie hat es toll getrieben, und alles aufgeschrieben
Wie er lebte! Wie er liebte! Wie er kämpfte! Wie er starb!
GOODBYE BRUCE LEE
WIR SIND DIE GRÖSSTEN KNOCHENBRECHER
KÄMPFER AUS BRONZE
Die Meister des Jeet Kune Do
Das Geheimnis der Todeskralle
Die siegreichen Schwerter des goldenen Drachen
Ein Todeswirbel blutiger Schwerter
"THE DRUNKEN MASTER" in
SCHLITZAUGE SEI WACHSAM
Karate-Schläge auf Ihre Lachmuskeln
SCHNAPSNASE UND SCHLAPPOHR
THE DRUNKEN MASTER schlägt wieder zu
Ein Film wie ein Keulenschlag
DER TODESHAMMER DES SHAOLIN
KARATO
Fünf tödliche Finger
Butterfly Ball
Rock-Musical von Roger Glover
ROLLING STONES
Reggae Sunsplash
Ein Film über Reggae und die Rastabewegung
Der wildeste Westen
Heidi und Peter
Tom Crosby
Mäusebrigade
Dschungel-Olympiade
Aus unse
Die 50
vo
für Ih
z
n VHS, Beta und Video 2000.
160 Seiten Programmkata
(Schutzgebühr DM 8,-) bei Ih
Atlas Videothek Medien Produktion GmbH, Lud